SAMMLUNG TUSCULUM

XENOPHON / ARRIANOS

JAGD UND JAGDHUNDE

Griechisch–deutsch

Herausgegeben und übersetzt
von Kai Brodersen

DE GRUYTER

ISBN 978-3-11-059563-5
e-ISBN (PDF) 978-3-11-059411-9

Library of Congress Control Number: 2018935452

Bibliografische Information der Deutschen Nationalbibliothek
Die Deutsche Nationalbibliothek verzeichnet diese Publikation in der Deutschen Nationalbibliografie; detaillierte bibliografische Daten sind im Internet über http://dnb.dnb.de abrufbar.

Für Einbandgestaltung verwendete Abbildungen:
Cologny (Genève), Fondation Martin Bodmer, Cod. Bodmer 5: 3v/4r
(www.e-codices.unifr.ch)

Satz: Kai Brodersen, Erfurt
Druck und Bindung: Hubert & Co. GmbH & Co. KG, Göttingen

♾ Gedruckt auf säurefreiem Papier
Printed in Germany

MIX
Papier aus verantwortungsvollen Quellen
FSC® C016439

www.degruyter.com

INHALT

EINFÜHRUNG

TEXTE UND ÜBERSETZUNGEN

ANHANG

Überhaupt ist das Schauspiel so anmutig,
dass es wohl niemanden gibt, der nicht, wenn er sieht, wie
der Hase aufgespürt, gefunden, verfolgt und ihm nachgerannt wird,
alles, was er sonst liebt, vergäße!
Xenophon, *Kynegetikos* 5,33

Wenn ich zu Hause bin, bleibt meine Hündin mir ständig zur Seite;
gehe ich irgendwohin aus, begleitet sie mich;
kehre ich wieder um, geht sie voran,
wobei sie sich häufig umwendet, wie um sich zu vergewissern,
dass sie nicht etwa vom Weg abweicht.
Arrianos, *Kynegetikos* 5,3

EINFÜHRUNG

Jagd und Jagdhunde in der Antike

Jagen gehört zu den uralten Tätigkeiten des Menschen, wenn es um die Gewinnung von Nahrungsmitteln oder die Abwehr von Schädlingen geht. Antike Mythen erzählen von heldenhaften Jägern aber auch noch zu Zeiten, in denen die Jagd kaum noch den alten praktischen Zielen dient, sondern eher dem Vergnügen von Begüterten. Die zwei ausführlichsten Darstellungen der Jagd aus der Antike, die im 4. Jahrhundert v. Chr. Xenophon und im 2. Jahrhundert n. Chr. Arrianos vorgelegt haben, behandeln dementsprechend auch nicht Einzel-, sondern von Jägern gemeinsam durchgeführte Treib- oder Hetzjagden, in die sie ihre Hunde führen (der griechische Begriff für Jäger, *kyn-egos*, heißt wörtlich »Hunde-führer«).

Diese Jagd macht den Jägern nicht nur als Schauspiel (*theama*) durch das Verhalten des gejagten Wildes und der treuen Jagdhündinnen Freude, sondern dient auch dem körperlichen Training der Beteiligten, die in einen nachgerade sportlichen Wettkampf (*agon*) mit dem Wild treten: Die von Hündinnen begleite-

ten Jäger laufen bei Xenophon dabei fast immer zu Fuß (die eine Ausnahme ist 11.3); als Reiter stellt Arrianos sie vor.

Am ausführlichsten schildern beide Autoren die Jagd auf Feldhasen. Anders als Kaninchen ruhen diese tagsüber in einer sogenannten »Sasse« (sind also die »Häschen in der Grube« des Kinderliedes) und ergreifen erst im letzten Moment die Flucht. Sie können dabei hoch springen und sehr große Geschwindigkeiten erreichen. Ja, den zu Xenophons Zeit bekannten Hunderassen gelingt es bei der Treibjagd (anders als denen zur Zeit des Arrianos) noch nicht, einen Hasen einzuholen, der vielmehr aufgescheucht (in der heutigen Jägersprache »aufgestoßen«) wird und auf der Flucht in zuvor aufgestellte Netze (»Hasengarne«) gerät. Dabei dienen Wegnetze dazu, den Fluchtweg des Hasen einzuschränken. Ein Stellnetz hingegen kann bewirken, dass der Hase dagegen prallt, dabei das an einer um das Netz umlaufenden Schnur befestigte Geflecht wie einen Vorhang zusammenzieht und sich in den Maschen verheddert. Ein Fallnetz schließlich wird so aufgestellt, dass durch den Anstoß des flüchtenden Tieres am Netzeingang stehende Stellstangen umfallen und das Tier wie in einem Beutel einfangen. Genaue Informationen über Netze bieten beide Autoren nicht, doch findet sich bei Polydeukes (Pollux; s. u.) manches Detail.

Mit dem Interesse römischer Kaiser an der Jagd, durch die sie hellenistische Könige imitieren, ändert sich die Form von der Treib- zur Hetzjagd, die Arrianos voraussetzt. Bei dieser verfolgen Hunde das Wild so lange, bis es aus Erschöpfung nicht mehr entweichen kann oder aber eingeholt wird, so dass es von den meist zu Pferd reitenden Jägern erlegt oder von den Hunden getötet werden kann.

Bei der Jagd auf Hirsche kommen hingegen Finten zum Einsatz, die auf die Isolierung und Bedrohung eines Jungtiers setzen und auf diese Weise dessen Mutter, die Hirschkuh (»Alttier«), zu unvorsichtigem Verhalten verleiten und so den Jägern aussetzen, außerdem auch Fußfallen, mit denen die Bewegungsfreiheit des Tieres eingeschränkt wird.

Gefährlicher ist die Jagd auf Wildschweine, da deren Kraft den Jägern großen Schaden zufügen kann. Zum Töten (»Abfangen«) dieser Tiere werden *probolia* eingesetzt, die seit dem Mittelalter »Saufedern« genannt werden: An einem langen Schaft haben sie an der Spitze eine große und scharfe Klinge, mit der man das wilde Tier von sich fernhalten und auch töten kann; eine Querstange hinter der Klinge hält es dabei auf Abstand zum Jäger und verhindert das Durchstechen, das die Waffe unbrauchbar machen kann. Über die Jagd auf Großwild wie Bären spricht Xenophon nur kurz, da sie schon zu seiner Zeit nicht mehr von Bedeutung war; Arrianos behandelt sie nur noch als Kuriosum.

Während Hase, Hirsch und Wildschwein gleichsam als sportliche Gegner beschrieben werden – die Autoren sprechen eben vom *agon*, dem athletischen Wettkampf, mit Hase und Hirsch und vergleichen die Wildschweinjagd Mann gegen Tier mit einem Ringkampf –, gilt die besondere Fürsorge, ja Liebe, den Hunden, genauer: den Hündinnen. Was etwa Arrianos über seine treue Hündin Horme berichtet, belegt eine nachgerade emotionale Beziehung (Arrianos, *Kynegetikos* 5,1–6). Die Identifizierung der von den Autoren genannten Hunderassen ist dabei nicht eindeutig, doch ist die Beschreibung der Eigenschaften jener Tiere so lebendig, dass man sie sich zumindest recht gut vorstellen kann.

Die Jagd wurde zwar von Helfern unterstützt, etwa Sklaven, die Griechisch beherrschen sollten (Xenophon, *Kynegetikos* 2,2), die aber allenfalls am Rande erwähnt werden. Als Leser ihrer Werke stellen sich Xenophon und Arrianos offenbar Männer vor, die ihrer eigenen Schicht entstammen: Wohlhabende Jägersleute, die politischen Einfluss haben (und die sich daher zu lesen freuen, dass die Jagd der *Polis*, also dem ganzen Gemeinwesen, zugute kommt, weil sie junge Männer zu guten Kriegern ausbildet) und nicht zum Lebensunterhalt, sondern aus Vergnügen auf die Jagd gehen, aber auch den Wert der Jagd als Sport und Training besonders schätzen.

Xenophon

> Xenophon war der Sohn des Gryllos, ein Athener aus dem Demos Erchia, bescheiden und überaus gutaussehend. Ihn soll Sokrates bei einer Begegnung in einem engen Gässchen mit vorgestrecktem Stock angehalten und am Weitergehen gehindert haben, wobei er fragte, wo man die unterschiedlichen Lebensmittel einkaufen könne. Nach erhaltener Auskunft fragte er weiter, wo denn die Menschen gut und recht werden könnten. Als jener keinen Rat wusste, habe er gesagt: »Folge mir also und lerne!« Von da an war er ein Schüler des Sokrates.
>
> (Diogenes Laërtios 2,48)

So beginnt im 3. Jahrhundert n. Chr. der Biograph Diogenes Laërtios seine Lebensbeschreibung des Xenophon. Die Angaben lassen sich anhand von Hinweisen in Xenophons erhaltenen Werken überprüfen und ergänzen. Xenophon wurde demnach wohl zwischen 430 und 425 v. Chr. in eine wohlhabende athenische Familie geboren. Sie gehörte zum »Ritterstand«, also zu der Schicht meist oligarchisch gesinnter Bürger, die aufgrund ihres Vermögens im Krieg nicht als Fußsoldaten (Hopliten), sondern als Reiter dienten, da sie sich den teuren Kauf und Unterhalt von Pferden leisten konnten.

Xenophon wird als Schüler nicht der von ihm umfassend kritisierten Sophisten (*Kynegetikos* 13), sondern des Philosophen Sokrates (469–399 v. Chr.) vorgestellt. Zu dessen Kreis gehörten auch der Sophist Kritias (460–403 v. Chr.), der später politisch aktiv wurde, und der Philosoph Platon (428/7–348/7 v. Chr.), der in Athen eine eigene Philosophenschule, die Akademie, gründete. Auch wenn Xenophon selbst Werke über Sokrates schrieb, sollte sein Lebensweg freilich eine andere Richtung nehmen.

Um die Vorherrschaft in Griechenland konkurrierten seinerzeit die demokratisch verfassten Athener und die eher oligarchisch gesinnten Lakedaimonier (Spartaner). Im sogenannten »Peloponnesischen Krieg« wurde diese Rivalität seit 431 v. Chr. militärisch

ausgefochten, bis 404 v. Chr. Athen kapitulierte. Nach einigen Wirren rissen in Athen im August desselben Jahres dreißig Oligarchen unter Führung des eben genannten Kritias die Herrschaft an sich, die als »Dreißig Tyrannen« bezeichnet wurden und acht Monate lang ein Schreckensregiment ausübten.

Xenophon stand dieser Gruppe wohl nahe, zumal deren Mitglieder seiner eigenen Schicht entstammten. Nach dem Zusammenbruch der oligarchischen Herrschaft 403 v. Chr. verließ er jedenfalls die Stadt Athen, um sich mit Hilfe eines im benachbarten Boiotien heimischen Freundes der Familie als Söldner zu verdingen. Gerade hatte sich der persische Prinz Kyros d. J. unter den Spartanern um militärische Unterstützung für den Plan bemüht, seinen Bruder Artaxerxes II. als Perserkönig abzusetzen und selbst die Herrschaft zu übernehmen.

Für seine Streitmacht warb Kyros auch Söldner an, und so trat Xenophon in die Dienste des Kyros. Allerdings kam jener 401 v. Chr. in einer Schlacht gegen seinen Bruder bei Kunaxa nördlich von Babylon ums Leben. Xenophon nahm nun die Aufgabe an, das griechische Söldnerheer zurück nach Westen zu führen und brachte die Soldaten in entbehrungsreichen Märschen ans Schwarze Meer.

Im Winter 400/399 v. Chr. schloss Xenophon sich kurz dem Heer des Seuthes II. an, der den Stamm der Odrysen (etwa im Bereich des heutigen Bulgarien) beherrschte. Die Führung der Söldner übergab Xenophon einem spartanischen Feldherren und kämpfte bald mit dem von ihm hochgeschätzten Spartanerkönig Agesilaos gegen die Perser sowie 394 v. Chr. gegen ein Bündnis, das in der Feindschaft gegen Sparta geeint war und zu dem auch Xenophons Heimat Athen gehörte.

Spätestens jetzt wurde dem Xenophon das athenische Bürgerrecht aberkannt. Als Verbannter lebte er auf Einladung Spartas nun mit seiner Familie auf einem Landgut in Skillus im Westen der von Sparta beherrschten Peloponnes. Als sorgenfrei etablier-

ter Landedelmann beschäftigte er sich nun »mit Jagd, mit Bewirtung seiner Freunde und Abfassung seiner Historien«, wie Diogenes Laërtios (2,52) angibt. Als Sparta dann 371 v. Chr. infolge der verlorenen Schlacht von Leuktra die Vorherrschaft über Griechenland an Theben in Boiotien verlor, musste Xenophon Skillus verlassen und ging wohl nach Korinth.

Drei Jahre später aber brachte eine Wiederannäherung von Sparta und Athen die Aufhebung seiner Verbannung und eröffnete ihm damit die Möglichkeit zur Rückkehr nach Athen. Unbekannt ist, ob Xenophon sich selbst darauf einließ, doch seine Söhne zogen sicher um und dienten als athenische Reiter in der Schlacht von Mantineia 362 v. Chr., in der Athen und seine Verbündeten gegen die Boiotier unter Führung des Epameinondas von Theben kämpften. Einige Jahre später starb Xenophon, »ein Mann, der auch sonst gut war, insbesondere aber ein Freund der Pferde (*philippos*), der Jagd (*philokynegos*) und der Taktik (*taktikos*), wie aus seinen Schriften offenbar wird« (Diogenes Laërtios 2,56).

Xenophons erhaltene Werke umfassen neben Schriften, die er als Schüler des Sokrates verfasste (*Memorabilien, Symposion, Apologie*) vor allem historische Arbeiten: die *Anabasis*, in der er die Geschichte des Aufstiegs und Falls Kyros' d. J. und die Rückführung der griechischen Söldnertruppe schilderte, und die *Hellenika*, eine Geschichte Griechenlands (*Hellas*) der Jahre von 411/0 bis 362/1 v. Chr., die damit das unvollendete Geschichtswerk des Thukydides (vor 454 – nach 399 v. Chr.) fortsetzte. Hinzu kommen die *Kyropädie,* eine didaktisch-romanhafte Biographie des Gründers des Perserreichs, Kyros' d. Ä., und eine Biographie des o. g. Spartanerkönigs Agesilaos (*Agesilaos*).

Mit Fragen von Herrschaft und Verfassung befassen sich die Werke *Hieron* und *Staat der Spartaner;* das erstgenannte Werk ist als Dialog des Tyrannen Hieron von Syrakus mit dem Dichter Simonides gestaltet und erörtert, wie eine Tyrannis in eine gerechte

Monarchie umgewandelt werden könne, das zweitgenannte preist die vom mythischen Staatsgründer Lykurgos geschaffene Ordnung Spartas als beste Verfassung. Wirtschaftlichen Fragen widmen sich die *Poroi* (Einkünfte) und der *Oikonomikos* (Haushaltsführung). Mit Ross und Reiter befassen sich die Schriften *Hipparchikos* und *Peri hippikes* (über den Reiterei-Befehlshaber und über die Reitkunst) und mit der Jagd die (Xenophon gelegentlich, freilich ohne gute Gründe abgesprochene) Schrift *Kynegetikos*, die das vorliegende Buch präsentiert.

Deren Text war in der Antike offenbar weiter verbreitet. So zeigen die Zitate im *Onomastikon* des Iulius Polydeukes (Pollux; s. u.) aus dem 2. Jahrhundert n. Chr., dass Xenophons Werk ihm vorlag. Auch ein Papyrus, der in demselben Jahrhundert in Ägypten beschrieben wurde, bezeugt, dass das Werk seinerzeit dort bekannt war und abgeschrieben wurde (der Papyrus bietet Teile von *Kynegetikos* 13). Offenbar sprach die Darstellung der Treibjagd zu Fuß auch zu einer Zeit, in der andere Jagdformen beliebter waren, noch eine gewisse Leserschaft an.

Auch im Mittelalter ist das Werk häufig kopiert worden; unter den etwa 20 Abschriften sind zwei von besonderer Bedeutung: Der *Codex Vindobonensis phil. gr.* 37 aus dem 16. Jahrhundert, der zwar einige vom Abschreiber verursachte Lücken aufweist, sonst aber eine offenbar sehr gute ältere Abschrift wiedergibt, die dem antiken Text wohl am nächsten kommt. Der *Codex Vaticanus gr.* 989 aus dem 13./14. Jahrhundert ist demgegenüber zwar vollständiger, aber von der Qualität des gebotenen Textes zweitrangig; beim *Kynegetikos* etwa erweitert er den mythologischen Vorspann recht frei. Daneben gibt es eine Vielzahl weiterer Abschriften, deren Wert für die Rekonstruktion des Textes aber gering ist. Der Text der vorliegenden Leseausgabe von Xenophons *Kynegetikos* bevorzugt (wie die Edition von Malcolm Willcock 1999) – sofern möglich (auch in *Kynegetikos* 1) – die Lesarten im *Codex Vindobonensis*.

Arrianos

Lucius Flavius Arrianos (um 85 – nach 145/6 n. Chr.) war ein griechischsprachiger römischer Politiker, Philosoph und Geschichtsschreiber. Er stammte aus Nikomedeia in der römischen Provinz Bithynien (heute İzmit in der Türkei). Seine Vorfahren waren in den römischen Ritterstand aufgenommen worden und trugen als Gentilnamen (Sippennamen) mit Flavius den Namen des Patrons, dem die Familie das römische Bürgerrecht verdankte. Arrianos studierte bei dem berühmten stoischen Philosophen Epiktetos (um 50 – um 138 n. Chr.), über dessen Philosophie er (uns erhaltene) Bücher verfasste. Anschließend diente Arrianos im römischen Heer in den Provinzen und unter Kaiser Trajan (53–117 n. Chr., Kaiser seit 98) bei dessen Krieg gegen die Parther im Osten des Imperium Romanum. Dieser Kaiser, der 117 noch vor Abschluss dieses Kriegs starb, oder sein Nachfolger Hadrian (76–138 n. Chr., Kaiser seit 117) erhob Arrianos in den Senatorenstand. Für Hadrian war er dann in der römischen Reichsverwaltung tätig, als Prokonsul in den Provinzen Baetica (im heutigen Spanien) und Cappadocia (in Kleinasien) und als Befehlshaber der römischen Truppen an der Grenze zu Armenien. Nach Hadrians Tod 138 n. Chr. zog Arrianos nach Athen und wurde Bürger der Stadt; 145/46 hatte er hier das Ehrenamt des *Archon eponymos* inne; nach diesem Jahresbeamten wurde das Jahr benannt. Inschriften bezeichnen ihn als Philosophen (*AE* 1968, 473 aus Korinth, *AE* 1971, 437 aus Athen).

Schon während seiner aktiven Karriere, vor allem aber in der Muße, die er in Athen genoss, schuf Arrianos mehrere gelehrte Werke. In diesen war er um attisches Griechisch bemüht, also die von seinen Zeitgenossen als klassisch anerkannte Sprachform; sein Vorbild war Xenophon, nach dem er sich sogar selbst benannte (1,4; 16,6; 22,1). Neben Schriften, die Arrianos als Schüler des Epiktetos verfasste, sind uns ein einflussreiches Werk *Anabasis Alexandrou*

über den Zug Alexanders des Großen (356–323 v. Chr., König von Makedonien seit 336) und die Schrift *Indike* über Indien erhalten, außerdem ein Werk über die Kunst der Taktik (*Techne Taktike*). Bis auf Fragmente verloren sind die Werke *Ta meta Alexandron*, eine Geschichte der Zeit nach Alexander, und *Parthika*, eine Geschichte der Parther; ferner belegt, aber nicht überliefert, sind Werke über Bithynien, über Meteorologie sowie über Fußtruppen. Außerdem schuf Arrianos eine Küstenbeschreibung (*Periplus*) des Schwarzen Meeres und – wie Xenophon – eine kurze Schrift über die Jagd (*Kynegetikos*), die das vorliegende Buch präsentiert.

Der Text dieses Werks (wie auch der des *Periplus*) ist nur dank einer einzigen Abschrift bewahrt, die sich im *Codex Palatinus gr.* 398 aus dem 9. Jahrhundert findet.

Polydeukes (Pollux)

Ob ich den Polydeukes (Pollux) von Naukratis gelehrt oder ungelehrt nennen soll oder aber – was vielleicht albern scheinen wird – beides zugleich, weiß ich nicht. Wenn man nämlich die einzelnen Wörter bei ihm betrachtet, war er zwar in der Sprache des attischen Dialekts hinlänglich geübt, untersucht man aber die Darstellung in seinen Lehrvorträgen, hat er nicht besser als andere das Attische beherrscht. Folgendes muss man von ihm wissen: In der (philologischen) Kritik war Polydeukes ziemlich geübt, da er von seinem Vater unterrichtet wurde, der Kenntnisse von der Kritik besaß; seine sophistischen Reden aber waren mehr das Werk einer gewissen Dreistigkeit als der Kunst, wobei er sich dabei auf seine Begabung verließ; er hatte nämlich sehr gute Naturanlagen. Er war ein Schüler des Hadrianos, aber gleich weit entfernt von dessen Vorzügen und Mängeln. … Er soll (seine Reden) auch noch mit einer honigsüßen Stimme vorgetragen haben, mit der er auch den Kaiser Commodus so bezauberte, dass er von ihm den Lehrstuhl (für Rhetorik) in Athen erhielt. Er lebte etwa 58 Jahre und hinterließ bei seinem Tod einen zwar ehelichen, aber ungebildeten Sohn.

(Philostratos, *Leben der Sophisten* 2,12)

In seinen *Leben der Sophisten* stellt der gelehrte Philostratos (nach 165 – vor 250 n. Chr.) viele Redner vor, darunter den Hadrianos von Tyros und seinen Schüler Polydeukes (Pollux) von Naukratis, der unter dem römischen Kaiser Commodus (161–192 n. Chr., Kaiser seit 180) den Lehrstuhl für Rhetorik in Athen innehatte. Die Reden des Polydeukes sind nicht erhalten, doch ist ein Werk mit dem Titel *Onomastikon* überliefert, in dem er zum besseren Verständnis des Attischen, also der im klassischen Athen gesprochenen Sprachform, die Werke von Autoren jener Zeit auswertete, darunter für Fragen der Jagd im ersten Teil des 5. Buches auch Xenophons *Kynegetikos*. Da sonst viele dieser Werke nicht erhalten sind, verdanken wir Polydeukes' *Onomastikon* umfangreiche Sachinformationen über das Athen der klassischen Zeit und nicht zuletzt auch über die Jagd in der Antike. Die einschlägigen Partien aus dem Werk werden im vorliegenden Band erstmals zweisprachig präsentiert.

Mythen, Fachbegriffe und Maßangaben

Die antiken Autoren können voraussetzen, dass ihr Publikum mit den Göttern und Helden der griechischen Mythologie vertraut ist. Damit eine heutige Leserschaft die darauf bezogenen Angaben einordnen kann, sollen die von Xenophon und Arrianos genannten mythischen Gestalten kurz vorgestellt werden.

Die olympischen sind die wichtigsten Gottheiten, allen voran der Göttervater Zeus und seine Schwestergemahlin Hera. Weitere Geschwister des Zeus sind Poseidon, der Gott des Meeres und Beschützer der Pferde, sowie Demeter, die Göttin der Fruchtbarkeit der Erde, des Getreides und der Jahreszeiten; ihre Tochter Persephone verbringt einen Teil des Jahres unter der Erde bei Zeus' Bruder Hades, einen Teil auf ihr. Töchter des Zeus sind u. a. Aphrodite, die Göttin der Liebe, der Schönheit und der

sinnlichen Begierde, sowie Athene, die Göttin der Weisheit, der Strategie, der Kunst, des Handwerks und der Handarbeit und die Schutzgöttin von Athen. Zu den Söhnen des Zeus gehören Hephaistos, der Gott des Feuers und der Schmiede, sowie Hermes, der Gott der Reisenden (mit den Beinamen Enodios, »Wegebegleiter«, und Hegemonios, »Anführer«), der Kaufleute und der Hirten, aber auch der Diebe, der als Götterbote Zeus' Beschlüsse verkündet. Kinder des Zeus sind außerdem Artemis, die Göttin der Jagd (mit dem Beinamen Agrotera), des Waldes, des Mondes und die Hüterin der Frauen und Kinder, und ihr Zwillingsbruder Apollon, der Gott des Lichts, des Frühlings, der sittlichen Reinheit, der Heilung, der Weissagung, der Bogenschützen und nicht zuletzt der Künste. Ein Sohn des Apollon ist Asklepios, der Gott der Heilkunst, der seinerseits die heilkundigen Söhne Machaon und Podaleirios hat; Apollons Schützlinge sind die neun Musen, Töchter der Mnemosyne, der Göttin der Erinnerung.

Neben den Olympischen Gottheiten werden weitere verehrt, so Zeus' Halbbruder Cheiron, ein Kentaur, also ein Mischwesen aus Pferd und Mensch, der als besonders weise und gerecht gilt, dann Pan, der Hirtengott, ein Mischwesen aus dem Oberkörper eines Mannes und dem Unterkörper eines Widders oder Ziegenbocks, der als Sohn des Hermes gilt, Hippolytos, der Sohn des Theseus (s. u.) und einer Amazone, der jungfräulich und kinderlos bleibt, sowie die Dioskuren (Zeus-Söhne) Kastor und Polydeukes (Pollux). Verehrt werden auch Eros, der Gott der begehrlichen Liebe, und die Chariten (Grazien), dienende Wesen, die Menschen und Göttern Anmut, Schönheit und Festesfreude bringen. Gottheiten des Meeres sind nicht nur Poseidon, sondern auch die Töchter des Okeanos, so etwa Amphitrite, und die des Nereus, die Nereïden, Begleiterinnen des Poseidon, die als Meeresnymphen Schiffbrüchige beschützen; ebenso begleiten Nymphen Götter und Menschen als Personifikationen von Naturkräften.

Bekannt sind dem Lesepublikum die Taten des Helden Herakles. Dieser spricht dem Telamon, dem König von Salamis, der um Periboia geworben hatte, schließlich die Hesione, Tochter des trojanischen Königs Laomedon, als Gattin zu. Ebenso vertraut sind nämlich auch die Gestalten des trojanischen Krieges, wie sie Homer in der Ilias und spätere Autoren schildern. Als Auslöser des Krieges um Troja, dessen erster König Teukros gewesen ist, gilt die Entführung der Helena, der Ehefrau des Menelaos, durch Paris, den älteren Sohn des trojanischen Königs Priamos. Die vereinten Griechen unternehmen daraufhin unter Führung des vom weisen Nestor beratenen Agamemnon, mit maßgeblichem Zutun des Achilleus, des Sohnes des Peleus, und unter Teilnahme von Nestors Sohn Antilochos, von dem Kreter Meriones, von Palamedes und von anderen einen Rachefeldzug gegen Troja, können aber die von Priamos' Sohn Hektor, den Polydamas klug berät, verteidigte Stadt nicht einnehmen. Erst eine von Odysseus und Diomedes umgesetzte List – die Weihung eines mit Soldaten gefüllten hölzernen Pferdes und der vorgetäuschte Rückzug der Griechen – ermöglicht die Eroberung Trojas. Zu den daraufhin fliehenden Trojanern gehört Aineias, der zum Stammvater der Römer werden wird.

Der Mythos von der Jagd auf den Kalydonischen Eber ist der Leserschaft ebenso bekannt. Von der Göttin Artemis (s. o.), die zornig war, weil Oineus, der König von Kalydon, Opfer für sie unterlassen hatte, wird ein gewaltiger Eber entsandt, der die Umgebung der Stadt verwüstet. Während Herakles (s. o.) verhindert ist, beteiligen sich an der Jagd nicht nur der Königssohn Meleagros, sondern auch die besten Jäger jener Zeit, so Amphiaraos aus Argos, die Könige von Salamis und Athen, Telamon und Theseus, die jungfräuliche Atalante, die – als Kind ausgesetzt – von einer Bärin gesäugt worden und zur geschickten Jägerin herangewachsen ist, sowie Meilanion aus Tegea, der sich in Atalante verliebt. Da diese nur denjenigen heiraten will, der sie im Laufen besiegt, lässt er sich auf einen solchen Wettbewerb ein; als Atalante, die in vollen Waf-

fen läuft, ihn zu überholen droht, wirft er goldene Äpfel, die ihm Aphrodite (s. o.) gegeben hat, auf die Bahn; Atalante bückt sich und stürzt. So siegt Meilanion im Wettlauf und heiratet Atalante.

Ebenfalls in den Zusammenhang mit einer Jagd gehören der erfolgreiche Jäger Menestheus, mythischer König von Athen, und der Mythos von Kephalos, dem Herrscher von Thorikos, und seiner Gattin Prokris, auf die Xenophon am Anfang und am Ende seines Werkes Bezug nimmt (das mythographische Eingangskapitel für einen späteren Zusatz zu halten verbietet sich daher): Kephalos, der Prokris bei der Untreue mit Pteleon ertappt hat, bleibt ihr acht Jahre lang fern; Prokris flieht nach Kreta und kehrt mit einem unfehlbaren Jagdspeer und einem Hund zurück, dem kein Wild entgehen kann; sie versöhnt sich mit dem ebenfalls jagdbegeisterten Kephalos und schenkt ihm diese Gaben.

Xenophon und Arrianos bemühen sich trotz des durchaus technischen Inhalts der Schriften immer wieder darum, nicht allzu viele Fachbegriffe zu verwenden. So werden Körperteile von Tieren mit denselben Namen beschrieben wie die von Menschen, während im Jägerdeutschen hier Unterschiede gemacht werden: Die Ohren heißen bei den antiken Autoren schlicht *ota*, im Deutschen aber beim Hasen »Löffel«, beim Hund »Behang«, die Augen (*ophthalmoi*) beim Hasen »Seher«, beim Wildschwein »Lichter«, der Schwanz (*oura*) beim Hasen »Blume«, beim Hund »Rute«. In der vorliegenden Übersetzung werden die jägerischen Bezeichnungen jeweils in Klammern geboten.

Grundmaß für Längenangaben ist der Fuß (etwa 30 cm), der 16 Fingerbreit misst. 4 Fingerbreit, also ¼ Fuß, sind eine Handbreit, 12 Fingerbreit oder ¾ Fuß eine Spanne und 20 Fingerbreit eine Elle. 6 Fuß bilden einen Klafter, 600 ein Stadion. Für Gewichtsangaben benutzt man die Drachme (etwa 4,5 g; in Silber wohl ein Tageslohn), die aus 6 Obolen besteht.

Für die Aufnahme des Bandes in die Reihe danke ich Niklas Holzberg und Bernhard Zimmermann, für guten Rat bei der Erstellung der Druckvorlage Katharina Legutke und Florian Ruppenstein, für wertvolle jagdliche Hinweise Ludwig Albrecht und für das Mitlesen der Korrekturen Cordula Bachmann, Lucas Rischkau, Otto Ritter und meiner lieben Frau Christiane.

Universität Erfurt, im Februar 2018 Kai Brodersen

TEXTE UND ÜBERSETZUNGEN

ΞΕΝΟΦΩΝ

ΚΥΝΗΓΕΤΙΚΟΣ

1 (1) πρῶτον εὕρημα θεῶν, Ἀπόλλωνος καὶ Ἀρτέμιδος, ἄγραι καὶ κύνες· ἔδοσαν δὲ καὶ ἐτίμησαν τούτῳ Χείρωνα διὰ δικαιότητα. (2) ὁ δὲ λαβὼν ἐχάρη τῷ δώρῳ καὶ ἐχρῆτο· καὶ ἐγένοντο αὐτῷ μαθηταὶ κυνηγεσίων τε καὶ ἑτέρων καλῶν Κέφαλος, Ἀσκληπιός, Μειλανίων, Νέστωρ, Ἀμφιάραος, Πηλεύς, Τελαμών, Μελέαγρος, Θησεύς, Ἱππόλυτος, Παλαμήδης, Μενεσθεύς, Ὀδυσσεύς, Διομήδης, Κάστωρ, Πολυδεύκης, Μαχάων, Ποδαλείριος, Ἀντίλοχος, Αἰνείας, Ἀχιλλεύς.

(3) θαυμαζέτω δὲ μηδεὶς ὅτι οὐχ αἱ αὐταὶ ἡλικίαι πᾶσι τούτοις· ὁ γὰρ Χείρωνος βίος πᾶσιν ἐξήρκει. (4) ἐγεγόνει μὲν γὰρ Χείρων πρότερος τούτων, ἐτελεύτησε δὲ ὕστερος, ἐπεὶ Ἀχιλλέα ἐπαίδευσεν. (5) ἐκ δὲ τῆς ἐπιμελείας τῆς κυνηγεσίων καὶ ἐκ τῆς ἄλλης παιδείας πολὺ διενεγκόντες τὰ κατὰ τὴν ἀρετὴν ἐθαυμάσθησαν.

(6) Κέφαλος μὲν καὶ ὑπὸ θεᾶς ἡρπάσθη, Ἀσκληπιὸς δὲ καὶ μεγάλων ἔτυχεν, ἀνιστάναι μὲν θνῄσκοντας, νοσοῦντας δὲ ἰᾶσθαι· διὰ δὲ ταῦτα παρ᾽ ἀνθρώποις ἀείμνηστον κλέος ἔχει. (7) Μειλανίων δὲ τοσοῦτον ὑπερέσχε φιλοπονίᾳ, ὥστε ὧν αὐτῷ ἀντερασταὶ ἐγένοντο οἱ τότε ἄριστοι τῶν τότε μεγίστων

XENOPHON

BUCH VON DER JAGD

Mythische Jäger (s. o. S. 16ff.)

1 (1) Die erste Erfindung der Götter Apollon und Artemis waren Jagden und Hündinnen. Sie beschenkten und beehrten damit den Cheiron wegen seiner Gerechtigkeit. (2) Der nahm sie, freute sich über das Geschenk und machte Gebrauch davon. Seine Schüler in der Jagd und in anderen guten (Fertigkeiten) wurden Kephalos, Asklepios, Meilanion, Nestor, Amphiaraos, Peleus, Telamon, Meleagros, Theseus, Hippolytos, Palamedes, Menestheus, Odysseus, Diomedes, Kastor, Polydeukes (Pollux), Machaon, Podaleirios, Antilochos, Aineias und Achilleus.

(3) Es soll sich niemand darüber wundern, dass nicht bei allen diesen die Lebenszeiten gleich waren, denn Cheirons Leben reichte für alle aus. (4) Es war nämlich Cheiron früher als sie geboren; er starb aber erst später, als er den Achilleus ausgebildet hatte. (5) Wegen ihrer Beschäftigung mit dem Jagdwesen und wegen ihrer übrigen Bildung waren sie sehr ausgezeichnet und wurden wegen ihrer Tugend bewundert.

(6) Kephalos wurde sogar von einer Göttin geraubt. Asklepios erlangte Großes, nämlich Sterbende auferstehen zu lassen und Kranke zu heilen; deshalb hat er bei den Menschen ewig dauernden Ruhm. (7) Meilanion zeichnete sich so sehr durch Liebe zur Anstrengung aus, dass er, obwohl er die damals Besten als Konkur-

γάμων μόνος ἔτυχεν Ἀταλάντης. Νέστορος δὲ προδιελήλυθεν ἡ ἀρετὴ τῶν Ἑλλήνων τὰς ἀκοάς, ὥστε εἰδόσιν ἂν λέγοιμι. (8) Ἀμφιάραος δὲ ὅτ᾽ ἐπὶ Θήβας ἐστράτευσε, πλεῖστον ἐκτήσατο ἔπαινον. Πηλεὺς δ᾽ ἐπὶ σωφροσύνῃ τε καὶ τῇ ἄλλῃ ἀρετῇ μάλιστα ἐθαυμάσθῃ. (9) Τελαμὼν δὲ τοιοῦτος ἐγένετο, ὥστ᾽ ἐκ μὲν πόλεως τῆς μεγίστης ἣν αὐτὸς ἐβούλετο γῆμαι Περίβοιαν τὴν Ἀλκάθου· ὅτε δὲ ὁ πρῶτος τῶν Ἑλλήνων ἐδίδου τἀριστεῖα Ἡρακλῆς, ἑλὼν Τροίαν, Ἡσιόνην αὐτῷ ἔδωκεν. (10) Μελέαγρος δὲ τὰς μὲν τιμὰς ἃς ἔλαβε πάντες ᾄδουσι· πατρὸς δ᾽ ἐν γήρᾳ ἐπιλανθανομένου τῆς θεοῦ οὐχ ὑπὸ τῆς αὑτοῦ αἰτίας ἐδυστύχησε. Θησεὺς δὲ τοὺς μὲν τῆς Ἑλλάδος ἐχθροὺς πάσης μόνος ἀπώλεσε· τὴν δ᾽ αὑτοῦ πατρίδα πολὺ μείζω ποιήσας ἔτι καὶ νῦν θαυμάζεται. (11) Ἱππόλυτος δὲ ὑπὸ μὲν Ἀρτέμιδος ἐτιμᾶτο καὶ ἐν λόγοις συνῆν, σωφροσύνῃ δὲ καὶ αὐτὸς μακαρισθεὶς ἐτελεύτησε. Παλαμήδης δὲ ἕως μὲν περιῆν πάντων τῶν ἐφ᾽ ἑαυτοῦ ὑπερέσχε σοφίᾳ· ἀποθανὼν δὲ ἀδίκως τοσαύτης ἔτυχεν εὐκλείας ὑπὸ θεῶν, ὅσης οὐδεὶς ἄλλος ἀνθρώπων. ἐτελεύτησε δὲ οὐχ ὑφ᾽ ὧν ἔφασάν τινες· οὐ γὰρ ἂν ἦν ὁ μὲν σχεδόν τι ἄριστος, ὁ δὲ ὅμοιος ἀγαθῷ· κακοὶ δὲ ἔπραξαν τὸ ἔργον. (12) Μενεσθεὺς δὲ ἐκ τῆς ἐπιμελείας τῆς τῶν κυνηγεσίων τοσοῦτον ὑπερέβαλε φιλοπονίᾳ, ὥστε ὁμολογεῖται τοὺς τῶν Ἑλλήνων πρώτους ὑστέρους εἶναι τὰ εἰς τὸν πόλεμον ἐκείνου πλὴν Νέστορος· καὶ οὗτος οὐ προέχειν λέγεται, ἀλλὰ ἐρίζειν. (13) Ὀδυσσεὺς δὲ καὶ Διομήδης λαμπροὶ μὲν καὶ καθ᾽ ἓν ἕκαστον, τὸ δὲ ὅλον αἴτιοι τοῦ Τροίαν ἁλῶναι. Κάστωρ δὲ καὶ Πολυδεύκης ὅσα ἐπεδείξαντο ἐν τῇ Ἑλλάδι τῶν παρὰ Χείρωνος διὰ τὸ ἀξίωμα τὸ ἐκ τούτων ἅπαντες μεστοί εἰσι. (14) Μαχάων

renten hatte, die seinerzeit edelste Braut allein erlangte, nämlich Atalante. Nestors Tugend aber ist schon zu aller Griechen Ohren gekommen, weshalb ich wohl nur zu schon Wissenden sprechen würde. (8) Amphiaraos erwarb sich, als er gegen Theben zog, den größten Ruhm. Peleus wurde wegen seiner Selbstbeherrschung und seiner weiteren Tugend sehr stark bewundert. (9) Telamon wurde so ein Mann, dass er aus der bedeutendsten Stadt um die Frau warb, die er selbst wollte, nämlich um Periboia, Tochter des Alkathos; als dann der Erste der Griechen, Herakles, nach der Eroberung von Troja die Preise für Tapferkeit austeilte, gab er ihm die Hesione. (10) Meleagros erlangte die Ehren, die er bekam und die alle besingen; erst als sein Vater im Alter die Göttin vergaß – also nicht durch eigene Schuld –, verließ ihn das Glück. Theseus vernichtete die Feinde von ganz Griechenland allein, und weil er sein Vaterland um vieles größer machte, wird er noch jetzt bewundert. (11) Hippolytos wurde von Artemis geehrt und war in aller Munde; wegen seiner Selbstbeherrschung wurde er auch selbst gepriesen und starb dann. Palamedes übertraf, solange er lebte, alle seine Zeitgenossen an Weisheit; als er widerrechtlich umkam, erlangte er so großen Ruhm von den Göttern wie sonst kein anderer Mensch; er beendete aber (sein Leben) nicht durch diejenigen, die einige angeben, denn der eine wäre nicht fast der Beste gewesen und der andere dem Guten gleich; vielmehr verübten Übeltäter die Tat. (12) Menestheus zeichnete sich mit seiner – aus der Beschäftigung mit der Jagd gewonnenen – Liebe zur Anstrengung so sehr aus, dass die Ersten der Griechen einräumten, sie seien ihm gegenüber im Kriegswesen nachrangig, abgesehen von Nestor – und selbst der soll ihn nicht übertroffen, sondern mit ihm konkurriert haben. (13) Odysseus und Diomedes waren schon je für sich glänzende Männer, zusammen aber die Ursache dafür, dass Troja erobert wurde. Kastor und Polydeukes (Pollux) sind wegen der Ehre, die sie durch das erlangten, was sie von dem bei Cheiron Erlernten unter Griechenlands Augen ausführten, voll ihres Ruhmes. (14) Macha-

δὲ καὶ Ποδαλείριος παιδευθέντες τὰ αὐτὰ ἐγένοντο καὶ τέχνας καὶ λόγους καὶ πολέμους ἀγαθοί. Ἀντίλοχος δὲ τοῦ πατρὸς ὑπεραποθανὼν τοσαύτης ἔτυχεν εὐκλείας, ὥστε μόνος φιλοπάτωρ παρὰ τοῖς Ἕλλησιν ἀναγορευθῆναι. (15) Αἰνείας δὲ σώσας καὶ αὐτὸς τὸν πατέρα, δόξαν εὐσεβείας ἐξηνέγκατο, ὥστε καὶ οἱ πολέμιοι μόνῳ ἐκείνῳ ὧν ἐκράτησαν ἐν Τροίᾳ ἔδοσαν μὴ συληθῆναι. (16) Ἀχιλλεὺς δ᾽ ἐν ταύτῃ τῇ παιδείᾳ τραφεὶς οὕτω καλὰ καὶ μεγάλα μνημεῖα παρέδωκεν, ὥστε οὔτε λέγων οὔτ᾽ ἀκούων περὶ ἐκείνου οὐδεὶς ἀπαγορεύει.

(17) οὗτοι δὲ τοιοῦτοι ἐγένοντο ἐκ τῆς ἐπιμελείας τῆς παρὰ Χείρωνος, ἧς οἱ μὲν ἀγαθοὶ ἔτι καὶ νῦν ἐρῶσιν, οἱ δὲ κακοὶ φθονοῦσιν, ὥστ᾽ ἐν μὲν τῇ Ἑλλάδι εἴ τῳ συμφοραὶ ἐγίγνοντο ἢ πόλει ἢ βασιλεῖ, ἐλύοντο δι᾽ αὐτούς· εἰ δὲ πρὸς τοὺς βαρβάρους πάντας πάσῃ τῇ Ἑλλάδι νεῖκος ἢ πόλεμος ἦν, διὰ τούτους οἱ Ἕλληνες ἐκράτουν, ὥστε ἀνίκητον τὴν Ἑλλάδα παρέχεσθαι.

(18) ἐγὼ μὲν οὖν παραινῶ τοῖς νέοις μὴ καταφρονεῖν κυνηγεσίων μηδὲ τῆς ἄλλης παιδείας· ἐκ τούτων γὰρ γίγνονται τὰ εἰς τὸν πόλεμον ἀγαθοὶ καὶ εἰς τὰ ἄλλα ἐξ ὧν ἀνάγκη καλῶς νοεῖν καὶ λέγειν καὶ πράττειν.

2 (1) πρῶτον μὲν οὖν χρὴ ἐλθεῖν ἐπὶ τὸ ἐπιτήδευμα τὸ τῶν κυνηγεσίων τὸν ἤδη ἐκ παιδὸς ἀλλάττοντα τὴν ἡλικίαν, εἶτα δὲ καὶ ἐπὶ τὰ ἄλλα παιδεύματα, τὸν μὲν ἔχοντα σκεψάμενον τὴν οὐσίαν, ᾧ μὲν ἔστιν ἱκανή, ἀξίως τῆς αὑτοῦ ὠφελείας, ᾧ δὲ μὴ

on und Podaleirios, die auch in all diesem gebildet waren, wurden in Künsten, Reden und Krieg tüchtige Männer. Antilochos, der für seinen Vater starb, erlangte dadurch solchen Ruhm, dass er allein bei den Griechen *philopator* (Vaterliebender) genannt wurde. (15) Aineias, der selbst seinen Vater rettete, trug den Ruhm der Frömmigkeit davon, dass auch die Feinde ihm allein von allen, die sie in Troja in ihre Gewalt bekamen, zugestanden, dass er nicht ausgeplündert wurde. (16) Achilleus aber, der in dieser Ausbildung erzogen wurde, hinterließ so schöne und große Denkmäler, dass niemand es untersagt, von ihm zu reden oder zu hören.

(17) Diese also wurden durch die Beschäftigung, die sie von Cheiron hatten und die gute Menschen auch jetzt noch lieben, schlechte aber beneiden, zu solchen Männern, dass sie in Griechenland, wenn einer Stadt oder einem König Unglücksfälle zustießen, diese befreiten, wenn aber mit allen Barbaren ganz Griechenland Streit oder Krieg hatte, die Griechen durch sie die Oberhand behielten, so dass sie Griechenland unbesiegt bewahrten.

Jagd als Bildungsgegenstand

(18) Ich ermahne nun die jungen Männer, die Jagd nicht zu verachten und auch nicht die andere Bildung; dadurch nämlich werden sie im Kriegswesen tüchtig, ebenso in allem anderen, aus dem notwendigerweise gutes Denken, Reden und Handeln folgt.

2 (1) Zuerst also muss man schon an die Beschäftigung mit der Jagd gehen, wenn man aus der Kindheit ins Erwachsenenalter übertritt, dann auch an die anderen Bildungsgegenstände, indem man auf sein Vermögen, wenn man eines hat, Rücksicht nimmt. Wer hinreichend viel besitzt, muss an die Beschäftigung (mit der Jagd) gehen, wie es ihr Nutzen verdient, wer nicht, soll wenigs-

ἔστιν, ἀλλ' οὖν τήν γε προθυμίαν παρεχέσθω μηδὲν ἐλλείπων τῆς ἑαυτοῦ δυνάμεως.

(2) ὅσα δὲ καὶ οἷα δεῖ παρεσκευασμένον ἐλθεῖν ἐπ' αὐτὸ φράσω καὶ αὐτὰ καὶ τὴν ἐπιστήμην ἑκάστου, ἵνα προειδὼς ἐγχειρῇ τῷ ἔργῳ. καὶ μηδεὶς αὐτὰ φαῦλα νομισάτω εἶναι· ἄνευ γὰρ δὴ τούτων οὐκ ἂν εἴη πρᾶξις.

(3) χρὴ δὲ τὸν μὲν ἀρκυωρὸν εἶναι ἐπιθυμοῦντα τοῦ ἔργου καὶ τὴν φωνὴν Ἕλληνα, τὴν δὲ ἡλικίαν περὶ ἔτη εἴκοσι, τὸ δὲ εἶδος ἐλαφρόν, ἰσχυρόν, ψυχὴν δὲ ἱκανόν, ἵνα τῶν πόνων τούτοις κρατῶν χαίρῃ τῷ ἔργῳ·

(4) τὰς δὲ ἄρκυς Φασιανοῦ ἢ Καρχηδονίου λεπτοῦ λίνου καὶ τὰ ἐνόδια καὶ τὰ δίκτυα. ἔστωσαν δὲ αἱ μὲν ἄρκυς ἐννεάλινοι ἐκ τριῶν τόνων, ἕκαστος δὲ τόνος ἐκ τριῶν λίνων, τὸ δὲ μέγεθος πεντεσπίθαμοι, διπάλαστοι δὲ τοὺς βρόχους, περικείσθωσαν δὲ τοὺς περιδρόμους ἀναμμάτους, ἵνα εὔτροχοι ὦσι,

(5) τὰ δ' ἐνόδια δωδεκάλινα, τὰ δὲ δίκτυα ἑκκαιδεκάλινα, τὸ δὲ μέγεθος τὰ μὲν ἐνόδια διώρυγα, τριώρυγα, τετρώρυγα, πεντώρυγα, τὰ δὲ δίκτυα δεκώρυγα, εἰκοσώρυγα, τριακοντώρυγα· ἐὰν δὲ ᾖ μείζω, δυσμεταχείριστα ἔσται· ἀμφότερα δὲ τριακονθάμματα, καὶ τῶν βρόχων τὸ διάστημα ἴσον ταῖς ἄρκυσιν. (6) ἐν δὲ τοῖς ἀκρωλενίοις τὰ μὲν ἐνόδια ἐχέτω μαστούς, τὰ δὲ δίκτυα δακτυλίους, τοὺς δὲ περιδρόμους ἀπὸ στροφείων.

tens seine Bereitwilligkeit zeigen, indem er nicht hinter seinen Möglichkeiten zurückbleibt.

(2) Mit welcher Quantität und Qualität von Zurüstungen man daran gehen muss, will ich im Einzelnen aufzählen und die Kenntnis (Theorie) von jeder angeben, damit man vorher damit bekannt wird und so zum Werk schreitet. Niemand glaube, dass diese Dinge unwichtig sind, denn ohne sie gäbe es keine Ausübung (Praxis)!

Netzwächter und Netze

(3) Der Netzwächter muss bereitwillig zur Tat sein, der Sprache nach Grieche, dem Alter nach um die 20 Jahre, dem Erscheinungsbild nach flink und kräftig und dem Geist nach tüchtig, damit er dadurch die Mühen überwindet und an seiner Arbeit Freude hat.

(4) Die Fallnetze müssen aus phasianischem (aus Phasis am Schwarzen Meer stammenden) oder karthagischem feinem Flachs sein, und ebenso die Weg- und Stellnetze. Die Fallnetze müssen 9-fädig sein, aus 3 Bindfäden, jeder Bindfaden aber aus 3 Fäden, 5 Spannen in der Höhe, 2 Handbreit weit in den Maschen (zu den Maßangaben s. o. S. 19); die umlaufenden Leinen aber müssen ohne Knoten eingezogen sein, damit sie gut durchlaufen.

(5) Die Wegnetze müssen 12-fädig sein, die Stellnetze 16-fädig, in der Länge müssen die Wegnetze 2 oder 4 oder 5 Klafter haben, die Stellnetze 10 oder 20 oder 30 Klafter; wenn sie größer sind, werden sie nämlich beschwerlich zu gebrauchen sein. Beide müssen 30 Maschen haben; die Weite der Maschen muss mit den Fallnetzen gleich sein. (6) An den Säumen müssen die Wegnetze Schlaufen (aus Bindfaden) haben, die Stellnetze aber Ringe (aus Eisen), die umlaufenden Leinen aber müssen aus gedrehten Stricken sein.

(7) αἱ δὲ σχαλίδες αἱ μὲν τῶν ἀρκύων τὸ μῆκος δέκα παλαιστῶν, ἔστωσαν δὲ καὶ ἐλάττους· αἱ μὲν ἄνισοι αὐτῶν ἐν τοῖς ἑτεροκλινέσι τῶν χωρίων, ἵνα ἴσα τὰ ὕψη ἐξαίρωσιν, ἐν δὲ τοῖς ὁμαλέσιν αἱ ἴσαι· αὗται δ' εὐπερίσπαστοι τὰ ἄκρα καὶ αὗται λεῖαι· αἱ δὲ τῶν ἐνοδίων τῶν ἀρκύων διπλάσιαι, αἱ δὲ τῶν δικτύων τὸ μὲν μέγεθος πεντεσπίθαμοι, δίκρα ἔχουσαι μικρά, τὰ ἐντμήματα μὴ βαθέα· εὐπαγεῖς δὲ πᾶσαι καὶ μὴ ἀσύμμετροι τὰ πάχη πρὸς τὰ μήκη. (8) τῷ δὲ πλήθει τῶν σχαλίδων οἷόν τ' ἐστὶ χρῆσθαι πρὸς τὰ δίκτυα πολλῷ καὶ ὀλίγῳ· ἐλάττονι μέν, ἂν σφόδρα τείνηται ἐν τῇ στάσει, πλέονι δ', ἂν ἡσυχῇ. (9) ἔστω δὲ καὶ ἐν ὅτῳ ἔσονται αἱ ἄρκυς καὶ τὰ ἐνόδια καὶ τὰ δίκτυα κυνοῦχος μόσχειος, καὶ τὰ δρέπανα, ἵνα ᾖ τῆς ὕλης τέμνοντα φράττειν τὰ δεόμενα.

3 (1) τὰ δὲ γένη τῶν κυνῶν διττά, αἱ μὲν Καστόριαι, αἱ δὲ ἀλωπεκίδες. ἔχουσι δ' αἱ μὲν Καστόριαι τὴν ἐπωνυμίαν ταύτην ὅτι Κάστωρ ἡσθεὶς τῷ ἔργῳ μάλιστα αὐτὰς διεφύλαξεν· αἱ δ' ἀλωπεκίδες διότι ἐκ κυνῶν τε καὶ ἀλωπέκων ἐγένοντο· ἐν πολλῷ δὲ χρόνῳ συγκέκραται αὐτῶν ἡ φύσις.

(2) χείρους δὲ καὶ πλείους αἱ τοιαίδε, μικραί, γρυπαί, χαροποί, μυωποί, ἄμορφοι, σκληραί, ἀσθενεῖς, ψιλαί, ὑψηλαί, ἀσύμμετροι, ἄψυχοι, ἄρρινες, οὐκ εὔποδες. (3) αἱ μὲν οὖν μικραὶ πολλάκις ἀποστεροῦνται τῆς ἐργασίας διὰ τὸ μικρόν·

(7) Die Stellstangen der Fallnetze müssen eine Länge von 10 Handbreit haben, es müssen aber auch kleinere vorhanden sein. Die ungleichen sind in unebenen Gegenden zu gebrauchen, damit sie die Netze in der gleichen Höhe emporhalten, in ebenen aber die gleichen. Sie müssen an den Spitzen leicht umzuziehen und durchaus glatt sein, bei den Wegnetzen aber doppelt so groß. Die bei den Stellnetzen aber müssen 5 Spannen in der Größe messen und kleine Gabeln mit Einschnitten haben, die nicht tief sind. Fest müssen alle sein und im Verhältnis zu ihrer Länge nicht unverhältnismäßig dick. (8) Man kann bei den Stellnetzen viele oder wenige Stellstangen verwenden, eine geringere Anzahl, wenn die Netze beim Stellen stark angespannt werden, eine größere, wenn sie locker sind. Ferner muss man für die Aufbewahrung der Fall- und Stellnetze jeweils einen Sack aus Kalbsleder haben, außerdem Sichelmesser, damit man Unterholz abschneiden und so, wo es nötig ist, (Öffnungen unter den Netzen) verschließen kann.

Hündinnen

3 (1) Es gibt zweierlei Arten von Hündinnen, kastorische und Fuchshündinnen. Die kastorischen haben diesen Namen, weil Kastor, der an dem Werk (der Jagd) seine Freude hatte (s. o. 1,13), insbesondere sie hielt, die Fuchshündinnen, weil sie von Hündinnen und Füchsen abstammen; in langer Zeit aber hat sich ihre Natur vermischt.

(2) Schlechter und häufiger sind folgende: kleine, ramsnasige, blauäugige, blinzelnde, hässliche, steife, schwache, kahle, hochläufige, schlecht proportionierte, an Jagdeifer arme, mit schlechten Nasen und mit keinen guten Füßen versehene. (3) Die kleinen nun tun oft bei der Jagd ihren Dienst nicht wegen ihrer Kleinheit.

αἱ δὲ γρυπαὶ ἄστομοι καὶ διὰ τοῦτο οὐ κατέχουσι τὸν λαγῶ· αἱ χαροποὶ δὲ καὶ μυωποὶ χείρω τὰ ὄμματα ἔχουσιν· αἱ ἄμορφοι δὲ καὶ αἰσχραὶ ὁρᾶσθαι· αἱ δὲ σκληραὶ τὰ εἴδη χαλεπῶς ἀπὸ τῶν κυνηγεσίων ἀπαλλάττουσι· πονεῖν δὲ ἀδύνατοι αἱ ἀσθενεῖς καὶ αἱ ψιλαί· αἱ δὲ ὑψηλαὶ καὶ αἱ ἀσύμμετροι ἀσύντακτα ἔχουσαι τὰ σώματα βαρέως διαφοιτῶσιν· αἱ ἄψυχοι δὲ καὶ λείπουσι τὰ ἔργα καὶ ἀφίστανται καὶ ὑποφεύγουσι τὸν ἥλιον ὑπὸ τὰς σκιὰς καὶ κατακλίνονται· αἱ δὲ ἄρρινες μόλις καὶ ὀλιγάκις αἰσθάνονται τοῦ λαγῶ· αἱ δὲ ἄποδες οὐδ᾽ ἂν ὦσιν εὔψυχοι τοὺς πόνους δύνανται ἀνέχεσθαι, ἀλλ᾽ ἀπαγορεύουσι διὰ τὸ ἄλγος τῶν ποδῶν.

(4) εἰσὶ δὲ καὶ τῆς ἰχνεύσεως πολλοὶ τρόποι ἐκ τῶν αὐτῶν κυνῶν· αἱ μὲν γὰρ ἐπειδὰν λάβωσι τὰ ἴχνη, πορεύονται ἀσήμως ὥστε μὴ γιγνώσκεσθαι ὅτι ἰχνεύουσιν, αἱ δὲ τὰ ὦτα μόνον διακινοῦσι, τὴν δὲ οὐρὰν ἡσυχῇ ἔχουσιν, αἱ δὲ τὰ ὦτα μὲν ἀκίνητα ἔχουσιν, ἄκραν δὲ τὴν οὐρὰν σείουσιν. (5) ἄλλαι δὲ συνάγουσι τὰ ὦτα καὶ ἐπισκυθρωπάσασαι διὰ τοῦ ἴχνους, σχάσασαι τὴν οὐρὰν καὶ φράξασαι διατρέχουσι· πολλαὶ δὲ τούτων μὲν οὐδὲν ποιοῦσι, μανικῶς δὲ περιφερόμεναι ὑλακτοῦσι περὶ τὰ ἴχνη, ὅτε δὲ εἰσπίπτουσιν εἰς αὐτά, ἀφρόνως καταπατοῦσαι τὰς αἰσθήσεις. (6) εἰσὶ δὲ αἳ κύκλοις πολλοῖς χρώμεναι καὶ πλάνοις, ὑπολαμβάνουσαι ἐκ τοῦ πρόσω τὰ ἴχνη παραλείπουσι τὸν λαγῶ, ὁσάκις δ᾽ ἐπιτρέχουσι τὰ ἴχνη, εἰκάζουσι, προορώμεναι δὲ τὸν λαγῶ τρέμουσι καὶ οὐκ ἐπέρχονται πρὶν ἂν ἴδωσιν ὑποκινοῦντα. (7) ὅσαι δὲ τὰ τῶν ἄλλων κυνῶν εὑρήματα ἐν ταῖς ἰχνείαις καὶ μεταδρομαῖς προθέουσαι θαμινὰ σκοποῦσιν, ἑαυταῖς ἀπίστως

Die ramsnasigen haben kein Gebiss und halten deswegen den Hasen nicht fest. Die blinzelnden und blauäugigen haben schlechte Augen, sind hässlich und garstig anzusehen. Die in ihrem Körperbau steifen kommen schwer mit dem Jagen zurecht. Die schwachen und kahlen sind unfähig, Anstrengungen zu ertragen. Die hochläufigen und schlecht proportionierten folgen, da sie keine regelmäßig gebildeten Körper haben, der Spur nur schwer. Die an Jagdeifer armen verlassen ihre Aufgabe, entfernen sich aus der Sonne in den Schatten und legen sich nieder. Die mit schlechten Nasen können kaum Witterung aufnehmen und bemerken den Hasen nur selten. Die mit schlechten Füßen können nicht einmal, wenn sie Jagdeifer haben, Anstrengungen ertragen, denn wegen der Schmerzen versagen ihnen die Füße den Dienst.

(4) Es gibt aber auch viele Weisen des Spürens bei ein und denselben Hündinnen: Manche nämlich gehen, wenn sie die Spur aufgenommen haben, ihr ohne ein Zeichen nach, so dass man gar nicht merkt, dass sie spüren, andere bewegen nur die Ohren (Behang) hin und her, halten aber den Schwanz (Rute) ruhig, (5) andere halten die Ohren unbeweglich, wedeln aber mit der Schwanzspitze, andere ziehen die Ohren zusammen und laufen auf der Spur, wobei sie die Stirn runzeln, den Schwanz hängen lassen und (zwischen die Beine) ziehen. Viele aber tun nichts von alledem, sondern geben Laut, wobei sie auf eine wahnsinnige Weise um die Spur herumschwärmen, wenn sie darauf geraten sind, und zertreten so unbedacht die Merkmale. (6) Es gibt auch solche, die viele Kreise machen und umherschweifen; indem sie die Spur von vorne wieder annehmen, lassen sie den Hasen, sooft sie auf die Spur zulaufen, sie wittern. Wenn sie den Hasen aber von fern sehen (eräugen), zittern sie und gehen nicht zu ihm, bis sie ihn sich rühren sehen. (7) Diejenigen aber, die nach den Entdeckungen der anderen Hündinnen, während sie beim Spüren und Verfolgen vorauslaufen, häufig nach hinten sehen

ἔχουσι· θρασεῖαι δ' αἳ οὐκ ἐῶσι τῶν συνεργῶν τὰς σοφωτέρας εἰς τὸ πρόσθεν προιέναι, ἀλλ' ἀνείργουσι θορυβοῦσαι· αἱ δὲ ἀσπαζόμεναι τὰ ψευδῆ καὶ ὑπερλαμπρυνόμεναι ἐφ' ὅτῳ ἂν τύχωσι προάγουσι συνειδυῖαι ἑαυταῖς ὅτι ἐξαπατῶσιν· αἱ δ' οὐκ εἰδυῖαι τὸ αὐτὸ ποιοῦσι ταύταις· φαῦλαι δὲ αἳ οὐκ ἀπαλλαττόμεναι ἐκ τῶν τριμμῶν τὰ ὀρθὰ οὐ γιγνώσκουσιν. (8) ὅσαι δὲ τῶν κυνῶν τὰ ἴχνη τὰ μὲν εὐναῖα ἀγνοοῦσι, τὰ δὲ δρομαῖα ταχὺ διατρέχουσιν, οὐκ εἰσὶ γνήσιαι· διώκουσι δὲ αἱ μὲν ἀρχόμεναι σφόδρα, διὰ δὲ μαλακίαν ἀνιᾶσιν, αἱ δὲ ὑποθέουσιν, εἶτα ἁμαρτάνουσιν, ἕτεραι δὲ ἀνοήτως ἐμπίπτουσαι εἰς τὰς ὁδοὺς ἁμαρτάνουσι, τὸ ἀνήκουστον πολὺ ἔχουσαι. (9) πολλαὶ δὲ τὰ διώγματα ἀφιεῖσαι ἐπανέρχονται διὰ τὸ μισόθηρον, πολλαὶ δὲ διὰ τὸ φιλάνθρωπον· αἱ δ' ἐκ τῶν ἰχνῶν κεκλαγγυῖαι ἐξαπατᾶν πειρῶνται, ἀληθῆ τὰ ψευδῆ ποιούμεναι. (10) εἰσὶ δὲ αἳ τοῦτο μὲν οὐ ποιοῦσι, μεταξὺ δὲ θέουσαι ἄν ποθεν ἀκούσωσι κραυγῆς, καταλείπουσαι τὰ αὑτῶν ἔργα ἀπρονοήτως ἐπὶ τοῦτο φέρονται· μεταθέουσι δὲ αἱ μὲν ἀσαφῶς, αἱ δὲ πολὺ ὑπολαμβάνουσαι, δοξάζουσαι δὲ ἑτέρως· αἱ δὲ πεπλασμένως, φθονερῶς δὲ ἄλλαι ἐκκυνοῦσι παρὰ τὸ ἴχνος διὰ τέλους συμπεριφερόμεναι. (11) τὰ μὲν οὖν πλεῖστα τούτων φύσει ἔχουσι, τὰ δὲ ἠγμέναι ἀνεπιστημόνως δύσχρηστοί εἰσιν· αἱ τοιαῦται μὲν οὖν κύνες ἀποτρέψειαν ἂν τοὺς ἐπιθυμοῦντας κυνηγεσίων.

οἵας δὲ δεῖ εἶναι τοῦ αὐτοῦ γένους τά τε εἴδη καὶ τὰ ἄλλα φράσω.

(äugen), trauen sich selbst nicht; zuversichtlich aber sind diejenigen, welche die kundigen unter ihren Gehilfen nicht nach vorne vorausgehen lassen, sondern lärmend aufhalten. Andere lieben zu täuschen und machen überaus viel Aufhebens, gleich, auf was sie auch stoßen; sie rennen voraus, obgleich sie sich bewusst sind, dass sie täuschen (blenden). Andere aber tun, ohne es zu wissen, dasselbe wie diese. Schlecht sind diejenigen, die sich nicht von den Pässen (Pfädchen der Hasen im Feld) entfernen und die geraden Spuren nicht erkennen. (8) Diejenigen Hündinnen, welche die Lager (Sassen) nicht kennen, auf den Laufspuren aber schnell dahineilen, sind nicht so, wie sie sein sollen; vielmehr verfolgen sie einige (Hasen) anfangs mit Eifer, lassen dann aber aus Weichlichkeit nach; andere laufen vor und verfehlen sie, andere geraten aus Unachtsamkeit auf die Wege und verfehlen sie, indem sie zu wenig Gehorsam haben. (9) Viele lassen vom Verfolgen ab und kehren aus Widerwillen gegen die Jagd um, viele aus Liebe zu den Menschen; andere, die auf der Spur Laut geben (spurlaut sind), suchen zu täuschen, indem sie das Falsche als Wahrheit ausgeben. (10) Ferner gibt es solche, die das zwar nicht tun, aber während des Laufens, wenn sie von irgendeiner Seite ein Geräusch hören, ihre Aufgabe verlassen, und, ohne vorher aufzupassen, darauf zueilen, denn einige folgen (der Spur) ohne Sicherheit, andere mit starker Vermutung, wieder andere in falscher Meinung. Andere irren scheinbar hin und her, wieder andere aus Neid, indem sie immer neben der Spur umherschweifen. (11) Da sie nun die meisten dieser Fehler von der Natur haben, andere, weil sie unkundig geführt wurden, sind sie unbrauchbar. Solche Hündinnen könnten die Liebhaber von der Jagd abspenstig machen!

Wie aber die von derselben Art in Beziehung auf das Äußere und auf das Übrige beschaffen sein müssen, will ich nun angeben.

4 (1) πρῶτον μὲν οὖν χρὴ εἶναι μεγάλας, εἶτα ἐχούσας τὰς κεφαλὰς ἐλαφράς, σιμάς, ἀρθρώδεις, ἰνώδη τὰ κάτωθεν τῶν μετώπων, ὄμματα μετέωρα, μέλανα, λαμπρά, μέτωπα πλατέα, τὰς διακρίσεις βαθείας, ὦτα μικρά, λεπτά, ψιλὰ ὄπισθεν, τραχήλους μακρούς, ὑγρούς, περιφερεῖς, στήθη πλατέα, μὴ ἄσαρκα ἀπὸ τῶν ὤμων, τὰς ὠμοπλάτας διεστώσας μικρόν, σκέλη τὰ πρόσθια μικρά, ὀρθά, στρογγύλα, στιφρά, ὀρθοὺς τοὺς ἀγκῶνας, πλευρὰς μὴ ἐπὶ γῆν βαθείας, ἀλλ᾽ εἰς τὸ πλάγιον παρηκούσας, ὀσφῦς σαρκώδεις, τὰ μεγέθη μεταξὺ μακρῶν καὶ βραχειῶν, μήτε ὑγρὰς λίαν μήτε σκληράς, λαγόνας μεταξὺ μεγάλων καὶ μικρῶν, ἰσχία στρογγύλα, ὄπισθεν σαρκώδη, ἄνωθεν δὲ μὴ συνδεδεμένα, ἔνδοθεν δὲ προσεσταλμένα, τὰ κάτωθεν τῶν κενεώνων λαγαρὰ καὶ αὐτοὺς τοὺς κενεῶνας, οὐρὰς μακράς, ὀρθάς, λιγυράς, μηριαίας μὴ σκληράς, ὑποκώλια μακρά, περιφερῆ, εὐπαγῆ, σκέλη πολὺ μείζω τὰ ὄπισθεν τῶν ἔμπροσθεν καὶ ἐπίρρικνα, πόδας περιφερεῖς. (2) καὶ ἐὰν ὦσι τοιαῦται αἱ κύνες, ἔσονται ἰσχυραὶ τὰ εἴδη, ἐλαφραί, σύμμετροι, ποδώκεις, καὶ ἀπὸ τῶν προσώπων φαιδραὶ καὶ εὔστομοι.

(3) ἰχνευέτωσαν δὲ ἐκ τῶν τριμμῶν ταχὺ ἀπαλλαττόμεναι, τιθεῖσαι τὰς κεφαλὰς ἐπὶ γῆν λεχρίας, ἐμμειδιῶσαι μὲν πρὸς τὰ ἴχνη, ἐπικαταβάλλουσαι δὲ τὰ ὦτα· καὶ τὰ μὲν ὄμματα πυκνὰ διακινοῦσαι, ταῖς δὲ οὐραῖς διασαίνουσαι κύκλους πολλοὺς ποιούμεναι πρὸς τὰς εὐνὰς προΐτωσαν ὁμοῦ διὰ τοῦ ἴχνους ἅπασαι. (4) ὅταν δὲ περὶ αὐτὸν ὦσι τὸν λαγῶ, δῆλον ποιείτωσαν τῷ κυνηγέτῃ θᾶττον φοιτῶσαι, μᾶλλον γνωρίζουσαι ἀπὸ τοῦ θυμοῦ, ἀπὸ τῆς κεφαλῆς, ἀπὸ τῶν ὀμμάτων, ἀπὸ τῆς μεταλλάξεως τῶν σχημάτων καὶ ἀπὸ τῶν ἀναβλεμμάτων καὶ ἐμβλεμμάτων εἰς τὴν ὕλην καὶ ἀναστρεμμάτων τῶν ἐπὶ τὰς

4 (1) Erstens also müssen sie groß sein, dann einen leichten, stumpfnasigen, kräftigen Kopf haben; sie müssen unterhalb der Stirn flechsig sein, hervorstehende, schwarze, glänzende Augen haben, dazu eine große und breite Stirn mit tiefer Scheidung, kleine, dünne, hinten wenig behaarte Ohren (Behang), einen langen, gelenkigen, beweglichen Hals, eine breite Brust nicht ohne Fleisch und von den Schultern nur wenig abstehende Schulterblätter, kleine gerade, runde, feste Vorderläufe, gerade Ellenbogengelenke, nicht ganz tiefe, sondern schräg zulaufende Seiten, fleischige Lenden in der Größe zwischen langen und kurzen, weder zu weich noch zu hart, zwischen groß und klein die Mitte haltende Flanken, runde Hüftgelenke, hinten fleischig, oben nicht vereinigt, innen aber zusammengezogen. Die Teile unterhalb der Flanken müssen schmächtig sein, ebenso auch die Weichen selbst; sie müssen einen langen, geraden, spitzen Schwanz haben, nicht dürre Oberschenkel, lange, bewegliche, feste Unterschenkel, viel längere Hinter- als Vorderläufe und etwas gekrümmte, bewegliche Füße. (2) Wenn die Hündinnen so beschaffen sind, werden sie ihrem Äußeren nach stark, leicht, wohlproportioniert, schnell, von munterem Aussehen und mit gutem Gebiss versehen sein.

(3) Spüren aber müssen sie, indem sie sich von den Pässen (Pfädchen der Hasen im Feld) schnell entfernen, den Kopf schief gegen die Erde halten, die Spur munterer aufnehmen, die Ohren (Behang) herabhängen lassen, die Augen häufig hin- und herbewegen und mit dem Schwanz (Rute) wedeln. Mit vielen Kreisen müssen sie alle zugleich auf der Spur zum Lager (Sasse) vorwärts gehen. (4) Wenn sie aber in der Nähe des Hasen sind, müssen sie es dem Jäger kundtun, indem sie schneller gehen. Sie machen es noch mehr bemerkbar durch ihre Erregtheit, durch den Kopf, durch die Augen, durch die Veränderung ihrer Haltung, durch das Aufblicken und Sehen (Äugen) zu dem Lager des Hasen, durch das Hin- und Herspringen

καθέδρας τοῦ λαγῶ, καὶ ἀπὸ τῶν εἰς τὸ πρόσθεν καὶ ὄπισθεν καὶ εἰς τὸ πλάγιον διαρριμμάτων, καὶ ἀπὸ τοῦ ἀληθῶς ἤδη αἰωρεῖσθαι τὴν ψυχὴν καὶ ὑπερχαίρειν ὅτι τοῦ λαγῶ ἐγγύς εἰσι. (5) διωκέτωσαν δὲ ἐρρωμένως καὶ μὴ ἐπανιεῖσαι σὺν πολλῇ κλαγγῇ καὶ ὑλαγμῷ, συνεκπερῶσαι μετὰ τοῦ λαγῶ πάντῃ. μεταθείτωσαν δὲ ταχὺ καὶ λαμπρῶς, πυκνὰ μεταφερόμεναι καὶ ἐπανακλαγγάνουσαι δικαίως· πρὸς δὲ τὸν κυνηγέτην μὴ ἐπανίτωσαν λιποῦσαι τὰ ἴχνη.

(6) μετὰ δὲ τοῦ εἴδους καὶ τοῦ ἔργου τούτου εὔψυχοι ἔστωσαν καὶ εὔρινες καὶ εὔποδες καὶ εὔτριχες. εὔψυχοι μὲν οὖν ἔσονται, ἐὰν μὴ λείπωσι τὰ κυνηγέσια ὅταν ᾖ πνίγη· εὔρινες δέ, ἐὰν τοῦ λαγῶ ὀσφραίνωνται ἐν τόποις ψιλοῖς, ξηροῖς, προσηλίοις τοῦ ἄστρου ἐπιόντος· εὔποδες δέ, ἐὰν τῇ αὐτῇ ὥρᾳ μὴ καταρρηγνύωνται αὐτῶν οἱ πόδες τὰ ὄρη θεουσῶν· εὔτριχες δέ, ἐὰν ἔχωσι λεπτὴν καὶ πυκνὴν καὶ μαλακὴν τὴν τρίχα.

(7) τὰ δὲ χρώματα οὐ χρὴ εἶναι τῶν κυνῶν οὔτε πυρρὰ οὔτε μέλανα οὔτε λευκὰ παντελῶς· ἔστι γὰρ οὐ γενναῖον τοῦτο, ἀλλὰ τὸ ἁπλοῦν καὶ θηριῶδες. (8) αἱ μὲν οὖν πυρραὶ ἔχουσαι ἔστωσαν λευκὴν τρίχα ἐπανθοῦσαν περὶ τὰ μέτωπα καὶ αἱ μέλαιναι, αἱ δὲ λευκαὶ πυρράν· ἐπὶ δὲ ταῖς μηριαίαις ἄκραις τρίχας ὀρθάς, βαθείας, καὶ ἐπὶ ταῖς ὀσφύσι καὶ ταῖς οὐραῖς κάτω, ἄνωθεν δὲ μετρίας.

(9) ἄγειν δὲ ἄμεινον τὰς κύνας εἰς τὰ ὄρη πολλάκις, τὰ δὲ ἔργα ἧττον· τὰ μὲν γὰρ ὄρη οἷόν τ᾽ ἐστὶ καὶ ἰχνεύειν καὶ μεταθεῖν καθαρῶς, τὰ δὲ ἔργα οὐδέτερα διὰ τοὺς τριμμούς. (10) ἔστι δὲ καὶ ἄνευ τοῦ εὑρίσκειν τὸν λαγῶ ἀγαθὸν ἄγειν τὰς κύνας εἰς τὰ

nach vorne und hinten und auf die Seite und dadurch, dass nun in Wahrheit ihre Hitze steigt und sie sich überaus freuen, dass sie dem Hasen nahe sind. (5) Verfolgen müssen sie ihn aus allen Kräften und ohne abzulassen, mit starkem Anschlagen und Lautgeben, indem sie überall mit dem Hasen zugleich fortrennen. Sie müssen ferner schnell und schön der Spur folgen, wobei sie häufige Wendungen machen und dabei ordentlich Laut geben. Zum Jäger aber sollen sie nicht zurückgehen und die Spur nicht verlassen.

(6) Neben diesem Äußeren und dieser Arbeitsweise müssen sie Ausdauer, gute Nasen, gute Füße und gutes Haar haben. Ausdauer werden sie haben, wenn sie die Jagd auch dann nicht verlassen, wenn große Hitze herrscht; gute Nasen, wenn sie den Hasen in kahlen, trockenen, sonnigen Gegenden auch beim Aufgang des Hundssterns (also im Hochsommer) wittern; gute Füße, wenn in derselben Jahreszeit ihre Füße auch beim Laufen in den Bergen nicht beschädigt werden; gutes Haar, wenn sie ein feines, dichtes und weiches Fell (Decke) haben.

(7) Die Farbe der Hündinnen aber darf weder rot noch schwarz noch weiß sein, denn dies ist nicht edel, sondern einfach und wildartig. (8) Die roten also müssen um den Vorderkopf sprossendes weißes Haar haben, ebenso die schwarzen, die weißen aber rotes, am Ende der Schenkel aber gerades, langes Haar, ebenso an den Lenden und unter dem Schwanz, darüber aber nicht zu langes.

(9) Besser ist es, die Hündinnen oft auf die Berge zu führen, weniger auf angebautes Land, denn in den Bergen kann man ungehindert spüren und verfolgen, auf dem angebauten Land aber keines von beiden wegen der Pässe (Pfädchen der Hasen im Feld). (10) Gut ist es aber auch, die Hündinnen in raue Gegenden zu führen, ohne dass man einen Hasen findet, denn sie bekommen

τραχέα· καὶ γὰρ εὔποδες γίγνονται καὶ τὰ σώματα διαπονοῦσαι ἐν τόποις τοιούτοις ὠφελοῦνται.

(11) ἀγέσθωσαν δὲ θέρους μὲν μέχρι μεσημβρίας, χειμῶνος δὲ δι' ἡμέρας, μετοπώρου δ' ἔξω μεσημβρίας, ἐντὸς δὲ ἑσπέρας τὸ ἔαρ. ταῦτα γὰρ μέτρια.

5 (1) τὰ δὲ ἴχνη τοῦ λαγῶ τοῦ μὲν χειμῶνος μακρά ἐστι διὰ τὸ μῆκος τῶν νυκτῶν· τοῦ δὲ θέρους βραχέα διὰ τὸ ἐναντίον. χειμῶνος μὲν οὖν πρῴ οὐκ ὄζει αὐτῶν, ὅταν πάχνη ᾖ ἢ παγετός· ἡ μὲν γὰρ πάχνη τῇ αὑτῆς ἰσχύι ἀντισπάσασα τὸ θερμὸν ἔχει ἐν ἑαυτῇ, ὁ δὲ παγετὸς ἐπιπήξας. (2) καὶ αἱ κύνες μαλκίουσαι τὰς ῥῖνας οὐ δύνανται αἰσθάνεσθαι ὅταν ᾖ τοιαῦτα, πρὶν ἂν ὁ ἥλιος διαλύσῃ αὐτὰ ἢ προϊοῦσα ἡ ἡμέρα· τότε δὲ καὶ αἱ κύνες ὀσφραίνονται καὶ αὐτὰ ἐπαναφερόμενα ὄζει. (3) ἀφανίζει δὲ καὶ ἡ πολλὴ δρόσος καταφέρουσα αὐτά, καὶ οἱ ὄμβροι οἱ γιγνόμενοι διὰ χρόνου ὀσμὰς ἄγοντες τὴν γῆν ποιοῦσι δύσοσμον, ἕως ἂν ψυχθῇ· χείρω δὲ καὶ τὰ νότια ποιεῖ· ὑγραίνοντα γὰρ διαχεῖ· τὰ δὲ βόρεια, ἐὰν ᾖ ἄλυτα, συνίστησι καὶ σῴζει. (4) οἱ δὲ ὑετοὶ κατακλύζουσι καὶ αἱ ψακάδες, καὶ ἡ σελήνη ἀμαυροῖ τῷ θερμῷ, μάλιστα δὲ ὅταν ᾖ πανσέληνος· καὶ μανότατα τότε· χαίροντες γὰρ τῷ φέγγει ἐπαναρριπτοῦντες μακρὰν διαίρουσιν ἀντιπαίζοντες· ταραχώδη δὲ ὅταν ἀλώπεκες προδιεξέλθωσι γίγνεται.

so gute Füße, und haben den Nutzen davon, dass sie ihren Körper in solchen Gegenden abhärten.

(11) Man führe sie aber im Sommer bis zum Mittag, im Winter den ganzen Tag über, im Herbst nachmittags, im Frühjahr aber vor dem Abend, denn diese Tageszeiten sind gemäßigt.

Feldhasen

5 (1) Die Spuren des Hasen sind im Winter wegen der Länge der Nächte lang, im Sommer aus dem umgekehrten Grund kurz. Im Winter geben sie in der Morgenfrühe keine Witterung, wenn es Reif oder Frost gibt, denn der Reif zieht durch seine eigentümliche Kraft die warmen (Dünste) an und verschließt sie in sich, der Frost aber (tut dasselbe), indem er bewirkt, dass es darüber gefriert. (2) Selbst diejenigen Hündinnen, die empfindliche Nasen haben, können sie dann nicht wittern, wenn die Spur in diesem Zustand ist, bis die Sonne oder die vorgerückte Tageszeit sie zum Aufgehen bringt; dann aber wittern sie die Hündinnen; die Spuren selbst dünsten aus und riechen. (3) Auch ein starker Tau schlägt sie nieder und lässt sie verschwinden; ebenso bewirken Regengüsse, die eine Zeitlang anhalten, indem sie Gerüche aus der Erde ziehen, dass die Spur weniger zu riechen ist, bis sie austrocknet. Ferner sind ihr auch die Südwinde nachteilig, denn sie verwischen sie, indem sie die Spur befeuchten; die Nordwinde hingegen geben ihr Dauer, wenn sie noch unversehrt ist, und erhalten sie. (4) Die Platzregen und Staubwolken verschwemmen sie; auch der Mond schwächt sie durch seine Wärme ab, insbesondere wenn er voll ist; auch ist sie dann am seltensten, denn aus Freude über die Helligkeit springen die Hasen in die Höhe und setzen die Spur weit auseinander, indem sie zusammen spielen; verworren aber wird sie, wenn Füchse vorausgingen.

(5) τὸ δὲ ἔαρ κεκραμένον τῇ ὥρᾳ καλῶς παρέχει τὰ ἴχνη λαμπρά, πλὴν εἴ τι ἡ γῆ ἐξανθοῦσα βλάπτει τὰς κύνας, εἰς τὸ αὐτὸ συμμιγνύουσα τῶν ἀνθῶν τὰς ὀσμάς. λεπτὰ δὲ καὶ ἀσαφῆ τοῦ θέρους· διάπυρος γὰρ οὖσα ἡ γῆ ἀφανίζει τὸ θερμὸν ὃ ἔχουσιν· ἔστι γὰρ λεπτόν· καὶ αἱ κύνες ἧττον ὀσφραίνονται τότε διὰ τὸ ἐκλελύσθαι τὰ σώματα. τοῦ δὲ μετοπώρου καθαρά· ὅσα γὰρ ἡ γῆ φέρει, τὰ μὲν ἥμερα συγκεκόμισται, τὰ δὲ ἄγρια γήρᾳ διαλέλυται· ὥστε οὐ παραλυποῦσι τῶν καρπῶν αἱ ὀσμαὶ εἰς ταὐτὰ φερόμεναι.

(6) ἔστι δὲ τοῦ χειμῶνος καὶ τοῦ θέρους καὶ τοῦ μετοπώρου τὰ ἴχνη ὀρθὰ ἐπὶ πολύ, τοῦ δ᾽ ἦρος συμπεπλεγμένα· τὸ γὰρ θηρίον συνδυάζεται μὲν ἀεί, μάλιστα δὲ ταύτην τὴν ὥραν· ὥστε διὰ τοῦτο ἐξ ἀνάγκης μετ᾽ ἀλλήλων πλανώμενοι τοιαῦτα ποιοῦσιν.

(7) ὄζει δὲ τῶν ἰχνῶν ἐπὶ πλείω χρόνον τῶν εὐναίων ἢ τῶν δρομαίων· τὰ μὲν γὰρ εὐναῖα ποιῶν ὁ λαγῶς πορεύεται ἐφιστάμενος, τὰ δὲ δρομαῖα ταχύ· ἡ γῆ οὖν τῶν μὲν πυκνοῦται, τῶν δὲ οὐ πίμπλαται. ἐν δὲ τοῖς ὑλώδεσι μᾶλλον ἢ ἐν τοῖς ψιλοῖς ὄζει· διατρέχων γὰρ καὶ ἀνακαθίζων ἅπτεται πολλῶν.

(8) κατακλίνονται δ᾽ εἰς ἃ ἡ γῆ φύει ἢ ἔχει ἐφ᾽ ἑαυτῆς ὑπὸ παντί, ἐπ᾽ αὐτῶν, ἐν αὐτοῖς, παρ᾽ αὐτά, ἄπωθεν πολύ, μικρόν, μεταξὺ τούτων· ὁτὲ δὲ καὶ ἐν τῇ θαλάττῃ διαρριπτῶν ἐπὶ τὸ δυνατὸν καὶ ἐν ὕδατι, ἐάν τι ᾖ ὑπερέχον ἢ ἐμπεφυκὸς ἐν τούτῳ· (9) ὁ

(5) Im Frühjahr bewirkt die günstige Temperatur, dass die Spur leicht wahrnehmbar ist, außer wenn die Erde dadurch, dass sie Gewächse hervorbringt, den Hündinnen ein Hindernis bietet, indem sie den Geruch der Blumen (dem der Spur) beimischt. Schwach aber und unmerklich ist sie im Sommer, denn die durchglühte Erde bewirkt, dass die Wärme, die sie hat, verschwindet. Diese ist nämlich gering; auch haben die Hündinnen um diese Zeit eine weniger feine Nase, weil ihr Körper erschlafft ist. Im Herbst aber ist sie rein, denn von den Gewächsen, die von der Erde hervorgebracht werden, sind die angebauten geerntet, die wilden aber durch Alter abgestorben, so dass der Geruch der Früchte sich nicht mehr einmischt und dadurch hinderlich wird.

(6) Im Winter, Sommer und Herbst ist die Spur (das Geläuf) meistens gerade, im Frühjahr aber verschlungen, denn das Hasentier paart sich zwar immer, insbesondere aber um diese Jahreszeit, so dass sie notwendig, indem sie miteinander umherrennen, diese (verschlungenen Spuren) hervorbringen.

(7) Längere Zeit aber riechen die Lager (Sassen) stärker als die Spur, denn bei den Lagern verweilt der Hase immer wieder, bei der Spur aber läuft er schnell; die Erde wird also von jenen durchdrungen, von diesen aber nicht erfüllt. An bewachsenen Orten ist die Witterung stärker als an kahlen, denn indem der Hase (zwischen dem Gesträuch) durchläuft und sich setzt (drückt), berührt er manches.

(8) Sie lagern sich in allem, was die Erde hervorbringt oder was auf ihrer Oberfläche ist – darunter, darauf, darin, daneben, weit oder wenig davon entfernt, dazwischen, bisweilen auch im Meer, indem der Hase auf das, was er erreichen kann, hinüberspringt, und im Wasser, wenn sich ein herausragender oder fester Punkt darin befindet. (9) Der lagernde Hase nun, wenn er sich ein La-

μὲν οὖν εὐναῖος ποιούμενος εὐνὴν ἐπὶ πολὺ ὅταν μὲν ᾖ ψύχη, ἐν εὐδιεινοῖς, ὅταν δὲ καύματα, ἐν παλισκίοις, τὸ δὲ ἔαρ καὶ τὸ μετόπωρον ἐν προσηλίοις· οἱ δὲ δρομαῖοι οὐχ οὕτως διὰ τὸ ὑπὸ τῶν κυνῶν ἔκπληκτοι γίγνεσθαι.

(10) κατακλίνεται δὲ ὑποθεὶς τὰ ὑποκώλια ὑπὸ τὰς λαγόνας, τὰ δὲ πρόσθεν σκέλη τὰ πλεῖστα συνθεὶς καὶ ἐκτείνας, ἐπ' ἄκρους δὲ τοὺς πόδας τὴν γένυν καταθείς, τὰ δὲ ὦτα ἐπιπετάσας ἐπὶ τὰς ὠμοπλάτας· οὕτω δὲ ὑποστέγει τὰ ὑγρά· ἔχει δὲ καὶ τὴν τρίχα στεγανήν· πυκνὴ γὰρ καὶ μαλακή. (11) καὶ ὅταν μὲν ἐγρηγόρῃ, καταμύει τὰ βλέφαρα, ὅταν δὲ καθεύδῃ, τὰ μὲν βλέφαρα ἀναπέπταται ἀκίνητα, οἱ δὲ ὀφθαλμοὶ ἀτρέμας ἔχουσι· τοὺς δὲ μυκτῆρας, ὅταν μὲν εὕδῃ, κινεῖ πυκνά, ὅταν δὲ μή, ἧττον.

(12) ὅταν δὲ ἡ γῆ βρύῃ, μᾶλλον τὰ ἔργα ἢ τὰ ὄρη ἔχουσιν. ὑπομένει δὲ πανταχοῦ ἰχνευόμενος, ἐὰν μήτι περίφοβος τῆς νυκτὸς γένηται· παθὼν δὲ τοῦτο ὑποκινεῖ.

(13) πολύγονον δ' ἐστὶν οὕτως, ὥστε τὰ μὲν τέτοκε, τὰ δὲ τίκτει, τὰ δὲ κύει. τῶν δὲ μικρῶν λαγίων ὄζει μᾶλλον ἢ τῶν μεγάλων· ἔτι γὰρ ὑγρομελῆ ὄντα ἐπισύρεται ὅλα ἐπὶ τῆς γῆς. (14) τὰ μὲν οὖν λίαν νεογνὰ οἱ φιλοκυνηγέται ἀφιᾶσι τῇ θεῷ. οἱ δὲ ἤδη ἔτειοι τάχιστα θέουσι τὸν πρῶτον δρόμον, τοὺς δ' ἄλλους οὐκέτι· εἰσὶ γὰρ ἐλαφροί, ἀδύνατοι δέ.

(15) λαμβάνειν δὲ τοῦ λαγῶ τὰ ἴχνη ὑπάγοντα τὰς κύνας ἐκ τῶν ἔργων ἄνωθεν· ὅσοι δὲ μὴ ἔρχονται αὐτῶν εἰς τὰ ἐργάσιμα,

ger (Sasse) macht, (tut dies), wenn es kalt ist, an warmen Orten, wenn es aber heiß ist, an schattigen, im Frühjahr und im Herbst aber an sonnigen. Bei den flüchtenden Hasen hingegen ist es nicht so, weil sie von den Hündinnen aufgestoßen werden.

(10) Der Hase lagert sich, indem er die Unterschenkel (der Hinterläufe) unter die Flanken schiebt, die Vorderläufe aber meistens zusammenlegt und ausstreckt und auf deren Spitze das Kinn legt, die Ohren (Löffel) aber auf die Schulterblätter ausbreitet. Er bedeckt also die gelenkigen Teile; auch hat er Haare (einen Balg) wie eine Decke, denn sie ist dicht und weich. (11) Und wenn er wach ist, blinzelt er mit den Augenlidern, wenn er aber schläft, hat er die Augenlider unbeweglich offen. Die Augen (Seher) sind dann ruhig, die Nasenlöcher aber bewegt er häufig, wenn er schläft, wenn aber nicht, seltener.

(12) Wenn die Erde Gewächse auszutreiben beginnt, halten sich die Hasen mehr auf dem angebauten Land als auf den Bergen auf. Er bleibt dort, auch wenn man ihn überall aufspürt, sofern er nicht bei Nacht sehr in Schrecken versetzt wird; geschieht ihm dies, wird er vergrämt.

(13) Das Hasentier ist so fruchtbar, dass es zur selben Zeit geboren hat, gebiert und trächtig ist. Die kleinen Hasen geben eine stärkere Witterung als die großen ab, denn da sie noch zarte Glieder haben, schleppen sie sich ganz auf der Erde hin. (14) Die ganz Neugeborenen lassen die Jagdliebhaber für die Göttin laufen. Die schon einjährigen rennen den ersten Lauf sehr schnell, die anderen aber nicht mehr, denn sie sind zwar geschwind, aber ohne Ausdauer.

(15) Aufnehmen muss man die Spur des Hasen, indem man die Hündinnen aus dem angebauten Land abwärts führt; diejenigen aber von ihnen, die nicht auf das bebaute Land kommen, <*Lücke*

<…> τοὺς λειμῶνας, τὰς νάπας, τὰ ῥεῖθρα, τοὺς λίθους, τὰ ὑλώδη· καὶ ἐὰν ὑποκινῇ, μὴ ἀναβοᾶν, ἵνα μὴ αἱ κύνες ἔκφρονες γιγνόμεναι χαλεπῶς τὰ ἴχνη γνωρίζωσιν.

(16) εὑρισκόμενοι δὲ ὑπ' αὐτῶν καὶ διωκόμενοι ἔστιν ὅτε διαβαίνουσι τὰ ῥεύματα καὶ ὑποκάμπτουσι καὶ καταδύονται εἰς φάραγγας καὶ εἰς ἰλεούς· πεφόβηνται γὰρ οὐ μόνον τὰς κύνας ἀλλὰ καὶ τοὺς ἀετούς· ὑπερβάλλοντες γὰρ τὰ σιμὰ καὶ τὰ ψιλὰ ἀναρπάζονται, ἕως ἂν ὦσιν ἔτειοι· τοὺς δὲ μείζους ἐπιτρέχουσαι αἱ κύνες ἀναιροῦνται.

(17) ποδωκέστατοι μὲν οὖν εἰσιν οἱ ὄρειοι, οἱ πεδινοὶ δὲ ἧττον, βραδύτατοι δὲ οἱ ἕλειοι· οἱ δ' ἐπὶ πάντας τοὺς τόπους πλανῆται χαλεποὶ πρὸς τοὺς δρόμους· τὰ γὰρ σύντομα ἴσασι· θέουσι γὰρ μάλιστα μὲν τὰ ἀνάντη ἢ τὰ ὁμαλά, τὰ δὲ ἀνώμαλα ἀνομοίως, τὰ δὲ κατάντη ἥκιστα.

(18) διωκόμενοι δέ εἰσι κατάδηλοι μάλιστα μὲν διὰ γῆς κεκινημένης, ἐὰν ἔχωσιν ἔνιον ἐρύθημα, καὶ διὰ καλάμης διὰ τὴν ἀνταύγειαν· κατάδηλοι δὲ καὶ ἐν τοῖς τριμμοῖς καὶ ἐν ταῖς ὁδοῖς, ἐὰν ὦσιν ἰσόπεδοι· τὸ γὰρ φανὸν τὸ ἐν αὐτοῖς ἐνὸν ἀντιλάμπει· ἄδηλοι δέ, ὅταν κατὰ τοὺς λίθους, τὰ ὄρη, τὰ φελλία, τὰ δασέα ἀποχωρῶσι, διὰ τὴν ὁμόχροιαν.

(19) προλαμβάνοντες δὲ τὰς κύνας ἐφίστανται καὶ ἀνακαθ-ίζοντες ἐπαίρουσιν αὑτοὺς καὶ ἐπακούουσιν, εἴ που πλησίον

im Text> den Wiesen, den Tälern, den Flüssen, den Steinen, den Waldgegenden. Wenn er sich entfernt, soll man nicht aufschreien, damit die Hündinnen nicht verrückt werden und die Spur schwer erkennen.

(16) Wenn die Hasen aber von den Hündinnen gefunden und verfolgt werden, durchschwimmen (durchrinnen) sie manchmal die Gewässer, kehren um und verbergen sich in Schluchten und (anderen) Schlupfwinkeln, denn sie fürchten nicht nur die Hündinnen, sondern auch die Adler. Wenn sie nämlich über hohe und unbewachsene Stellen wegrennen, werden sie, bis sie einjährig sind, (von den Adlern) in die Höhe entführt; die älteren aber werden (diesen) von den herbeilaufenden Hündinnen entrissen.

(17) Am schnellsten nun sind die Berghasen, weniger schnell die Feldhasen, am langsamsten die Sumpfhasen; diejenigen Hasen aber, die an allen Orten herumschweifen, sind schwer in ihrem Lauf zu verfolgen, denn sie kennen die Abkürzungen. Sie rennen am besten bergauf oder in der Ebene, auf ungleichem Boden aber ungleich, bergab aber am wenigsten gut.

(18) Wenn sie nun aber verfolgt werden, sind sie am leichtesten sichtbar, einige auf umgeackertem Boden, wenn sie eine rötliche Farbe haben, und zwischen den Stoppeln wegen des Widerscheins; leicht sichtbar sind sie aber auch auf den Pässen (Pfädchen der Hasen im Feld) und Wegen, sofern diese eben sind, denn die ihnen eigentümliche Helle verursacht einen Widerschein. Nicht leicht sichtbar sind sie hingegen, wenn sie über Steine, Berge, felsige und dicht bewachsene Stellen rennen, wegen der Gleichheit der Farbe.

(19) Haben sie aber einen Vorsprung vor den Hündinnen, halten sie an, richten sich sitzend auf (machen einen Kegel) und

κλαγγὴ ἢ ψόφος τῶν κυνῶν· καὶ ὅθεν ἂν ἀκούσωσιν ἀποτρέπονται. (20) ὁτὲ δὲ καὶ οὐκ ἀκούσαντες, ἀλλὰ δόξαντες ἢ πεισθέντες ὑφ' αὑτῶν, παρὰ τὰ αὐτά, διὰ τῶν αὐτῶν, ἐπαλλάττοντες ἅλματα, ἐμποιοῦντες ἴχνεσιν ἴχνη, ἀποχωροῦσι. (21) καί εἰσι μακροδρομώτατοι μὲν οἱ ἐκ τῶν ψιλῶν εὑρισκόμενοι διὰ τὸ καταφανές, βραχυδρομώτατοι δὲ οἱ ἐκ τῶν δασέων· ἐμποδὼν γὰρ τὸ σκοτεινόν.

(22) δύο δὲ τὰ γένη ἐστὶν αὐτῶν· οἱ μὲν γὰρ μεγάλοι τὸ χρῶμα ἐπίπερκνοι καὶ τὸ λευκὸν τὸ ἐν τῷ μετώπῳ μέγα ἔχουσιν, οἱ δ' ἐλάττους ἐπίξανθοι, μικρὸν τὸ λευκὸν ἔχοντες. (23) τὴν δὲ οὐρὰν οἱ μὲν κύκλῳ περιποίκιλον, οἱ δὲ παράσειρον, καὶ τὰ ὄμματα οἱ μὲν χαροποί, οἱ δ' ὑπόγλαυκοι· καὶ τὰ μέλανα τὰ περὶ τὰ ὦτα ἄκρα οἱ μὲν ἐπὶ πολύ, οἱ δ' ἐπὶ μικρόν.

(24) ἔχουσι δὲ αὐτῶν αἱ πολλαὶ τῶν νήσων τοὺς ἐλάττους, αἵ τ' ἔρημοι καὶ οἰκούμεναι· τὸ δὲ πλῆθος πλείους ἐν αὐταῖς ἢ ἐν ταῖς ἠπείροις· οὐ γάρ εἰσιν οὔτ' ἀλώπεκες ἐν ταῖς πολλαῖς αὐτῶν, αἵτινες καὶ αὐτοὺς καὶ τὰ τέκνα ἐπιοῦσαι ἀναιροῦνται, οὔτε ἀετοί· τὰ μεγάλα γὰρ ὄρη ἔχουσι μᾶλλον ἢ τὰ μικρά· ἐλάττω δὲ ἐπὶ τὸ πολὺ τὰ ἐν ταῖς νήσοις. (25) κυνηγέται δὲ εἰς μὲν τὰς ἐρήμους ὀλιγάκις ἀφικνοῦνται, ἐν δὲ ταῖς οἰκουμέναις ὀλίγοι γίγνονται καὶ οὐ φιλόθηροι οἱ πολλοί· εἰς δὲ τὰς ἱερὰς τῶν νήσων οὐδὲ διαβιβάζειν οἷόν τε κύνας. ὅταν οὖν τῶν τε ὑπαρχόντων ὀλίγους ἐκθηρῶνται καὶ τῶν ἐπιγιγνομένων, ἀνάγκη ἀφθόνους εἶναι.

horchen, ob es irgendwo in der Nähe einen Laut oder ein Geräusch von den Hündinnen gibt und woher sie es hören; von da wenden sie sich weg. (20) Manchmal aber, wenn sie nichts hören, aber es meinen oder sich einbilden, flüchten sie neben und auf derselben Spur, wobei sie Sprünge machen und Spur in Spur setzen. (21) Am weitesten laufen diejenigen, die an kahlen Orten aufgespürt werden, weil man sie hier leicht sieht, am wenigsten weit aber die an dicht bewachsenen Orten aufgespürten, denn die Dunkelheit ist hier ein Hindernis.

(22) Von den Hasen gibt es zwei Arten: Die einen sind groß und schwärzlich und haben eine große Blässe auf der Stirn, die anderen sind kleiner, gelblich, und haben eine kleine Blässe. (23) Die einen haben einen ringsherum bunten Schwanz (Blume), die anderen einen seitlich der Länge nach gestreiften; die einen blaue Augen (Seher), die anderen graue, die einen viel Schwarz an den Spitzen der Ohren (Löffel), die anderen wenig.

(24) Auf den meisten Inseln – sowohl unbewohnten als auch bewohnten – finden sich die kleineren, ihre Zahl aber ist hier größer als auf dem Festland, denn auf den meisten von ihnen gibt es weder Füchse, die sowohl den alten als auch den jungen Hasen nachschleichen und sie töten (reißen), noch Adler. Diese halten sich nämlich eher auf den großen Bergen als auf den kleinen auf. Die auf den Inseln aber sind meistens kleiner. (25) Ferner kommen selten Jäger auf die unbewohnten (Inseln), auf den bewohnten aber gibt es wenige Menschen, die zumal keine Jagdliebhaber sind; auf die heiligen Inseln aber darf man Hündinnen nicht einmal bringen. Wenn also wenige von den vorhandenen und von den nachwachsenden Hasen gejagt werden, müssen sie notwendig zahlreich werden.

(26) βλέπει δὲ οὐκ ὀξὺ διὰ πολλά· τά τε γὰρ ὄμματα ἔχει ἔξω καὶ τὰ βλέφαρα ἐλλείποντα καὶ οὐκ ἔχοντα προβολὴν ταῖς αὐγαῖς· ἡ ὄψις οὖν διὰ ταῦτα ἀμαυρά, ἐσκεδασμένη. (27) ἅμα δὲ τούτοις καὶ ἐν ὕπνῳ ὂν τὰ πολλὰ τὸ θηρίον οὐκ ὠφελεῖται πρὸς τὸ ὁρᾶν· καὶ ἡ ποδώκεια πρὸς τὸ ἀμβλυώττειν αὐτῷ πολὺ συμβάλλεται· ταχὺ γὰρ ἑκάστου παραφέρει τὴν ὄψιν πρὶν νοῆσαι ὅ τι ἐστί. (28) καὶ οἱ φόβοι τῶν κυνῶν ὅταν διώκωνται, ἑπόμενοι μετὰ τούτων συνεξαιροῦνται τὸ προνοεῖσθαι. ὥστε διὰ ταῦτα προσπίπτων λανθάνει πρὸς πολλὰ καὶ εἰς τὰς ἄρκυς ἐμπίπτων. (29) εἰ δ' ἔφευγεν ὀρθόν, ὀλιγάκις ἂν ἔπασχε τὸ τοιοῦτον· νῦν δὲ περιβάλλων καὶ ἀγαπῶν τοὺς τόπους ἐν οἷς ἐγένετο καὶ ἐτράφη ἁλίσκεται.

κατὰ πόδας δὲ οὐ πολλάκις ὑπὸ τῶν κυνῶν διὰ τὸ τάχος κρατεῖται· ὅσοι δὲ ἁλίσκονται, παρὰ φύσιν τοῦ σώματος, τύχῃ δὲ χρώμενοι· οὐδὲν γὰρ τῶν ὄντων ἰσομέγεθες τούτῳ ὅμοιόν ἐστι πρὸς ἁρμόν. σύγκειται γὰρ ἐκ τοιούτων τὸ σῶμα. (30) ἔχει γὰρ κεφαλὴν κούφην, μικράν, κατωφερῆ, στενὴν ἐκ τοῦ πρόσθεν, ὦτα ὑψηλά, τράχηλον λεπτόν, περιφερῆ, οὐ σκληρόν, μῆκος ἱκανόν, ὠμοπλάτας ὀρθάς, ἀσυνδέτους ἄνωθεν, σκέλη τὰ ἐπ' αὐτῶν ἐλαφρά, σύγκωλα, στῆθος οὐ βαρύτονον, πλευρὰς ἐλαφράς, συμμέτρους, ὀσφῦν περιφερῆ, κωλῆν σαρκώδη, λαγόνας ὑγράς, λαπαρὰς ἱκανῶς, ἰσχία στρογγύλα, πλήρη κύκλῳ, ἄνωθεν δὲ ὡς χρὴ διεστῶτα, μηροὺς μικρούς, εὐπαγεῖς, ἔξωθεν μῦς ἐπιτεταμένους, ἔνδοθεν δὲ οὐκ ὀγκώδεις, ὑποκώλια μακρά, στιφρά, πόδας τοὺς πρόσθεν ἄκρως ὑγρούς, στενούς, ὀρθούς, τοὺς δὲ ὄπισθεν στερεούς, πλατεῖς, πάντας δὲ

(26) Es sieht (äugt) der Hase nicht scharf aus vielen Ursachen: Er hat ja hoch liegende Augen (Seher) und zu kurze Augenlider, die keinen Schutz gegen die Lichtstrahlen geben. Aus diesen Ursachen also ist seine Sehkraft schwach und geteilt. (27) Zudem ist auch die Tatsache, dass das Hasentier meistens schläft, seinem Sehvermögen nicht zuträglich. Auch die Schnelligkeit trägt bei ihm viel dazu bei, dass es ein stumpfes Sehvermögen hat, denn es lässt seinen Blick schnell an jedem Gegenstand vorübergleiten, ehe es bemerkt, was es ist. (28) Dazu kommt die Furcht vor den Hündinnen, wenn die Hasen verfolgt werden; sie nimmt ihnen (die Möglichkeit), sich vorzusehen, so dass der Hase deswegen, ohne es zu bemerken, auf vieles stößt und in die Netze fällt. (29) Wenn er geradeaus flüchtete, würde ihm dies selten geschehen; da er aber Wendungen macht und die Orte liebt, an denen er geboren und aufgewachsen ist, wird er gefangen.

Beim Flüchten hingegen wird er wegen seiner Schnelligkeit selten von den Hündinnen ergriffen; vielmehr werden alle, die gefangen werden, gegen die natürliche Beschaffenheit ihres Körpers durch Zufall gefangen. Kein lebendes Wesen von gleicher Größe kommt nämlich diesem im Lauf gleich, denn sein Körper besteht aus folgenden Teilen: (30) Er hat einen leichten, kleinen, vorwärts geneigten, nach vorne schmalen Kopf, einen dünnen, beweglichen, nicht steifen Hals von hinreichender Länge, gerade, oben nicht verbundene Schulterblätter; die an ihnen befindlichen Läufe sind leicht und liegen dicht nebeneinander, die Brust ist nicht straff gespannt, die Seiten leicht, wohlproportioniert, das Kreuz rund, die Oberarme fleischig, die Flanken weich und hinlänglich dünn, die Hüftbeine rund, ringsum voll, oben, wie es sein soll, auseinander stehend, die Schenkel (Schlegel) lang, fest, nach außen ausgedehnt, nach innen aber nicht zu dick, die Unterschenkel lang, fest, die Vorderläufe äußerst beweglich, schmal, gerade, die Hinterläufe (Sprünge) fest, breit, alle (beide) so, dass sie keine

οὐδενὸς τραχέος φροντίζοντας, σκέλη τὰ ὄπισθεν μείζω πολὺ τῶν ἔμπροσθεν καὶ ἐγκεκλιμένα μικρὸν ἔξω, τρίχωμα βραχύ, κοῦφον. (31) ἔστιν οὖν ἀδύνατον μὴ οὐκ εἶναι ἐκ τοιούτων συνηρμοσμένον ἰσχυρόν, ὑγρόν, ὑπερέλαφρον. τεκμήριον δὲ ὡς ἐλαφρόν ἐστιν· ὅταν ἀτρέμα διαπορεύηται, πηδᾷ – βαδίζοντα δὲ οὐδεὶς ἑώρακεν οὐδ' ὄψεται – τιθεὶς εἰς τὸ ἐπέκεινα τῶν ἔμπροσθεν ποδῶν τοὺς ὄπισθεν καὶ ἔξω· καὶ θεῖ οὕτως. δῆλον δὲ τοῦτο ἐν χιόνι.

(32) οὐρὰν δὲ οὐκ ἐπιτηδείαν ἔχει πρὸς δρόμον· ἐπευθύνειν γὰρ οὐχ ἱκανὴ τὸ σῶμα διὰ τὴν βραχύτητα· ἀλλὰ τῷ ὠτί ἑκατέρῳ τοῦτο ποιεῖ· καὶ ὅταν ἀνιστῆται ὑπὸ τῶν κυνῶν, καταβάλλων γὰρ καὶ παραβάλλων τὸ ἕτερον οὖς πλάγιον, ὁποτέρᾳ ἂν λυπῆται, ἀπερειδόμενος διὸ δὴ εἰς τοῦτο ὑποστρέφεται ταχύ, ἐν μικρῷ πολὺ καταλιπὼν τὸ ἐπιφερόμενον. (33) οὕτω δὲ ἐπίχαρί ἐστι τὸ θέαμα, ὥστε οὐδεὶς ὅστις οὐκ ἂν ἰδὼν ἰχνευόμενον, εὑρισκόμενον, μεταθεόμενον, ἁλισκόμενον, ἐπιλάθοιτ' ἂν εἴ του ἐρῴη.

(34) ἐν δὲ τοῖς ἔργοις κυνηγετοῦντα ἀπέχεσθαι ὧν ὧραι φέρουσι καὶ τὰ νάματα καὶ τὰ ῥεῖθρα ἐᾶν· τὸ γὰρ ἅπτεσθαι τούτων αἰσχρὸν καὶ κακόν, καὶ ἵνα μὴ τῷ νόμῳ ἐναντίοι ὦσιν οἱ ἰδόντες· καὶ ὅταν ἀναγρία ἐμπίπτῃ, ἀναλύειν χρὴ τὰ περὶ τὸ κυνηγέσιον πάντα.

Härte achten, die Hinterläufe viel länger als die Vorderläufe, und ein wenig auswärts gebogen, das Haar (die Wolle) kurz, leicht. (31) Es ist also unmöglich, dass ein aus solchen Körperteilen zusammengesetztes Tier nicht stark, beweglich und sehr leicht sein sollte. Ein Beweis, dass er leicht ist, bietet das Folgende: Wenn der Hase sich langsam fortbewegt, springt er – gehen sah ihn noch niemand und wird ihn niemand sehen! –, indem er die Hinter- vor die Vorderfüße voraus und nach außen setzt; so rennt er auch. Dies ist im Schnee sichtbar.

(32) Einen Schwanz (Blume) aber hat er zwar, doch ist ihm der beim Lauf nicht förderlich, denn er kann dem Körper wegen seiner Kürze nicht die Richtung geben. Dies tut der Hase vielmehr mit einem seiner beiden Ohren (Löffel), auch wenn er von den Hündinnen eingeholt wird: Indem er das eine Ohr auf der Seite schief herunterbiegt, auf der er bedrängt wird, und sich nun darauf stützt, wendet er sich schnell und lässt rasch alles, was ihm nachjagt, hinter sich. (33) Überhaupt ist das Schauspiel so anmutig, dass es wohl niemanden gibt, der nicht, wenn er sieht, wie der Hase aufgespürt, gefunden, verfolgt und ihm nachgerannt wird, alles, was er sonst liebt, vergäße!

(34) Jagt man aber auf angebautem Land, soll man, was die Jahreszeiten hervorbringen, schonen, und die Quellen und Flüsse nicht entweihen, denn sich daran zu vergreifen ist schändlich und gottlos; aber auch deswegen, damit nicht diejenigen, die es sehen, dem Gesetz zuwider handeln; und wenn eine Zeit eintritt, wo man nicht jagt, muss man alles, was zur Jagd gehört, einstellen.

6 (1) κυνῶν δὲ κόσμος δέραια, ἱμάντες, στελμονίαι· ἔστω δὲ τὰ μὲν δέραια μαλακά, πλατέα, ἵνα μὴ θραύῃ τὰς τρίχας τῶν κυνῶν, οἱ δὲ ἱμάντες ἔχοντες ἀγκύλας τῇ χειρί, ἄλλο δὲ μηδέν· οὐ γὰρ καλῶς τηροῦσι τὰς κύνας οἱ ἐξ αὐτῶν εἰργασμένοι τὰ δέραια· αἱ δὲ στελμονίαι πλατεῖς τοὺς ἱμάντας, ἵνα μὴ τρίβωσι τὰς λαγόνας αὐτῶν· ἐγκατερραμμέναι δὲ ἐγκεντρίδες, ἵνα τὰ γένη φυλάττωσιν.

(2) ἐξάγειν δ᾽ αὐτὰς οὐ χρὴ ἐπὶ τὰ κυνηγέσια, ὅταν μὴ τὰ προσφερόμενα δέχωνται ἡδέως τεκμήριον δὲ τοῦτο ὅτι οὐκ ἔρρωνται μηδὲ ὅταν ἄνεμος πνέῃ μέγας· διαρπάζει γὰρ τὰ ἴχνη καὶ οὐ δύνανται ὀσφραίνεσθαι οὐδὲ αἱ ἄρκυς ἑστάναι οὐδὲ τὰ δίκτυα. (3) ὅταν δὲ τούτων μηδέτερον κωλύῃ, ἄγειν διὰ τρίτης ἡμέρας. τὰς δὲ ἀλώπεκας μὴ ἐθίζειν τὰς κύνας διώκειν· διαφθορὰ γὰρ μεγίστη καὶ ἐν τῷ δέοντι οὔποτε πάρεισιν. (4) εἰς δὲ τὰ κυνηγέσια μεταβάλλοντα ἄγειν, ἵνα ὦσιν ἔμπειροι τῶν κυνηγεσίων, αὐτὸς δὲ τῆς χώρας. ἐξιέναι δὲ πρῴ, ἵνα τῆς ἰχνεύσεως μὴ ἀποστερῶνται, ὡς οἱ ὀψιζόμενοι ἀφαιροῦνται τὰς μὲν κύνας τοῦ εὑρεῖν τὸν λαγῶ, αὐτοὺς δὲ τῆς ὠφελείας· οὐ γὰρ ἐπιμένει τοῦ ἴχνους ἡ φύσις λεπτὴ οὖσα πᾶσαν ὥραν.

(5) τὴν δὲ στολὴν ὁ ἀρκυωρὸς ἐξίτω ἔχων ἐπὶ θήραν μὴ ἔχουσαν βάρος. τὰς δὲ ἄρκυς ἱστάτω εἰς ἄγκη, δρυμῶνας τραχείας, σιμάς, λαγαράς, σκοτεινάς, ῥοῦς, χαράδρας, χειμάρρους ἀενάους· (6) εἰς ταῦτα γὰρ μάλιστα φεύγει· εἰς ὅσα δὲ ἄλλα

Hasenjagd

6 (1) Die Ausrüstung der Hündinnen sind Halsbänder, Leitriemen und Seitengurte. Die Halsbänder müssen weich und breit sein, damit sie die Haare der Hündinnen nicht abreiben. Die Leitriemen müssen Schlingen für die Hand haben, sonst aber nichts, denn diejenigen sorgen nicht gut für ihre Hündinnen, die daraus auch die Halsbänder machen. Die Seitengurte müssen breite Riemen haben, damit sie nicht an den Flanken der Hündinnen reiben; auch müssen Stacheln hineingenäht sein, damit sie die Art (unvermischt) bewahren.

(2) Zur Jagd darf man sie aber nicht führen, wenn sie das dargereichte Futter nicht gerne nehmen – dies ist ein Zeichen, dass es ihnen nicht gut geht – und auch nicht, wenn ein starker Wind weht, denn er verweht die Fährte; die Hündinnen können dann nicht wittern und die Fall- und Stellnetze bleiben nicht stehen. (3) Wenn aber nichts davon hinderlich ist, muss man sie alle zwei Tage hinausführen. Daran aber, die Füchse zu verfolgen, darf man sie nicht gewöhnen, denn dies verdirbt sie am meisten; sie sind dann nie da, wo sie sein sollen. (4) Man muss sie auf verschiedene Jagden führen, damit sowohl sie die Jagd als auch die Jäger die Gegend kennenlernen. In der Frühe muss man losgehen, damit ihnen die Witterung nicht entzogen wird; diejenigen, die es spät tun, entziehen nämlich den Hündinnen (die Möglichkeit), den Hasen zu finden, und sich selbst den Nutzen, denn die Spur bleibt aufgrund ihrer Natur, da sie schwach ist, nicht zu jeder Tageszeit.

(5) In Kleidung, die nicht viel Gewicht hat, gehe der Netzwächter zur Jagd los. Die Fallnetze stelle er um die Gänge, um raue, sich erhebende, enge, dunkle Wege, Flüsse, Schluchten, nie versiegende Waldgewässer; (6) dahin nämlich flüchtet der Hase am

εἰς ἄπειρον εἰπεῖν· τούτων δὲ παρόδους, διόδους, καταφανεῖς, λεπτὰς καταλιπών, εἰς ὄρθρον καὶ μὴ πρῴ, ἵνα ἐὰν ᾖ πλησίον τὸ ἀρκυστάσιον τῶν ζητησίμων, μὴ φοβῆται ἀκούων ὁμοῦ τὸν ψόφον ἐὰν δὲ ᾖ ἀπ' ἀλλήλων πολύ, ἧττον κωλύει πρῴ, καθαρὰς ποιούμενος τὰς ἀρκυστασίας, ἵνα δ' αὐτῶν μηδὲν ἀντέχεται. (7) πηγνύειν δὲ τὰς σχαλίδας ὑπτίας, ὅπως ἂν ἐπαγόμεναι ἔχωσι τὸ σύντονον· ἐπὶ δὲ ἄκρας ἴσους τοὺς βρόχους ἐπιβαλλέτω καὶ ὁμοίως ἀντερειδέτω, ἐπαίρων εἰς μέσον τὸν κεκρύφαλον. (8) εἰς δὲ τὸν περίδρομον ἐναπτέτω λίθον μακρὸν καὶ μέγαν, ἵνα ἡ ἄρκυς, ὅταν ἔχῃ τὸν λαγῶ, μὴ ἀντιτείνῃ.

(9) στοιχιζέτω δὲ μακρά, ὑψηλά, ὅπως ἂν μὴ ὑπερπηδᾷ. ἐν δὲ ταῖς ἰχνείαις μὴ ὑπερβάλλεσθαι· ἔστι γὰρ θηρατικὸν μὲν οὔ, φιλόπονον δὲ τὸ ἐκ παντὸς τρόπου ἑλεῖν ταχύ. τὰ δὲ δίκτυα τεινέτω ἐν ἀπέδοις, ἐμβαλλέτω δὲ τὰ ἐνόδια εἰς τὰς ὁδούς, καὶ ἐκ τῶν τριμμῶν εἰς τὰ συμφέροντα, καθάπτων τοὺς περιδρόμους ἐπὶ τὴν γῆν, τὰ ἀκρωλένια συνάγων, πηγνύων τὰς σχαλίδας μεταξὺ τῶν σαρδόνων, ἐπὶ ἄκρας ἐπιβάλλων τοὺς ἐπιδρόμους καὶ τὰ παράδρομα συμφράττων.

(10) φυλαττέτω δὲ ἐκπεριιών· ἐὰν δὲ ἐκκλίνῃ τὸν στοῖχον ἡ ἄρκυς, ἀνιστάτω. διωκομένου δὲ τοῦ λαγῶ εἰς τὰς ἄρκυς εἰς τὸ πρόσθεν προθείτω, καὶ ἐπιθέων μὲν ἐμβοάτω· ἐμπεπτωκότος δὲ τὴν ὀργὴν τῶν κυνῶν παυέτω, μὴ ἁπτόμενος ἀλλὰ παρα-

liebsten; anzugeben, wohin er aber sonst noch flüchtet, würde kein Ende nehmen. (Der Netzwächter) tue dies mit sichtbaren, schmalen Seiten- und Durchgängen, und zwar erst gegen Tagesanbruch und nicht früher; so wird der Ort, an dem man die Netze stellt, nahe bei dem Ort sein, an dem die Tiere gesucht werden, und so wird der Hase nicht sogleich erschreckt, wenn er das Geräusch hört. Wenn sie aber weit voneinander entfernt sind, hindert diese das Geräusch weniger daran, schon früher das Netzstellen ohne Störung zu verrichten. (7) Damit aber nichts sich hemmend an sie anlehnt, befestige der Netzwächter die Stellstangen nach hinten geneigt, damit sie, wenn sie angezogen werden, ihre Spannung behalten; auf die Spitzen aber verteile er die Maschen gleich und stütze sie gleichförmig ab, indem er den Bauch des Netzes zur Mitte hin anhebt. (8) In die umlaufende Leine aber knüpfe er einen langen, großen Stein, damit das Fallnetz, wenn der Hase sich darin gefangen hat, nicht dagegen hält.

(9) Die Stellnetze aber stelle er in weiten Abständen auf und mache sie hoch, damit der Hase nicht darüber springt. Beim Spüren aber darf man nicht übertreiben; es ist nämlich nicht jägerisch (waidgerecht), dafür aber mühsam, den Hasen auf jede Art schnell zu fangen. Die Wegnetze aber schiebe er an den Gängen und an den geeigneten Stellen der Pässe (Pfädchen der Hasen im Feld) ein, indem er die umlaufenden Leinen auf der Erde befestigt, die Säume zusammenzieht, die Stellstangen zwischen die Schleifen des oberen Randes hineinsteckt, auf ihre Spitzen die obere Leine legt und die Seitenwege verschließt.

(10) Bewachen aber muss er es, indem er außen herumgeht; wenn ein Pfosten oder Netz umgefallen ist, richte er es wieder auf. Wird der Hase zu den Fallnetzen hin verfolgt, lasse er ihn vorwärts laufen und schreie, während er hinterherläuft; ist der Hase aber hineingeraten, dämpfe er die Hitze der Hündinnen, ohne sie zu

μυθούμενος· καὶ δηλούτω τῷ κυνηγέτῃ, ὅτι ἑάλωκεν ἀναβοήσας ἢ ὅτι παραδεδράμηκε παρὰ τάδε ἢ τάδε ἢ ὅτι οὐχ ἑώρακε.

(11) τὸν δὲ κυνηγέτην ἐξιέναι ἔχοντα ἠμελημένην ἐλαφρὰν ἐσθῆτα ἐπὶ τὸ κυνηγέσιον καὶ ὑπόδεσιν, ἐν δὲ τῇ χειρὶ ῥόπαλον, τὸν δὲ ἀρκυωρὸν ἕπεσθαι· πρὸς δὲ τὸ κυνηγέσιον σιγῇ προσιέναι, ἵνα μὴ ὁ λαγῶς, ἐάν που ᾖ πλησίον, ὑποκινῇ ἀκούων τῆς φωνῆς. (12) δήσαντα δ' ἐκ τῆς ὕλης τὰς κύνας ἑκάστην χωρίς, ὅπως ἂν εὔλυτοι ὦσιν, ἱστάναι τὰς ἄρκυς καὶ τὰ δίκτυα, ὡς εἴρηται. μετὰ δὲ τοῦτο τὸν μὲν ἀρκυωρὸν εἶναι ἐν φυλακῇ· αὐτὸν δὲ τὰς κύνας λαβόντα ἰέναι πρὸς τὴν ὑπαγωγὴν τοῦ κυνηγεσίου, (13) καὶ εὐξάμενον τῷ Ἀπόλλωνι καὶ τῇ Ἀρτέμιδι τῇ Ἀγροτέρᾳ μεταδοῦναι τῆς θήρας λῦσαι μίαν κύνα, ἥτις ἂν ᾖ σοφωτάτη ἰχνεύειν, ἐὰν μὲν ᾖ χειμών, ἅμ' ἡλίῳ ἀνίσχοντι, ἐὰν δὲ θέρος, πρὸ ἡμέρας, τὰς δὲ ἄλλας ὥρας μεταξὺ τούτου. (14) ἐπειδὰν δὲ ἡ κύων λάβῃ τὸ ἴχνος ὀρθὸν ἐκ τῶν ἐπηλλαγμένων, παραλῦσαι καὶ ἑτέραν· περαινομένου δὲ τοῦ ἴχνους διαλιπόντα μὴ πολὺ καὶ τὰς ἄλλας ἀφιέναι κατὰ μίαν, καὶ ἕπεσθαι μὴ ἐγκείμενον, ὀνομαστὶ ἑκάστην προσαγορεύοντα, μὴ πολλά, ἵνα μὴ παροξύνωνται πρὸ τοῦ καιροῦ.

(15) αἱ δ' ὑπὸ χαρᾶς καὶ μένους προΐασιν ἐξίλλουσαι τὰ ἴχνη, ὡς πέφυκε, διπλᾶ, τριπλᾶ, προφορούμεναι παρὰ τὰ αὐτά, διὰ τῶν αὐτῶν, ἐπηλλαγμένα, περιφερῆ, ὀρθά, καμπύλα, πυκνά, μανά, γνώριμα, ἄγνωστα, ἑαυτὰς παραθέουσαι, ταχὺ τὰς οὐρὰς διασείουσαι, καὶ ἐπικλίνουσαι τὰ ὦτα καὶ ἀστράπτουσαι τοῖς

berühren, sondern durch Zureden, und zeige es dem Jäger laut rufend an, dass er gefangen ist oder dass er auf dieser oder jener Seite vorbeigesprungen ist oder dass er ihn nicht gesehen hat.

(11) Der Jäger aber soll in einer legeren, leichten Kleidung, in Schuhen und mit einem Knotenstock in der Hand auf die Jagd gehen, der Netzwächter ihm folgen. Zu dem Jagdplatz muss er still hingehen, damit der Hase, wenn er irgendwo in der Nähe ist, nicht flüchtig ist, wenn er die Stimme hört. (12) Die Hündinnen muss er an Bäume binden, jede für sich, damit sie leicht losgemacht (geschnallt) werden können; dann muss er die Fall- und Stellnetze zusammenstellen, wie schon angegeben (s. o. 6,5–10). Danach muss der Netzwächter auf die Wache gehen, er selbst aber die Hündinnen nehmen und gehen, um das Wild beizutreiben, (13) und nachdem er dem Apollon und der Artemis Agrotera gelobt hat, ihnen Anteil an der Jagdbeute zu geben, eine einzige Hündin losbinden (schnallen), die im Spüren am geschicktesten ist. Wenn es Winter ist, tue er dies sogleich mit Sonnenaufgang, im Sommer aber noch vor Tagesanbruch, in den anderen Jahreszeiten zwischen diesen Zeitpunkten. (14) Wenn nun die Hündin die gerade Spur aus den verschlungenen aufgenommen hat, muss er noch eine andere losbinden (schnallen), und wenn die Spur weiter verfolgt wird, in kleinen Abständen auch die anderen loslassen, eine nach der anderen, und folgen, ohne sie zu treiben, indem er jeden Namen ruft, aber nicht oft, damit sie nicht vor der Zeit hitzig werden.

(15) Sie aber gehen voll Freude und Jagdeifer vorwärts und entwirren die Spuren, wie sie von Natur sind: zweifache und dreifache, indem sie neben und auf ihnen vorwärts jagen, verschlungene aber und kreisförmige, gerade, krumme, häufige, seltene, deutliche und undeutliche, indem sie einander vorlaufen, schnell mit den Schwänzen (Ruten) wedeln, die Ohren (Behang) herab-

ὄμμασιν. (16) ἐπειδὰν δὲ περὶ τὸν λαγῶ ὦσι, δῆλον ποιήσουσι τῷ κυνηγέτῃ σὺν ταῖς οὐραῖς τὰ σώματα ὅλα συνεπικραδαίνουσαι, πολεμικῶς ἐπιφερόμεναι, φιλονίκως παραθέουσαι, συντρέχουσαι φιλοπόνως, συνιστάμεναι ταχύ, διιστάμεναι, πάλιν ἐπιφερόμεναι· τελευτῶσαι δὲ ἀφίξονται πρὸς τὴν εὐνὴν τοῦ λαγῶ, καὶ ἐπιδραμοῦνται ἐπ' αὐτόν. (17) ὁ δ' ἐξαίφνης ἀνᾴξας ἐφ' αὐτὸν ὑλαγμὸν ποιήσει τῶν κυνῶν καὶ κλαγγὴν φεύγων. ἐμβοάτω δὲ αὐτῷ διωκομένῳ »Ἰὼ κύνες, ἰώ, καλῶς, σοφῶς γε ὦ κύνες.« καὶ κυνοδρομεῖν περιελίξαντα ὃ ἀμπέχεται περὶ τὴν χεῖρα καὶ τὸ ῥόπαλον ἀναλαβόντα κατὰ τὸν λαγῶ, καὶ μὴ ὑπαντᾶν· ἄπορον γάρ. (18) ὁ δὲ ὑποχωρῶν ταχὺ ἐκλείπων τὴν ὄψιν πάλιν περιβάλλει ὅθεν εὑρίσκεται ἐπὶ τὸ πολύ. ἀναβοᾶν δ' ἐκεῖνον μὲν αὐτῷ »Παισάτω παῖς· παῖ δή, παῖ δή.« ὁ δέ, ἐάν τε ἑαλωκὼς ᾖ ἐάν τε μή, δηλούτω.

(19) καὶ ἐὰν μὲν ἑαλωκὼς ᾖ ἐν τῷ πρώτῳ δρόμῳ, ἀνακαλεσάμενον τὰς κύνας ζητεῖν ἄλλον· ἐὰν δὲ μή, κυνοδρομεῖν ὡς τάχιστα καὶ μὴ ἀνιέναι, ἀλλ' ἐκπερᾶν φιλοπόνως. καὶ ἐὰν πάλιν ἀπαντῶσι διώκουσαι αὐτόν, ἀναβοᾶν »Εὖ γε, εὖ γε ὦ κύνες, ἕπεσθε ὦ κύνες«· ἐὰν δὲ πολὺ προειληφυῖαι ὦσι καὶ μὴ οἷός τ' ᾖ κυνοδρομῶν ἐπιγίγνεσθαι αὐταῖς, ἀλλὰ διημαρτηκὼς ᾖ τῶν δρόμων, ἢ καὶ πλησίον που φοιτώσας ἢ ἐπιστάσας ἢ ἐχομένας τῶν ἰχνῶν μὴ δύνηται ἰδεῖν, πυνθάνεσθαι παραθέοντα ἅμα ὅτῳ ἂν προσπελάζῃ ἀναβοῶντα »Ἦ κατεῖδες ὠὴ τὰς κύνας;« (20) ἐπειδὰν δὲ πύθηται ἤδη, ἐὰν μὲν ἐν τῷ ἴχνει ὦσι,

hängen lassen und mit den Augen funkeln. (16) Wenn sie dann in der Nähe des Hasen sind, werden sie dies dem Jäger bemerkbar machen, indem sie mit den Schwänzen (Ruten) zugleich den ganzen Körper bewegen, mit feindlicher Hitze hinzurennen, miteinander wetteifernd vorrennen, voll Eifer zusammenlaufen, sich schnell zusammenstellen und voneinander trennen, dann wieder hinzurennen; endlich werden sie zu dem Lager des Hasen kommen und auf ihn losgehen. (17) Dieser wird plötzlich aufstehen, und das Gebell und Anschlagen, das die Hündinnen verursachen, hinter sich lassen, indem er flüchtet. Wenn er nun verfolgt wird, rufe man: »Jo Hündinnen! Jo schön! Recht so, Hündinnen!« und laufe mit den Hündinnen, indem man sein Gewand um die Hand wickelt und den Knotenstock hoch hält, hinter dem Hasen her, nicht aber ihm entgegen, denn dies wäre hinderlich. (18) Während er nämlich flüchtet, verschwindet er schnell aus dem Blickfeld, kehrt aber meistens wieder dahin zurück, wo er gefunden worden ist. Ferner ist es üblich, zu rufen: »Schlag zu, Kind! Schlag, los! Schlag, los!« Der aber soll anzeigen, ob der Hase gefangen ist oder nicht.

(19) Wenn ein Hase beim ersten Lauf gefangen wurde, rufe der Jäger die Hündinnen zurück und suche einen anderen; wenn aber nicht, laufe er so schnell wie möglich mit den Hündinnen und lasse nicht nach, sondern folge ihm mit bereitwilliger Anstrengung bis zum Ende. Wenn sie dann wieder auf ihn stoßen, indem sie ihn verfolgen, rufe er: »Gut so, gut so, Hündinnen! Folgt, Hündinnen!« Wenn sie aber einen großen Vorsprung haben, und der Jäger nicht imstande ist, beim Nachgehen zu ihnen zu kommen, sondern von ihrem Weg abgekommen ist, oder sie, obgleich sie irgendwo in der Nähe gehen oder anschlagen oder sich an die Spur halten, nicht sehen kann, frage er im Vorbeilaufen jeden, dem er nahekommt, mit lautem Ruf: »He, hast du die Hündinnen gesehen?« (20) Wenn er es dann erfahren hat, muss er, wenn

προσστάντα ἐγκελεύειν, τοὔνομα μεταβάλλοντα ἑκάστης τῆς κυνός, ὁποσαχῇ οἷόν τ' ἂν ᾖ τοὺς τόνους τῆς φωνῆς ποιούμενον, ὀξύ, βαρύ, μικρόν, μέγα· πρὸς δὲ τοῖς ἄλλοις κελεύσμασιν, ἐὰν ὦσιν ἐν ὄρει αἱ μεταδρομαί, ἐπικελεύειν τόδε, »Εὖα κύνες, εὖ' ὦ κύνες«. ἐὰν δὲ μὴ πρὸς αὐτοῖς ὦσι τοῖς ἴχνεσιν, ἀλλ' ὑπερβάλλωσι, καλεῖν αὐτάς, »οὐ πάλιν, οὐ πάλιν ὦ κύνες;« (21) ἐπειδὰν δὲ προσσχῶσι τοῖς ἴχνεσι, περιάγειν αὐτὰς κύκλους πολλοὺς ποιούμενον· ὅπου δ' ἂν ᾖ αὐταῖς ἀμαυρὸν τὸ ἴχνος, σημεῖον θέσθαι στοῖχον ἑαυτῷ, καὶ ἀπὸ τούτου συνείρειν μέχρι ἂν σαφῶς γνωρίσωσιν ἐγκελεύοντα καὶ θωπεύοντα.

(22) αἱ δ' ἐπειδὰν λαμπρὰ ᾖ τὰ ἴχνη ἐπιρριπτοῦσαι, παραπηδῶσαι, κοινωνοῦσαι, ὑπολαμβάνουσαι, ἐνσημαινόμεναι, ὅρους τιθέμεναι ἑαυταῖς γνωρίμους ταχὺ μεταθεύσονται· ὅταν δὲ οὕτω διὰ τοῦ ἴχνους πυκνῶς διᾴττωσι, μὴ κατέχοντα κυνοδρομεῖν, ἵνα μὴ ὑπὸ φιλοτιμίας ὑπερβάλλωσι τὰ ἴχνη. (23) ἐπειδὰν δὲ περὶ τὸν λαγῶ ὦσι καὶ τοῦτο ἐπιδεικνύωνται σαφῶς τῷ κυνηγέτῃ, προσέχειν, ὅπως ἂν μὴ ὑποκινῇ εἰς τὸ πρόσθεν πεφοβημένος τὰς κύνας· αἱ δὲ διαρριπτοῦσαι τὰς οὐρὰς καὶ ἑαυταῖς ἐμπίπτουσαι καὶ πολλὰ ὑπερπηδῶσαι καὶ ἐπανακλαγγάνουσαι, ἐπαναίρουσαι τὰς κεφαλάς, εἰσβλέπουσαι εἰς τὸν κυνηγέτην, ἐπιγνωρίζουσαι ἀληθῆ ἤδη εἶναι ταῦτα, ὑφ' αὑτῶν ἀναστήσουσι τὸν λαγῶ καὶ ἐπίασι κεκλαγγυῖαι.

(24) ἐὰν δὲ εἰς τὰς ἄρκυς ἐμπίπτῃ ἢ ἐντὸς ἢ ἔξω παρενεχθῇ, καθ' ἓν ἕκαστον τούτων ὁ ἀρκυωρὸς γεγωνείτω. καὶ ἐὰν μὲν ᾖ ἑαλωκώς, ἕτερον ἐπιζητεῖν· ἐὰν δὲ μή, μεταθεῖν χρώμενον

sie noch auf der Spur sind, hingehen und sie antreiben, indem er den Namen einer jeden Hündin anders ruft und dabei so viel wie möglich mit den Tönen der Stimme wechselt – hoch und tief, leise und laut –, und sie – neben anderen Aufmunterungen –, wenn die Verfolgung auf einem Berg stattfindet, folgendermaßen anspornen: »Gut, Hündinnen! Gut, ihr Hündinnen!« Wenn sie aber nicht gerade auf der Spur, sondern über sie hinaus gekommen sind, rufe er ihnen zu: »Wollt ihr nicht zurück? Wollt ihr nicht zurück, Hündinnen?« (21) Wenn sie aber bei der Spur sind, muss er sie herumführen, indem er viele und dichte Kreise macht, wo aber die Spur ihnen unkenntlich ist, muss er sich einen Pfosten als Zeichen nehmen und von diesem aus immer kleinere Kreise machen, indem er sie antreibt und ihnen schmeichelt, bis sie diese sicher erkennen.

(22) Sobald aber die Spur deutlich wird, stürzen sie sich darauf, machen daneben Sprünge, teilen sich die Entdeckung mit, wittern, machen sich Zeichen, bestimmen sich deutliche Grenzen und werden dann schnell nachjagen. Wenn sie nun aber so genau auf der Spur hinrennen, soll er den Hündinnen nicht zu nahe folgen, damit sie nicht aus Eifer, sich hervorzutun, über die Spur hinauslaufen. (23) Sind sie nun in der Nähe des Hasen und zeigen sie dies dem Jäger deutlich an, muss er aufpassen, dass (der Hase) nicht aus Furcht vor den Hündinnen nach vorne flüchtet. Diese aber wedeln mit den Schwänzen (Ruten), fallen einander an, springen oft übereinander, schlagen an, heben die Köpfe in die Höhe, blicken den Jäger an, zeigen ihm an, dass dies jetzt wahr sei, und werden von selbst den Hasen heraustreiben und ihm mit Gebell (Geläut) nachgehen.

(24) Wenn der Hase nun in die Fallnetze gerät oder außen oder innen vorbeiläuft, rufe der Netzwächter in jedem dieser Fälle. Und wenn der Hase sich verfangen hat, suche man einen ande-

τοῖς αὐτοῖς ἐγκελεύσμασιν. (25) ἐπειδὰν δὲ μεταθέουσαι αἱ κύνες ἤδη ὑπόκοποι ὦσι καὶ ᾖ ὀψὲ ἤδη τῆς ἡμέρας, τότε δεῖ τὸν κυνηγέτην τὸν λαγῶ ἀπειρηκότα ζητεῖν, μὴ παραλείποντα μηδὲν ὧν ἡ γῆ ἀνίησιν ἢ ἔχει ἐφ' αὑτῆς, τὰς ἀναστροφὰς ποιούμενον πυκνάς, ὅπως ἂν μὴ παραλειφθῇ – κατακλίνεται γὰρ ἐν μικρῷ τὸ θηρίον καὶ οὐκ ἀνίσταται ὑπὸ κόπου καὶ φόβου –, τὰς κύνας ἐπαγόμενον, ἐγκελεύοντα, παραμυθούμενον τὴν φιλάνθρωπον πολλά, τὴν αὐθάδη ὀλίγα, τὴν μέσην μέτρια, ἕως ἂν ἢ ἀποκτείνῃ αὐτὸν κατὰ πόδας ἢ εἰς τὰς ἄρκυς ἐμβάλῃ. (26) μετὰ δὲ ταῦτα ἀνελόντα τὰς ἄρκυς καὶ τὰ δίκτυα, ἀνατρίψαντα τὰς κύνας ἀπιέναι ἐκ τοῦ κυνηγεσίου, ἐπιμείναντα, ἐὰν ᾖ θερινὴ μεσημβρία, ὅπως ἂν τῶν κυνῶν οἱ πόδες μὴ καίωνται ἐν τῇ πορείᾳ.

7 (1) σκυλακεύειν δὲ αὐτὰς ἐπανιέντα τῶν πόνων τοῦ χειμῶνος, ἵνα ἔχουσαι τὴν ἡσυχίαν πρὸς τὸ ἔαρ ἐπάγωνται τὴν φύσιν γενναίαν· ἡ γὰρ ὥρα πρὸς τὰς αὐξήσεις τῶν κυνῶν κρατίστη αὕτη· εἰσὶ δὲ τέτταρες καὶ δέκα ἡμέραι ἐν αἷς ἡ ἀνάγκη αὕτη ἔχει. (2) ἄγειν δὲ καταπαυομένας, ἵνα θᾶττον ἐγκύμονες γίγνωνται, πρὸς κύνας ἀγαθούς· ἐπειδὰν δὲ ὦσιν ἐπίφοροι, μὴ ἐξάγειν ἐπὶ κυνηγέσιον ἐνδελεχῶς, ἀλλὰ διαλείπειν, ἵνα μὴ φιλοπονίᾳ διαφθείρωσι. κύουσι δ' ἑξήκονθ' ἡμέρας.

ren; wenn nicht, gehe man ihm nach, indem man dieselben Aufmunterungen gebraucht. (25) Wenn aber die Hündinnen durch das Verfolgen schon müde geworden sind und es bereits spät am Tag ist, muss der Jäger den ermatteten Hasen aufsuchen, indem er nichts übergeht, was die Erde hervorbringt oder was auf ihrer Oberfläche ist, indem er häufige Wendungen macht, damit (der Hase) nicht übergangen wird – das Hasentier lagert sich ja auf einem kleinen Raum und steht aus Ermüdung und Furcht nicht auf –, indem er die Hündinnen herbeiführt und antreibt – der leutseligen viel zuredet, der menschenscheuen wenig, der, die zwischen beiden die Mitte hält, weder zu viel noch zu wenig –, bis sie den Hasen entweder vor seinen Füßen getötet (abgewürgt) oder in die Fallnetze getrieben haben. (26) Danach muss man die Fall- und Stellnetze wegnehmen, die Hündinnen abreiben und vom Jagdplatz weggehen, wobei man freilich im Sommer, wenn es Mittag ist, wartet, damit die Füße der Hündinnen nicht auf dem Weg durch die Hitze leiden.

Vermehrung und Namen von Hündinnen

7 (1) Sich paaren lassen muss man die Hündinnen im Winter, wenn man sie von den Anstrengungen freilässt, damit sie die Ruhe genießen und etwa im Frühjahr edle Nachkommen hervorbringen; diese Jahreszeit ist nämlich für das Gedeihen der Hündinnen die beste. Es gibt aber 14 Tage, in denen dieser Trieb herrscht. (2) Wenn er nachlässt, muss man sie zu guten Rüden führen, damit sie schneller trächtig werden. Wenn sie aber nahe am Werfen sind, darf man sie nicht fortwährend auf die Jagd führen, sondern muss sie sich ausruhen lassen, damit sie nicht durch ihren Eifer, sich anzustrengen, (den Welpen) schaden; sie tragen aber 60 Tage.

(3) ἐπειδὰν δὲ γένηται τὰ σκυλάκια, ὑπὸ τῇ τεκούσῃ ἐᾶν καὶ μὴ ὑποβάλλειν ὑφ᾽ ἑτέραν κύνα· αἱ γὰρ θεραπεῖαι αἱ ἀλλότριαι οὐκ εἰσὶν αὔξιμοι· τὸ δὲ τῶν μητέρων καὶ τὸ γάλα ἀγαθὸν καὶ τὸ πνεῦμα καὶ φίλαι αἱ περιβολαί. (4) ἐπειδὰν δὲ πλανᾶται τὰ σκυλάκια ἤδη, διδόναι γάλα μέχρι ἐνιαυτοῦ καὶ οἷς μέλλει τὸν ἅπαντα χρόνον βιώσεσθαι, ἄλλο δὲ μηδέν· αἱ γὰρ βαρεῖαι πλησμοναὶ τῶν σκυλακίων διαστρέφουσι τὰ σκέλη, τοῖς σώμασι νόσους ἐμποιοῦσι, καὶ τὰ ἐντὸς ἄδικα γίγνεται.

(5) τὰ δ᾽ ὀνόματα αὐταῖς τίθεσθαι βραχέα, ἵνα εὐανάκλητα ᾖ. εἶναι δὲ χρὴ τοιάδε· Ψυχή, Θυμός, Πόρπαξ, Στύραξ, Λογχή, Λόχος, Φρουρά, Φύλαξ, Τάξις, Ξίφων, Φόναξ, Φλέγων, Ἀλκή, Τεύχων, Ὑλεύς, Μήδας, Πόρθων, Σπέρχων, Ὀργή, Βρέμων, Ὕβρις, Θάλλων, Ῥώμη, Ἀνθεύς, Ἥβα, Γηθεύς, Χαρά, Λεύσων, Αὐγώ, Πολεύς, Βία, Στίχων, Σπουδή, Βρύας, Οἰνάς, Στέρρος, Κραύγη, Καίνων, Τύρβας, Σθένων, Αἰθήρ, Ἀκτίς, Αἰχμή, Νόης, Γνώμη, Στίβων, Ὁρμή.

(6) ἄγειν δὲ τὰς σκύλακας ἐπὶ τὸ κυνηγέσιον, τὰς μὲν θηλείας ὀκταμήνους, τοὺς δὲ ἄρρενας δεκαμήνους· πρὸς δὲ τὰ ἴχνη τὰ εὐναῖα μὴ λύειν, ἀλλ᾽ ἔχοντα ὑφημμένας μακροῖς ἱμᾶσιν ἀκολουθεῖν ταῖς κυσὶν ἰχνευούσαις, ἐῶντα αὐτὰς διαθεῖν τὰ ἴχνη. (7) καὶ ἐπειδὰν ὁ λαγῶς εὑρίσκηται, ἐὰν μὲν καλαὶ ὦσι πρὸς τὸν δρόμον τὰ εἴδη, μὴ ἀνιέναι εὐθύς· ἐπειδὰν δὲ προλάβῃ

(3) Wenn nun die Welpen da sind, muss man sie unter der Mutter lassen und nicht einer anderen Hündin unterlegen, denn die fremde Pflege ist nicht gedeihlich, von den Müttern aber sind die Milch und der Atem gut und das Umfangen tut wohl. (4) Wenn die Welpen herumlaufen, muss man ihnen bis zum Alter von einem Jahr Milch und das geben, von dem sie künftig die ganze Zeit leben sollen, sonst aber nichts, denn das Überfüttern mit schweren Speisen verdreht die Schenkel der Welpen und bringt Krankheiten im Körper hervor; dadurch leiden auch die inneren Teile.

(5) Die Namen aber, die man ihnen beilegt, müssen kurz sein, damit sie leicht auszusprechen sind; sie müssen von folgender Art sein: Psyche, Thymos, Porpax, Styrax, Lonche, Lochos, Phrura, Phylax, Taxis, Xiphon, Phonax, Phlegon, Alke, Teuchon, Hyleus, Medas, Porthon, Sperchon, Orge, Bremon, Hybris, Thallon, Rhome, Antheus, Heba, Getheus, Chara, Leuson, Augo, Poleus, Bia, Stichon, Spude, Bryas, Oinas, Sterrhos, Krauge, Kainon, Tyrbas, Sthenon, Aither, Aktis, Aichme, Noes, Gnome, Stibon und Horme (Seele, Mut, Hefter, Lanzenschaft, Lanzenspitze, Hinterhalt, Wache, Wächter, Kampflinie, Säbel, Mörder, Brenner, Wehrkraft, Treffer, Waldtier, Sorger, Räuber, Fleiß, Eifer, Knurrer, Hybris (Überheblichkeit), Blüher, Wirbel, Blüte, Jugend, Freudig, Freude, Seher, Glanz, Stark, Gewalt, Steiger, Eile, Sprosser, Weinstock, Härte, Schrei, Töter, Störer, Stark, Luft, Strahl, Lanze, Klug, Verstand, Spürer und Eifer).

(6) Auf die Jagd führe man die jungen Tiere, und zwar die weiblichen mit acht Monaten, die männlichen mit zehn. Man lasse sie aber nicht auf den Lagerspuren los, sondern folge, indem man sie an langen Riemen gebunden hält, den (älteren) Hündinnen, wenn sie spüren, und lasse sie auf der Spur hinlaufen. (7) Auch nachdem der Hase gefunden ist, darf man sie, wenn sie ihrer Erscheinungsform nach zum Lauf tüchtig sind, nicht sogleich los-

ὁ λαγῶς τῷ δρόμῳ, ὥστε μὴ ἐφορᾶν ἔτι αὐτόν, τὰς σκύλακας ἰέναι. (8) ἐὰν γὰρ ὁμόθεν καλὰς τὰ εἴδη οὔσας καὶ εὐψύχους πρὸς τὸν δρόμον ἐπιλύῃ, ὁρῶσαι τὸν λαγῶ ἐντεινόμεναι ῥήγνυνται, οὔπω ἔχουσαι συνεστῶτα τὰ σώματα· διαφυλάττειν οὖν δεῖ τοῦτο τὸν κυνηγέτην. (9) ἐὰν δὲ αἰσχίους ὦσι καὶ ἄψυχοι πρὸς τὸν δρόμον, οὐδὲν κωλύει ἰέναι· εὐθὺς γὰρ δὴ ἀνέλπιστοι οὖσαι τοῦ ἑλεῖν οὐ πείσονται τοῦτο. τὰ δὲ δρομαῖα, ἕως ἂν ἕλωσι τῷ ἴχνει, μεταθεῖν ἐᾶν· ἁλισκομένου δὲ τοῦ λαγῶ διδόναι αὐταῖς ἀναρρηγνύναι. (10) ἐπειδὰν δὲ μηκέτι θέλωσι προσμένειν τοῖς ἴχνεσιν, ἀλλ' ἀποσκεδαννύωνται, ἀναλαμβάνειν, ἕως ἂν ἐθισθῶσιν εὑρίσκειν προσθέουσαι τὸν λαγῶ, ἐπεὶ μὴ ἐν κόσμῳ ἀεὶ τοῦτον ζητοῦσαι τελευτῶσαι γίγνονται ἔκκυνοι, πονηρὸν μάθημα. (11) πρὸς δὲ ταῖς ἄρκυσι διδόναι τὰ σιτία αὐταῖς, ἕως ἂν νέαι ὦσιν, ὅταν ἀναιρῶνται, ἵν' ἐὰν πλανηθῶσιν ἐν τῷ κυνηγεσίῳ δι' ἀπειρίαν, πρὸς τοῦτο ἐπανιοῦσαι σῴζωνται. ἀφεθήσονται δὲ τούτου, ὅταν ἤδη τῷ θηρίῳ ἔχωσι πολεμίως, ἐπιμέλειαν δὲ ποιήσονται τούτου μᾶλλον ἢ ἐκείνου φροντίζειν. (12) χρὴ δὲ καὶ ὡς τὰ πολλὰ δεομέναις διδόναι τὰ ἐπιτήδεια ταῖς κυσὶν αὐτόν· ὅταν μὲν γὰρ μὴ ἐνδεεῖς ὦσι, τούτου τὸν αἴτιον οὐκ ἴσασιν, ὅταν δὲ ἐπιθυμοῦσαι λάβωσι, τὸν διδόντα στέργουσιν.

8 (1) ἰχνεύεσθαι δὲ τὸν λαγῶ ὅταν νίφῃ ὁ θεὸς ὥστε ἠφανίσθαι τὴν γῆν· εἰ δ' ἐνέσται μελάγχιμα, δυσζήτητος ἔσται. ἔστι δέ,

lassen. Erst wenn der Hase einen Vorsprung im Lauf hat, dass sie ihn nicht mehr sehen (äugen), lasse man die Welpen los. (8) Wenn man sie, die ihrer Erscheinungsform nach zum Lauf tüchtig und hitzig sind, nämlich in einer kleinen Entfernung loslässt, strengen sie sich an, da sie den Hasen sehen, und leiden Schaden, weil sie noch keine erstarkten Körper haben; davor muss der Jäger sich hüten. (9) Wenn sie aber dem Aussehen nach weniger tüchtig zum Lauf sind, hindert nichts daran, sie loszulassen, denn da sie ohnehin keine Hoffnung haben, ihn zu fangen, wird ihnen das nicht geschehen. Auf den Hasenspuren aber lasse man sie arbeiten, bis sie ihn erreichen, und wenn der Hase gefangen ist, gebe man ihnen diesen zum Töten (Abwürgen). (10) Wenn sie aber nicht mehr bei den Fallnetzen bleiben wollen, sondern sich zerstreuen, muss man sie zurückhalten, bis sie daran gewöhnt sind, den Hasen zu verfolgen und ihn zu finden, damit sie nicht, wenn sie ihn nicht immer auf die rechte Weise suchen, nutzlos herumschwärmen (faseln) – eine böse Lehre! (11) Bei den Fallnetzen aber gebe man ihnen das Futter, solange sie jung sind, damit sie, wenn sie auf dem Jagdplatz aus Unkunde umherirren, sobald man sie (von der Futterstelle) wegnimmt, wieder dorthin zurückkehren und sich nicht verlieren. Davon werden sie ablassen, wenn sie schon hitziger auf das Wild sind, und werden sich mehr um dieses (das Fangen) als um jenes (das Futter) kümmern. (12) Auch muss in der Regel der Jäger selbst den Hündinnen die Nahrung geben, denn wenn sie Mangel leiden, wissen sie nicht, wer daran schuld ist, wenn sie aber ein Verlangen danach haben und es gestillt wird, lieben sie den, der soe ihnen gibt.

Hasenjagd ohne Hunde im Winter

8 (1) Man kann aber den Hasen aufspüren, wenn der Gott es schneien lässt, so dass die Erde unsichtbar ist. Wenn es schwarze

ὅταν μὲν ἐπινεφῇ καὶ ᾖ βόρειον, τὰ ἴχνη ἔξω πολὺν χρόνον δῆλα· οὐ γὰρ ταχὺ συντήκεται· ἐὰν δὲ νότιόν τε ᾖ καὶ ἥλιος ἐπιλάμπῃ, ὀλίγον χρόνον· ταχὺ γὰρ διαχεῖται. ὅταν δ' ἐπινίφῃ συνεχῶς, οὐδὲν δεῖ· ἐπικαλύπτει γάρ· οὐδὲ ἂν πνεῦμα ᾖ μέγα· συμφοροῦν γὰρ τὴν χιόνα ἀφανίζει.

(2) κύνας μὲν οὖν οὐδὲν δεῖ ἔχοντα ἐξιέναι ἐπὶ τὴν θήραν ταύτην· ἡ γὰρ χιὼν καίει τῶν κυνῶν τὰς ῥῖνας, ῥήγνυσι τοὺς πόδας, τὴν ὀσμὴν τοῦ λαγῶ ἀφανίζει διὰ τὸ ὑπερπαγές· λαβόντα δὲ τὰ δίκτυα μετ' ἄλλου ἐλθόντα πρὸς τὰ ὄρη παριέναι ἀπὸ τῶν ἔργων, καὶ ἐπειδὰν λάβῃ τὰ ἴχνη, πορεύεσθαι κατὰ ταῦτα. (3) ἐὰν δ' ἐπηλλαγμένα ᾖ, ἐκ τῶν αὐτῶν πάλιν εἰς τὸ αὐτὸ ἥκοντα κύκλους ποιούμενον ἐκπεριιέναι τὰ τοιαῦτα ζητοῦντα ὁποῖ ἔξεισι. πολλὰ δὲ πλανᾶται ὁ λαγὼς ἀπορούμενος ὅπου κατακλινῇ, ἅμα δὲ καὶ εἴθισται τεχνάζειν τῇ βαδίσει διὰ τὸ διώκεσθαι ἀεὶ ἀπὸ τῶν τοιούτων.

(4) ἐπειδὰν δὲ φανῇ τὸ ἴχνος, προϊέναι εἰς τὸ πρόσθεν. ἄξει δὲ ἢ πρὸς σύσκιον τόπον ἢ πρὸς ἀπόκρημνον· τὰ γὰρ πνεύματα ὑπερφορεῖ τὴν χιόνα ὑπὲρ τῶν τοιούτων. παραλείπεται οὖν εὐνάσιμα πολλά· ζητεῖ δὲ τοῦτο. (5) ἐπειδὰν δὲ τὰ ἴχνη πρὸς τοιαῦτα φέρῃ, μὴ προσιέναι ἐγγύς, ἵνα μὴ ὑποκινῇ, ἀλλὰ κύκλῳ ἐκπεριιέναι· ἐλπὶς γὰρ αὐτοῦ εἶναι. δῆλον δ' ἔσται· τὰ γὰρ ἴχνη ἀπὸ τῶν τοιούτων οὐδαμοῦ περάσει. (6) ἐπειδὰν δὲ

(schneefreie) Stellen gibt, ist er schwer zu finden. Wenn es nun darauf schneit und ein Nordwind weht, ist die Spur außerhalb (der schwarzen Stellen) lange Zeit sichtbar, denn sie schmilzt nicht schnell zusammen, wenn es aber einen Südwind gibt und die Sonne darauf scheint, nur kurze Zeit, denn sie zerfließt schnell. Wenn es aber anhaltend darauf schneit, soll man nichts tun, denn der Schnee bedeckt die Spur, und auch nichts, wenn ein starker Wind weht, denn er weht den Schnee zusammen und macht sie unsichtbar.

(2) Mit Hündinnen darf man dann aber nicht auf die Jagd gehen, denn der Schnee verursacht den Hündinnen Brennen in der Nase und an den Füßen und bewirkt, dass die Witterung des Hasen wegen der allzu großen Kälte verschwindet. Vielmehr nehme man die Stellnetze, gehe mit einem anderen Mann hinaus und ziehe aus dem angebauten Land in Richtung der Berge. Wenn man die Spur bekommen hat, gehe man ihr nach. (3) Wenn sie aber verschlungen ist und an denselben Punkt zurückläuft, von dem sie ausgeht, muss man beständig im Kreis um sie herumgehen und suchen, wo sie hinausführt. Der Hase irrt nämlich viel umher, weil er nicht recht weiß, wo er sich lagern soll; zugleich aber ist er auch gewohnt, durch seine Gänge mit List zu täuschen, weil er immer nach seinen Spuren verfolgt wird.

(4) Wenn nun die Spur deutlich wird, muss man vorwärts gehen. Sie wird aber entweder zu einem bedeckten oder zu einem abschüssigen Platz führen, denn die Winde treiben den Schnee über solche Plätze weg; es bleiben also viele zum Lager taugliche Stellen übrig; genau eine solche sucht er. (5) Führt nun die Spur an solche Plätze, darf man nicht nah herangehen, damit er nicht wegläuft, sondern muss sie im Kreis umgehen, denn es ist zu erwarten, dass er hier ist, und es wird sich zeigen, denn von solchen Plätzen wird die Spur nirgends weiter führen. (6) Wenn es nun aber sicher ist, dass er sich

ᾖ σαφὲς ὅτι αὐτοῦ ἐστιν, ἐᾶν· μενεῖ γάρ· ἕτερον δὲ ζητεῖν πρὶν τὰ ἴχνη ἄδηλα γενέσθαι, τῆς ὥρας ἐνθυμούμενον, ὅπως, ἂν καὶ ἑτέρους εὑρίσκῃ, ἔσται ἡ λειπομένη ἱκανὴ περιστήσασθαι. (7) ἥκοντος δὲ τούτου περιτείνειν αὐτῶν ἑκάστῳ τὰ δίκτυα τὸν αὐτὸν τρόπον ὅνπερ ἐν τοῖς μελαγχίμοις, περιλαμβάνοντα ἐντὸς πρὸς ὅτῳ ἂν ᾖ, καὶ ἐπειδὰν ἑστηκότα ᾖ, προσελθόντα κινεῖν.

(8) ἐὰν δὲ ἐκκυλισθῇ ἐκ τῶν δικτύων, μεταθεῖν κατὰ τὰ ἴχνη· ὁ δὲ ἀφίξεται πρὸς ἕτερα τοιαῦτα χωρία, ἐὰν μὴ ἄρα ἐν αὐτῇ τῇ χιόνι πιέσῃ ἑαυτόν. σκεψάμενον οὖν δεῖ ὅπου ἂν ᾖ περιίστασθαι. ἐὰν δὲ μὴ ὑπομένῃ, μεταθεῖν· ἁλώσεται γὰρ καὶ ἄνευ τῶν δικτύων· ταχὺ γὰρ ἀπαγορεύει διὰ τὸ βάθος τῆς χιόνος καὶ διὰ τὸ κάτωθεν τῶν ποδῶν λασίων ὄντων προσέχεσθαι αὐτῷ ὄγκον πολύν.

9 (1) ἐπὶ δὲ τοὺς νεβροὺς καὶ τὰς ἐλάφους κύνας εἶναι Ἰνδικάς· εἰσὶ γὰρ ἰσχυραί, μεγάλαι, ποδώκεις, οὐκ ἄψυχοι· ἔχουσαι δὲ ταῦτα ἱκαναὶ γίγνονται πονεῖν.

(2) τοὺς μὲν οὖν νεογνοὺς τῶν νεβρῶν τοῦ ἦρος θηρᾶν· ταύτην γὰρ τὴν ὥραν γίγνονται. κατασκέψασθαι δὲ προελθόντα εἰς τὰς ὀργάδας, οὗ εἰσιν ἔλαφοι πλεῖσται· ὅπου δ᾽ ἂν ὦσιν, ἔχοντα τὸν κυναγωγὸν τὰς κύνας καὶ ἀκόντια πρὸ ἡμέρας ἐλθόντα εἰς τὸν τόπον τοῦτον τὰς μὲν κύνας δῆσαι ἄπωθεν ἐκ

hier befindet, lasse man ihn, denn er wird bleiben. Man suche einen anderen, bevor die Spur undeutlich wird, und berücksichtige die Tageszeit, damit, wenn man auch noch andere findet, die verbleibende Zeit zum Umstellen hinreicht. (7) Kommt es nun dazu (zum Umstellen), muss man um jeden einzelnen die Stellnetze auf dieselbe Weise aufstellen wie an den schwarzen (schneefreien) Stellen, indem man den Ort, an dem er sich aufhält, ringsum einschließt, und wenn (die Netze) stehen, hingehen und ihn aufstoßen.

(8) Wenn er sich aber aus den Stellnetzen herauswindet, muss man ihm auf der Spur nachlaufen; er aber wird an andere ähnliche Plätze kommen, wenn er sich nicht sogar in den Schnee selbst drückt. Man muss also forschen, wo er wohl sein möge, und ihn dann umstellen. Wenn er aber nicht bleibt, muss man ihm nachfolgen, denn er wird auch ohne die Stellnetze gefangen werden; er wird nämlich bald müde wegen der Tiefe des Schnees und weil sich unten an seinen Füßen (Pfoten), da sie behaart sind, eine große Last ansammeln.

Hirschjagd

9 (1) Für die Hirschkälber und Hirschkühe (Alttiere) muss man indische Hündinnen haben, denn diese sind stark, groß, schnellfüßig und nicht ohne Feuer; da sie diese Eigenschaften haben, können sie Anstrengungen ertragen.

(2) Die neugeborenen Hirschkälber nun muss man im Frühjahr jagen, denn in dieser Jahreszeit werden sie geboren. Vorher aber muss man auf die (den Wäldern) nahe gelegenen Wiesen gehen und untersuchen, wo die meisten Hirschkühe sind. An den Ort, an dem sie sind, gehe der Jäger mit den Hündinnen und Wurfspießen vor Tagesanbruch und binde die Hündinnen fern

τῆς ὕλης, ὅπως μή, ἂν ἴδωσι τὰς ἐλάφους, ὑλακτῶσιν, αὐτὸν δὲ σκοπιωρεῖσθαι. (3) ἅμα δὲ τῇ ἡμέρᾳ ὄψεται ἀγούσας τοὺς νεβροὺς πρὸς τὸν τόπον οὗ ἂν μέλλῃ ἑκάστη τὸν ἑαυτῆς εὐνάσειν. κατακλίνασαι δὲ καὶ γάλα δοῦσαι καὶ διασκεψάμεναι μὴ ὁρῶνται ὑπό τινος, φυλάττει τὸν αὑτῆς ἑκάστη ἀπελθοῦσα εἰς τὸ ἀντιπέραν. (4) ἰδόντα δὲ ταῦτα τὰς μὲν κύνας λῦσαι, τὸν δὲ λαβόντα τὰ ἀκόντια προσιέναι ἐπὶ τὸν νεβρὸν τὸν πρῶτον, ὅπου εἶδεν εὐνασθέντα, τῶν τόπων ἐνθυμούμενον, ὅπως μὴ διαμαρτήσεται· πολὺ γὰρ ἀλλοιοῦνται τῇ ὄψει ἐγγὺς προσιόντι ἢ οἵ πόρρωθεν ἔδοξαν εἶναι. (5) ἐπειδὰν δὲ ἴδῃ αὐτόν, προσιέναι ἐγγύς. ὁ δ' ἕξει ἀτρέμα πιέσας ἑαυτὸν ἐπὶ γῆν καὶ ἐάσει ἀνελέσθαι, ἐὰν μὴ ἐφυσμένος ᾖ, βοῶν μέγα. τούτου δὲ γενομένου οὐ μενεῖ· ταχὺ γὰρ τὸ ὑγρόν, ὃ ἔχει ἐν ἑαυτῷ, ὑπὸ τοῦ ψυχροῦ συνιστάμενον ποιεῖ ἀποχωρεῖν αὐτόν. (6) ἁλώσεται δὲ ὑπὸ τῶν κυνῶν σὺν πόνῳ διωκόμενος· λαβόντα δὲ δοῦναι τῷ ἀρκυωρῷ· ὁ δὲ βοήσεται· ἡ δ' ἔλαφος τὰ μὲν ἰδοῦσα, τὰ δ' ἀκούσασα, ἐπιδραμεῖται τῷ ἔχοντι αὐτὸν ζητοῦσα ἀφελέσθαι. (7) ἐν δὲ τούτῳ τῷ καιρῷ ἐγκελεύειν ταῖς κυσὶ καὶ χρῆσθαι τοῖς ἀκοντίοις. κρατήσαντα δὲ τούτου πορεύεσθαι καὶ ἐπὶ τοὺς ἄλλους καὶ τῷ αὐτῷ εἴδει πρὸς αὐτοὺς χρῆσθαι τῆς θήρας.

(8) καὶ οἱ μὲν νέοι τῶν νεβρῶν οὕτως ἁλίσκονται· οἱ δὲ ἤδη μεγάλοι χαλεπῶς· νέμονται γὰρ μετὰ τῶν μητέρων καὶ ἑτέρων ἐλάφων· καὶ ἀποχωροῦσιν, ὅταν διώκωνται, ἐν μέσαις, ὁτὲ δὲ πρόσθεν, ἐν δὲ τῷ ὄπισθεν ὀλιγάκις. (9) αἱ δ' ἔλαφοι τὰς κύνας

an Bäume, damit sie nicht Laut geben, wenn sie die Hirschkühe sehen; er selbst aber spähe umher. (3) Sogleich mit Tagesanbruch wird er sie die Hirschkälber an den Ort führen sehen, wo jede das ihre lagern lassen will. Nachdem sich jene nun niedergelegt, ihnen Milch gegeben und (aus Furcht,) sie könnten von jemandem gesehen werden, umhergeblickt haben, bewacht eine jede das ihre, indem sie auf die entgegengesetzte Seite geht. (4) Sobald der Jäger dies sieht, muss er die Hündinnen losbinden, die Wurfspieße nehmen und gegen das erste Hirschkalb vorwärts gehen, wo er es sich lagern sah, wobei er auf die Örtlichkeiten Rücksicht nimmt, damit er nicht daneben trifft, denn diese erscheinen dem Auge ganz anders, wenn man nahe hin geht, als sie von ferne zu sein schienen. (5) Wenn er es nun sieht, muss er nahe hingehen. Es wird sich ruhig verhalten, sich auf die Erde drücken und sich hochheben lassen – wenn es nicht regennass ist –, wobei es laut klagt. Ist dies aber geschehen, wird es nicht bleiben, denn die Feuchtigkeit, die es in sich hat, verdichtet sich durch die Kälte schnell und bewirkt, dass es fortgeht. (6) Es wird gefangen werden, wenn es von den Hündinnen mit Anstrengung verfolgt wird. Hat er es aber bekommen, gebe er es dem Netzwächter. Es wird nun klagen, die Hirschkuh aber, wenn sie jenes (gefangen) sieht und (klagen) hört, wird zu dem, der es hält, hinlaufen und es ihm zu entreißen suchen. (7) In diesem Augenblick aber muss er die Hündinnen anfeuern und von den Wurfspießen Gebrauch machen. Wenn er sich aber iherr bemächtigt hat, muss er auch auf die anderen losgehen und gegen sie dieselbe Jagdart anwenden.

(8) Die jungen Hirschkälber also werden so gefangen, die schon großen aber nur mit Mühe, denn sie äsen mit ihren Müttern und anderen Hirschen und flüchten, wenn sie verfolgt werden, mitten unter ihnen, manchmal auch voraus, hinten aber selten. (9) Die Hirschkühe aber, die sich für jene wehren, treten die Hündin-

ὑπὲρ αὐτῶν ἀμυνόμεναι καταπατοῦσιν, ὥστ᾽ οὐκ εὐάλωτοί εἰσιν, ἐὰν μὴ προσμείξας τις εὐθὺς διασκεδάσῃ αὐτὰς ἀπ᾽ ἀλλήλων, ὥστε μονωθῆναί τινα αὐτῶν. (10) βιασθεῖσαι δὲ τοῦτο, τὸν μὲν πρῶτον δρόμον αἱ κύνες ἀπολείπονται· ἥ τε γὰρ ἀπουσία τῶν ἐλάφων ποιεῖ αὐτὸν περίφοβον, τό τε τάχος οὐδενὶ ἐοικός ἐστι τῶν τηλικούτων νεβρῶν· δευτέρῳ δὲ καὶ τρίτῳ δρόμῳ ταχὺ ἁλίσκονται· τὰ γὰρ σώματα αὐτῶν διὰ τὸ ἔτι νεαρὰ εἶναι τῷ πόνῳ οὐ δύναται ἀντέχειν.

(11) ἵστανται δὲ καὶ ποδοστράβαι ταῖς ἐλάφοις ἐν τοῖς ὄρεσι, περὶ τοὺς λειμῶνας καὶ τὰ ῥεῖθρα καὶ τὰς νάπας, ἐν ταῖς διόδοις καὶ τοῖς ἔργοις πρὸς ὅ τι ἂν προσίῃ. (12) χρὴ δὲ εἶναι τὰς ποδοστράβας σμίλακος πεπλεγμένας, μὴ περιφλοίους, ἵνα μὴ σήπωνται, τὰς δὲ στεφάνας εὐκύκλους ἐχούσας, καὶ τοὺς ἥλους ἐναλλὰξ σιδηροῦς τε καὶ ξυλίνους ἐγκαταπεπλεγμένους ἐν τῷ πλοκάνῳ· μείζους δὲ τοὺς σιδηροῦς, ὅπως ἂν οἱ μὲν ξύλινοι ὑπείκωσι τῷ ποδί, οἱ δὲ πιέζωσι. (13) τὸν δὲ βρόχον τῆς σειρίδος τὸν ἐπὶ τὴν στεφάνην ἐπιτεθησόμενον πεπλεγμένον σπάρτου καὶ αὐτὴν τὴν σειρίδα· ἔστι γὰρ ἀσηπτότατον τοῦτο. ὁ δὲ βρόχος αὐτὸς ἔστω στιφρὸς καὶ ἡ σειρίς· τὸ δὲ ξύλον τὸ ἐξαπτόμενον ἔστω μὲν δρυὸς ἢ πρίνου, μέγεθος τρισπίθαμον, περίφλοιον, πάχος παλαιστῆς. (14) ἱστάναι δὲ τὰς ποδοστράβας διελόντα τῆς γῆς βάθος πεντεπάλαστον, περιφερὲς δὲ τοῦτο, καὶ ἄνωθεν ἴσον ταῖς στεφάναις τῶν ποδοστραβῶν, εἰς δὲ τὸ κάτω ἀμειβόμενον στενότητι· διελεῖν δὲ καὶ τῇ σειρίδι καὶ τῷ ξύλῳ τῆς γῆς ὅσον ἵζεσθαι ἀμφοῖν. (15) ποιήσαντα δὲ ταῦτα ἐπὶ μὲν τὸ βάθος τὴν ποδοστράβην ἐπιθεῖναι κατωτέρω ἰσόπεδον,

nen zu Boden, so dass nicht gut zu fangen sind, wenn man sich nicht sogleich unter die Hirschkälber mischt und sie auseinander (treibt und) zerstreut, so dass nur eines von ihnen allein bleibt. (10) Sind sie aber mit Gewalt dazu gebracht, bleiben zwar beim ersten Lauf die Hündinnen zurück, denn die Abwesenheit der Hirsche macht es (das Hirschkalb) sehr furchtsam und die Schnelligkeit der Hirschkälber in diesem Alter ist mit nichts vergleichbar; beim zweiten und dritten Lauf aber werden sie schnell gefangen, denn ihre Körper sind der Anstrengung nicht gewachsen, weil sie noch jung sind.

(11) Auch legt man den Hirschkühen Fußfallen auf den Bergen, auf den Wiesen, an den Flüssen, in den Tälern bei den Durchgängen und auf dem angebauten Land, wohin immer sie kommen mögen. (12) Die Fußfallen müssen aus Eibenholz geflochten sein, ohne Rinde, damit sie nicht verfaulen, und müssen wohlgerundete Kränze haben, außerdem Nägel, abwechselnd aus Eisen und aus Holz, die in das Geflecht eingeflochten sind, die eisernen aber größer, damit die hölzernen dem Fuß nachgeben, jene aber ihn festhalten. (13) Die Schlinge des Stricks aber, die am Kranz befestigt werden soll, muss aus Pfriemenkraut geflochten sein, ebenso der Strick selbst, denn dieses fault am wenigsten. Die Schlinge selbst und der Strick seien fest, das Holzstück aber, das daran geknüpft wird, von der Edel- oder der Steineiche, 3 Spannen in der Größe, mit Rinde umgeben, und 1 Handbreit in der Dicke (zu den Maßangaben s. o. S. 19). (14) Legen aber muss man die Fußfallen, indem man die Erde in eine Tiefe von 5 Handbreit aufgräbt, und zwar kreisförmig, oben gleich weit mit den Kränzen der Fußfallen, nach unten aber sich verengend; auch für den Strick und für das Holz muss man die Erde soweit öffnen, wie es jeweils dafür nötig ist, dass sie aufliegen (also nicht herausragen). (15) Hat man dies getan, lege man die Fußfalle unten auf den Boden (der Vertiefung) waagerecht, um den Kranz aber die Schlinge

περὶ δὲ τὴν στέγην τὸν βρόχον τῆς σειρίδος· καὶ αὐτὴν καὶ τὸ ξύλον καθέντα εἰς τὴν χώραν τὴν ἑκατέρου, τῇ στέγῃ ἐπιθεῖναι δοκίδας ἀτρακτυλίδος μὴ ὑπερτεινούσας εἰς τὸ ἔξω, ἐπὶ δὲ τούτων πέταλα λεπτά, ὧν ἂν ἡ ὥρα ᾖ. (16) μετὰ δὲ τοῦτο τῆς γῆς ἐπιβαλεῖν ἐπ' αὐτὰ πρῶτον μὲν τὴν ἐπιπολῆς ἐξαιρεθεῖσαν ἐκ τῶν ὀρυγμάτων, ἄνωθεν δὲ ταύτης γῆς στερεᾶς τῆς ἄπωθεν, ἵνα ᾖ τῇ ἐλάφῳ ὅτι μάλιστα ἄδηλος ἡ στάσις· τὴν δὲ περιοῦσαν τῆς γῆς ἀποφέρειν πόρρω ἀπὸ τῆς ποδοστράβης· ἐὰν γὰρ ὀσφραίνηται νεωστὶ κεκινημένης, δυσωπεῖται· ταχὺ δὲ ποιεῖ τοῦτο.

(17) ἐπισκοπεῖν δὲ ἔχοντα τὰς κύνας τὰς μὲν ἐν τοῖς ὄρεσιν ἑστώσας, μάλιστα μὲν ἕωθεν, χρὴ δὲ καὶ τῆς ἄλλης ἡμέρας, ἐν δὲ τοῖς ἔργοις πρῴ. ἐν μὲν γὰρ τοῖς ὄρεσιν οὐ μόνον τῆς νυκτὸς ἁλίσκονται ἀλλὰ καὶ μεθ' ἡμέραν διὰ τὴν ἐρημίαν· ἐν δὲ τοῖς ἔργοις τῆς νυκτὸς διὰ τὸ μεθ' ἡμέραν πεφοβῆσθαι τοὺς ἀνθρώπους. (18) ἐπειδὰν δὲ εὕρῃ ἀνεστραμμένην τὴν ποδοστράβην, μεταθεῖν ἐπιλύσαντα τὰς κύνας καὶ ἐπικελεύσαντα κατὰ τὸν ὁλκὸν τοῦ ξύλου, σκοπούμενον ὅποι ἂν φέρηται. ἔσται δὲ οὐκ ἄδηλον ἐπὶ τὸ πολύ· οἵ τε γὰρ λίθοι ἔσονται κεκινημένοι τά τ' ἐπισύρματα τοῦ ξύλου καταφανῆ ἐν τοῖς ἔργοις· ἐὰν δὲ τραχεῖς τόπους διαπερᾷ, αἱ πέτραι ἕξουσι τὸν φλοιὸν τοῦ ξύλου ἀφηρπασμένον καὶ κατὰ τοῦτο ῥᾳους αἱ μεταδρομαὶ ἔσονται. (19) ἐὰν μὲν οὖν τοῦ προσθίου ποδὸς ἁλῷ, ταχὺ ληφθήσεται· ἐν γὰρ τῷ δρόμῳ πᾶν τὸ σῶμα τύπτει καὶ τὸ πρόσωπον· ἐὰν δὲ τοῦ ὄπισθεν, ἐφελκόμενον τὸ ξύλον ἐμποδὼν ὅλῳ ἐστὶ τῷ σώματι, ἐνίοτε δὲ καὶ εἰς δίκρας τῆς ὕλης ἐμπίπτει φερόμενον, καὶ ἐὰν μὴ ἀπορρήξῃ τὴν σειρίδα, καταλαμβάνεται αὐτοῦ.

des Stricks, wobei man sowohl diesen als auch das Holz an den für beide bestimmten Platz einsenkt. Auf den Kranz aber lege man Stängel von Distelpflanzen, die nicht nach außen hinausragen, und auf diese dünne Blätter, deren Jahreszeit gerade ist. (16) Danach werfe man Erde darauf, zuerst unmittelbar solche, die aus der Grube herausgeschafft ist, darüber aber feste Erde aus der Ferne, damit die gestellte Falle der Hirschkuh so wenig wie möglich bemerkbar ist. Den Rest des Erdreichs trage man weit weg von der Fußfalle, denn wenn sie riecht, dass sie frisch aufgegraben ist, wird sie stutzig; dies tut sie schnell.

(17) Man sehe nun, indem man die Hündinnen mitnimmt, nach den auf den Bergen gelegten Fußfallen insbesondere morgens, aber auch sonst tagsüber, auf dem angebauten Land aber früher, denn auf den Bergen werden sie nicht nur bei Nacht gefangen, sondern auch tagsüber wegen der Einsamkeit, auf dem angebauten Land aber bei Nacht, weil sie sich tasgsüber zu sehr vor den Menschen fürchten. (18) Wenn man nun die Fußfalle eingetreten vorfindet, lasse man die Hündinnen los, treibe sie an und laufe auf der Schleifspur des Holzes, wobei man untersucht, wohin es geschleppt wurde. Es wird meistens nicht schwer zu bemerken sein, denn die Steine werden von der Stelle bewegt und die Spuren des mitgeschleiften Holzes werden auf dem angebauten Land leicht sichtbar sein. Wenn die Hirschkuh aber durch raue Gegenden läuft, wird die abgestreifte Rinde des Holzes an den Felsen hängenbleiben und so das Verfolgen erleichtern. (19) Wenn sie sich nun an dem vorderen Fuß verfangen hat, wird sie schnell eingeholt werden, denn beim Laufen trifft (das Holz) den ganzen Körper und das Gesicht, wenn aber an dem hinteren, ist das Holz, da es nachgeschleppt wird, ein Hindernis für den ganzen Körper. Manchmal gerät es auch zwischen gegabelte Hölzer, wenn es fortgeschleppt wird, und wenn das Wild den Strick nicht zerreißt, wird es so aufgehalten.

(20) χρὴ δέ, ἐὰν οὕτως ἕλῃ ἢ περιγενόμενος πόνῳ, ἐὰν μὲν ᾖ ἄρρην, μὴ προσιέναι ἐγγύς· τοῖς γὰρ κέρασι παίει, ἐὰν μὲν ᾖ ἄρρην, καὶ τοῖν ποδοῖν· ἐὰν δὲ θήλεια, τοῖν ποδοῖν· ἄπωθεν οὖν ἀκοντίζειν.

(21) ἁλίσκονται δὲ καὶ ἄνευ ποδοστράβης διωκόμεναι, ὅταν ᾖ ἡ ὥρα θερινή· ἀπαγορεύουσι γὰρ σφόδρα, ὥστε ἑστῶσαι ἀκοντίζονται· ῥιπτοῦσι δὲ καὶ εἰς τὴν θάλατταν, ἐὰν κατέχωνται, καὶ εἰς τὰ ὕδατα ἀπορούμεναι· ὁτὲ δὲ διὰ δύσπνοιαν πίπτουσι.

10 (1) πρὸς δὲ τὸν ὗν τὸν ἄγριον κεκτῆσθαι κύνας Ἰνδικάς, Κρητικάς, Λοκρίδας, Λακαίνας, ἄρκυς, ἀκόντια, προβόλια, ποδοστράβας.

πρῶτον μὲν οὖν χρὴ εἶναι τὰς κύνας ἑκάστου γένους μὴ τὰς ἐπιτυχούσας, ἵνα ἕτοιμαι ὦσι πολεμεῖν τῷ θηρίῳ. (2) αἱ δὲ ἄρκυς λίνων μὲν τῶν αὐτῶν ὧνπερ αἱ τῶν λαγῶν, ἔστωσαν δὲ πεντεκαιτετταρακοντάλινοι ἐκ τριῶν τόνων, ἕκαστος δὲ τόνος ἐκ πεντεκαίδεκα λίνων, ἀπὸ δὲ τοῦ κορυφαίου τὸ μέγεθος δεχάμματοι, τὸ δὲ βάθος τῶν βρόχων πυγόνος· οἱ δὲ περίδρομοι ἡμιόλιοι τοῦ τῶν ἀρκύων πάχους· ἐπ᾽ ἄκροις δὲ δακτυλίους ἐχέτωσαν, ὑφείσθωσαν δ᾽ ὑπὸ τοὺς βρόχους, τὸ δὲ ἄκρον αὐτῶν ἐκπεράτω ἔξω διὰ τῶν δακτυλίων· ἱκανὰ δὲ πεντεκαίδεκα. (3) τὰ δ᾽ ἀκόντια ἔστω παντοδαπά, ἔχοντα τὰς λόγχας εὐπλατεῖς καὶ

(20) Wenn man das Tier, das auf diese Art oder durch die Anstrengung (des Laufs) erschöpft ist, eingeholt hat, darf man nicht nahe hingehen, wenn es ein männliches ist, denn es stößt mit dem Geweih, wenn es ein männliches ist, und mit den Füßen, wenn es ein weibliches ist, nur mit den Füßen. Man werfe also aus der Ferne mit den Wurfspießen nach ihm.

(21) Sie werden aber auch ohne Fußfalle durch Verfolgen gefangen, wenn es Sommer ist, denn sie werden so müde, dass sie stehen bleiben und sich mit den Wurfspießen bewerfen lassen. Sie stürzen sich auch ins Meer, wenn sie bedrängt sind, und ins Wasser, wenn sie keinen Ausweg sehen; manchmal fallen sie aus Atemnot tot um.

Wildschweinjagd

10 (1) Zur Jagd auf das Wildschwein muss man indische, kretische, lokrische und lakonische Hündinnen haben, dazu Fallnetze, Wurfspieße, Saufedern (s. o. S. 9) und Fußfallen.

Erstens also müssen die Hündinnen dieser Arten nicht ganz gewöhnliche sein, damit sie in der Lage sind, mit dem wilden Tier zu kämpfen. (2) Die Fallnetze sind zwar aus demselben Flachs, aus dem die für Hasen sind (s. o. 2.4), aber 45-fädig, aus drei Stricken, jeder Strick aus 15 Fäden; von dem oberen Saum an sind sie in der Größe 10-maschig und die Tiefe der Maschen 1 Elle (zu den Maßangaben s. o. S. 19); die umlaufenden Leinen messen das 1½-fache der Dicke der Fallnetze. An den Säumen müssen (die Netze) Ringe haben – und in die Maschen eingezogen sein, ihr Ende aber außen durch die Ringe gehen; 15 sind ausreichend. (3) Die Wurfspieße müssen aus unterschiedlichem Holz sein, breite und scharfe Spitzen sowie feste Schäfte haben,

ξυρήκεις, ῥάβδους δὲ στιφράς. τὰ δὲ προβόλια πρῶτον μὲν λόγχας ἔχοντα τὸ μὲν μέγεθος πεντεπαλάστους, κατὰ δὲ μέσον τὸν αὐλὸν κνώδοντας ἀποκεχαλκευμένους, στιφρούς, καὶ τὰς ῥάβδους κρανείας δορατοπαχεῖς. αἱ δὲ ποδοστράβαι ὅμοιαι ταῖς τῶν ἐλάφων. συγκυνηγέται δ᾽ ἔστωσαν· τὸ γὰρ θηρίον μόλις καὶ ὑπὸ πολλῶν ἁλίσκεται.

ὅπως δὲ δεῖ τούτων ἑκάστῳ πρὸς θήραν χρῆσθαι διδάξω. (4) πρῶτον μὲν οὖν χρὴ ἐλθόντας ὅπου ἂν οἴωνται εἶναι ὑπάγειν τὸ κυνηγέσιον, λύσαντας μίαν τῶν κυνῶν τῶν Λακαινῶν, τὰς δ᾽ ἄλλας ἔχοντας δεδεμένας, συμπεριιέναι τῇ κυνί. (5) ἐπειδὰν δὲ λάβῃ αὐτοῦ τὰ ἴχνη, ἕπεσθαι ἑξῆς τῇ ἰχνεύσει ἡγουμένῃ τοὺς ἀκολουθοῦντας σαφῶς. ἔσται δὲ καὶ τοῖς κυνηγέταις πολλὰ δῆλα αὐτοῦ, ἐν μὲν τοῖς μαλακοῖς τῶν χωρίων τὰ ἴχνη, ἐν δὲ τοῖς λασίοις τῆς ὕλης κλάσματα· ὅπου δ᾽ ἂν δένδρα ᾖ, πληγαὶ τῶν ὀδόντων. (6) ἡ δὲ κύων ἐπὶ τὸ πολὺ ἀφίξεται ἐπὶ τόπον ὑλώδη ἰχνεύουσα. κατακλίνεται γὰρ τὸ θηρίον ὡς ἐπὶ τὸ πολὺ εἰς τοιαῦτα· τοῦ μὲν γὰρ χειμῶνός ἐστιν ἀλεεινά, τοῦ δὲ θέρους ψυχεινά. ἐπειδὰν δ᾽ ἀφίκηται ἐπὶ τὴν εὐνήν, ὑλακτεῖ· ὁ δ᾽ οὐκ ἀνίσταται ὡς τὰ πολλά.

(7) λαβόντα οὖν τὴν κύνα καὶ ταύτην μετὰ τῶν ἄλλων δῆσαι ἄπωθεν ἀπὸ τῆς εὐνῆς πολὺ καὶ εἰς τοὺς ὅρμους ἐμβαλέσθαι τὰς ἄρκυς, ἐπιβάλλοντα τοὺς βρόχους ἐπὶ ἀποσχαλιδώματα τῆς ὕλης δίκρα τῆς δὲ ἄρκυος αὐτῆς μακρὸν προήκοντα κόλπον ποιεῖν, ἀντηρίδας ἔνδοθεν ἑκατέρωθεν ὑφιστάντα κλῶνας, ὅπως ἂν εἰς τὸν κόλπον διὰ τῶν βρόχων αἱ αὐγαὶ τοῦ

die Saufedern müssen erstens Spitzen haben von 5 Handbreit in der Länge, gegen die Mitte der Röhre aber feste Zähne, die angeschmiedet sind, und Schäfte aus Hartriegel (Kornelkirschbaum) in der Dicke der Spieße. Die Fußfallen aber seien denen der Hirsche gleich. Ferner muss man Jagdgehilfen haben, denn das wilde Tier wird mit Mühe und von vielen gefangen.

Wie man nun jedes Einzelne von dem Angeführten bei der Jagd einsetzen muss, will ich lehren. (4) Zuerst also müssen sie (der Jäger und seine Gehilfen), wenn sie dahin gekommen sind, wo sie glauben, dass das Wild ist, dieses aufscheuchen (hoch machen), indem sie eine von den lakonischen Hündinnen loslassen (schnallen), die anderen aber angebunden lassen, und mit dieser (Spür-)Hündin umhergehen. (5) Wenn diese die Spur aufgenommen hat, müssen sie hintereinander der Spürhündin folgen, die dem ganzen Jagdgefolge als Anführerin dient. Auch die Jäger werden vieles finden, was (das Wildschwein) verrät: auf weichem Boden die Fährte, an dichtbewachsenen Orten Holzstücke, wo aber Bäume sind, Schläge der Zähne (Hauer). (6) Die Hündin wird beim Spüren meistens an einen dicht bewachsenen Ort kommen; das wilde Tier lagert sich nämlich meistens an solchen Plätzen, denn im Winter sind diese warm, im Sommer aber kühl. Wenn die Hündin zu dem Lager kommt, gibt sie Laut; das Tier aber erhebt sich meistens nicht.

(7) Man muss dann die Hündin nehmen und sie mit den anderen weit von dem Lager entfernt anbinden; dann muss man die Fallnetze auf die Wechsel stellen, indem man die Maschen auf gegabelte Stangen aus grünem Holz legt. Im Fallnetz selbst muss man einen sich weit erstreckenden Bausch machen, indem man als Stützen immer auf einer von beiden Seiten Zweige unterstellt, damit durch die Maschen die Strahlen des Lichts so viel wie möglich in diesen Bausch fallen und dem Tier, wenn es darauf zuläuft,

φέγγους ὡς μάλιστα ἐνέχωσιν, ἵνα προσθέοντι ὡς φανότατον ᾖ τὸ ἔσω· καὶ τὸν περίδρομον ἐξάπτειν ἀπὸ δένδρου ἰσχυροῦ, καὶ μὴ ἐκ ῥάχου· οὐκ ἰσχυραὶ γὰρ ἐν τοῖς ψιλοῖς αἱ ῥᾶχοι. ὑπὲρ δὲ ἑκάστην ἐμφράττειν τῇ ὕλῃ καὶ τὰ δύσορμα, ἵνα εἰς τὰς ἄρκυς ποιῆται τὸν δρόμον καὶ μὴ ἐξαλλάττῃ.

(8) ἐπειδὰν δ᾽ ἑστῶσιν, ἐλθόντας πρὸς τὰς κύνας λῦσαι ἁπάσας καὶ λαβόντας τὰ ἀκόντια καὶ τὰ προβόλια προιέναι. ἐγκελεύειν δὲ ταῖς κυσὶν ἕνα τὸν ἐμπειρότατον, τοὺς δ᾽ ἄλλους ἕπεσθαι κοσμίως ἀπολείποντας ἀπ᾽ ἀλλήλων πολύ, ὅπως ἂν ᾖ αὐτῷ ἱκανὴ διαδρομή· ἐὰν γὰρ ὑποχωρῶν ἐμπέσῃ εἰς πυκνούς, κίνδυνος πληγῆναι· ᾧ γὰρ ἂν προσπέσῃ, εἰς τοῦτον τὴν ὀργὴν κατέθετο. (9) ἐπειδὰν δ᾽ αἱ κύνες ἐγγὺς ὦσι τῆς εὐνῆς, ἐπεισίασι· θορυβούμενος δὲ ἐξαναστήσεται, καὶ ἥτις ἂν τῶν κυνῶν προσφέρηται αὐτῷ πρὸς τὸ πρόσωπον, ἀναρρίψει· θέων δ᾽ ἐμπεσεῖται· ἐὰν δὲ μή, μεταθεῖν ἀνάγκη. καὶ ἐὰν μὲν ᾖ τὸ χωρίον κατωφερὲς ἐν ᾧ ἂν ἔχῃ αὐτὸν ἡ ἄρκυς, ταχὺ ἐξαναστήσεται· ἐὰν δὲ ἄπεδον, εὐθὺς ἑστήξει περὶ αὑτὸν ἔχων. (10) ἐν τούτῳ δὲ τῷ καιρῷ αἱ μὲν κύνες προσκείσονται· αὐτοὺς δὲ χρὴ φυλαττομένους αὐτὸν ἀκοντίζειν, καὶ βάλλειν λίθοις, περιισταμένους ὄπισθεν καὶ πολὺ ἄπωθεν, ἕως ἂν κατατείνῃ προωθῶν αὑτὸν τῆς ἄρκυος τὸν περίδρομον. εἶτα ὅστις ἂν ᾖ τῶν παρόντων ἐμπειρότατος καὶ ἐγκρατέστατος προσελθόντα ἐκ τοῦ πρόσθεν τῷ προβολίῳ παίειν.

der innere Raum möglichst hell erscheint. Die umlaufende Leine muss man an einem starken Baum befestigen, nicht an schwachen Sträuchern, denn an kahlen Orten werden die schwachen Sträucher niedergedrückt. Neben jedem Netz muss man außerdem die Plätze, in die das Wildschwein nicht zu wechseln pflegt, mit Reisig verschließen, damit es seinen Lauf gegen die Fallnetze nimmt und nicht ausweicht.

(8) Wenn die Fallnetze stehen, müssen die Jäger zu den Hündinnen gehen, sie alle losbinden (schnallen), die Wurfspieße und Saufedern nehmen und vorwärts gehen. Hetzen darf aber die Hündinnen nur einer, der Erfahrenste, die anderen müssen ruhig folgen, wobei sie weit voneinander bleiben, damit für das Schwein ein ausreichender Raum zum Durchlaufen entsteht. Wenn es nämlich auf der Flucht auf dicht stehende Menschen stößt, besteht die Gefahr, verletzt zu werden, denn es pflegt, seine Wut an dem, auf den es gerade trifft, auszulassen. (9) Wenn nun aber die Hündinnen nahe bei dem Lager sind, gehen sie darauf zu. Aufgestöbert wird das Schwein sich erheben und die Hündin, die ihm von vorne nahekommt, in die Höhe werfen. Wenn es nun aber läuft, wird es (ins Fallnetz) geraten; wenn nicht, muss man ihm nachlaufen. Wenn der Ort, an dem es sich in dem Fallnetz gefangen hat, abschüssig ist, wird es sich schnell aufrichten; wenn er aber eben ist, wird es sogleich stehen bleiben und sich mit sich selbst beschäftigen (um freizukommen). (10) In diesem Augenblick werden die Hündinnen es anfallen. Die Jäger aber müssen vorsichtig mit Wurfspießen und Steinen werfen, wobei sie von hinten und weit entfernt herumstehen, bis sich vordrängend die umlaufende Leine des Fallnetzes anzieht. Dann muss derjenige, der unter den Anwesenden der erfahrenste und geschickteste ist, von vorne hinzugehen und es mit der Saufeder schlagen (abfangen).

(11) ἐὰν δὲ μὴ βούληται ἀκοντιζόμενος καὶ βαλλόμενος κατατεῖναι τὸν περίδρομον, ἀλλ' ἐπανιεὶς ἔχῃ προσιόντα περιδρομὴν ποιούμενος, ἀνάγκη, ὅταν οὕτως ἔχῃ, λαβόντα τὸ προβόλιον προσιέναι, ἔχεσθαι δ' αὐτοῦ τῇ μὲν χειρὶ τῇ ἀριστερᾷ πρόσθεν, τῇ δ' ἑτέρᾳ ὄπισθεν· κατορθοῖ γὰρ ἡ μὲν ἀριστερὰ αὐτό, ἡ δὲ δεξιὰ ἐπεμβάλλει· ἔμπροσθεν δὲ ὁ ποὺς ὁ μὲν ἀριστερὸς ἑπέσθω τῇ χειρὶ τῇ ὁμωνύμῳ, ὁ δὲ δεξιὸς τῇ ἑτέρᾳ. (12) προσιόντα δὲ προβάλλεσθαι τὸ προβόλιον, μὴ πολλῷ μείζω διαβάντα ἢ ἐν πάλῃ, ἐπιστρέφοντα τὰς πλευρὰς τὰς εὐωνύμους ἐπὶ τὴν χεῖρα τὴν εὐώνυμον, εἶτα εἰσβλέποντα εἰς τὸ ὄμμα τοῦ θηρίου ἐνθυμούμενον τὴν κίνησιν τὴν ἀπὸ τῆς κεφαλῆς τῆς ἐκείνου. προσφέρειν δὲ τὸ προβόλιον φυλαττόμενον μὴ ἐκκρούσῃ ἐκ τῶν χειρῶν τῇ κεφαλῇ ἐκνεύσας· τῇ γὰρ ῥύμῃ τῆς ἐκκρούσεως ἕπεται. (13) παθόντα δὲ τοῦτο πίπτειν δεῖ ἐπὶ στόμα καὶ ἔχεσθαι τῆς ὕλης κάτωθεν· τὸ γὰρ θηρίον ἐὰν μὲν οὕτως ἔχοντι προσπέσῃ, διὰ τὴν σιμότητα τῶν ὀδόντων τὸ σῶμα οὐ δύναται ὑπολαβεῖν· ἐὰν δὲ μετεώρῳ, ἀνάγκη πληγῆναι. πειρᾶται μὲν οὖν μετεωρίζειν· ἐὰν δὲ μὴ δύνηται, ἀμφιβὰς πατεῖ. (14) ἀπαλλαγὴ δὲ τούτων μία ἐστὶ μόνη, ὅταν ἐν τῇ ἀνάγκῃ ταύτῃ ἔχηται, προσελθόντα ἐγγὺς τῶν συγκυνηγετῶν ἕνα ἔχοντα προβόλιον ἐρεθίζειν ὡς ἀφήσοντα· ἀφιέναι δὲ οὐ χρή, μὴ τύχῃ τοῦ πεπτωκότος. (15) ὅταν δὲ ἴδῃ τοῦτο, καταλιπὼν ὃν ἂν ἔχῃ ὑφ' αὑτῷ ἐπὶ τὸν ἐρεθίζοντα ὑπ' ὀργῆς καὶ θυμοῦ ἐπιστρέψει. τὸν δὲ ταχὺ ἀναπηδᾶν, τὸ δὲ προβόλιον μεμνῆσθαι ἔχοντα ἀνίστασθαι· οὐ γὰρ καλὴ ἡ σωτηρία ἄλλως ἢ κρατήσαντι. (16) προσφέρειν δὲ πάλιν τὸν αὐτὸν τρόπον καὶ προτεῖναι ἐντὸς τῆς ὠμοπλάτης

(11) Wenn das Wildschwein aber, nachdem man mit Wurfspießen und Steinen nach ihm geworfen hat, die umlaufende Leine nicht anziehen will, sondern nachlässt und es auf den Hinzugehenden absieht, indem es herumläuft, ist es notwendig, wenn es so steht, die Saufeder zu nehmen und hinzugehen. Man halte die Saufeder mit der linken Hand vorne und mit der anderen hinten, denn die linke gibt ihm die Richtung, die rechte aber den Nachdruck. Voran folge der linke Fuß der linken Hand, der rechte aber der anderen. (12) Wenn man vorangeht, muss man die Saufeder vorhalten und nicht viel weiter als beim Ringkampf ausschreiten, wobei man die linke Seite gegen die linke Hand dreht, dabei dem Tier ins Auge sieht und die Bewegung beachtet, die von seinem Kopf ausgeht. Man muss aber die Saufeder vorsichtig näher bringen, damit das Wildschwein sie einem nicht, indem es mit dem Kopf ausbiegt, aus den Händen schlägt, denn es folgt der Heftigkeit des Schlages. (13) Wenn aber dem Jäger dies geschehen ist, muss er sich vornüber fallen lassen und sich unten am Baum festhalten, denn das Tier kann, wenn es ihn in dieser Stellung trifft, wegen der Krümmung der Zähne (Hauer) den Körper nicht von unten fassen; wenn es ihn aber aufrecht trifft, ist es unvermeidlich, dass er geschlagen wird. Es versucht also, ihn in die Höhe zu heben; wenn es das aber nicht kann, geht es um ihn herum und tritt ihn. (14) Nur ein einziges Rettungsmittel gibt es, wenn man in dieser Notlage ist, dass einer von den Jagdgenossen mit einer Saufeder in der Hand nahe hingeht und es reizt, als ob er sie werfen wolle; er darf sie aber nicht werfen, damit er nicht den Liegenden trifft. (15) Wenn das Wildschwein das sieht (eräugt), verlässt es denjenigen, den es unter sich hat, und wird sich voll Wut und Hitze gegen denjenigen wenden, der es reizt. Jener muss nun schnell aufspringen; man achte aber darauf, dass er mit der Saufeder in der Hand aufsteht, denn ehrenvoll ist die Rettung für ihn in keinem anderen Fall, außer er siegt. (16) Er muss es aber wieder auf dieselbe Weise nahebringen und innerhalb des Schulterblatts da-

ᾖ ἡ σφαγή, καὶ ἀντερείσαντα ἔχειν ἐρρωμένως· ὁ δ' ὑπὸ τοῦ μένους πρόσεισι, καὶ εἰ μὴ κωλύοιεν οἱ κνώδοντες τῆς λόγχης, ἀφίκοιτ' ἂν διὰ τῆς ῥάβδου προωθῶν αὑτὸν πρὸς τὸν τὸ προβόλιον ἔχοντα.

(17) οὕτω δὲ πολλὴ ἡ δύναμίς ἐστιν αὐτοῦ ὥστε καὶ ἃ οὐκ ἂν οἴοιτό τις πρόσεστιν αὐτῷ· τεθνεῶτος γὰρ εὐθὺς ἐάν τις ἐπὶ τὸν ὀδόντα ἐπιθῇ τρίχας, συντρέχουσιν· οὕτως εἰσὶ θερμοί· ζῶντι δὲ διάπυροι, ὅταν ἐρεθίζηται· οὐ γὰρ ἂν τῶν κυνῶν ἁμαρτάνων τῇ πληγῇ τοῦ σώματος ἄκρα τὰ τριχώματα περιεπίμπρη.

(18) ὁ μὲν οὖν ἄρρην τοσαῦτα καὶ ἔτι πλείω πράγματα παρασχὼν ἁλίσκεται. ἐὰν δὲ θήλεια ᾖ ἡ ἐμπεσοῦσα, ἐπιθέοντα παίειν φυλαττόμενον μὴ ὠσθεὶς πέσῃ· παθόντα δὲ τοῦτο πατεῖσθαι ἀνάγκη καὶ δάκνεσθαι. ἑκόντα οὖν οὐ χρὴ ὑποπίπτειν· ἐὰν δ' ἄκων ἔλθῃ εἰς τοῦτο, διαναστάσεις γίγνονται αἱ αὐταὶ ὥσπερ ὑπὸ τοῦ ἄρρενος· ἐξαναστάντα δὲ δεῖ παίειν τῷ προβολίῳ, ἕως ἂν ἀποκτείνῃ.

(19) ἁλίσκονται δὲ καὶ ὧδε. ἵστανται μὲν αὐτοῖς αἱ ἄρκυς ἐπὶ τὰς διαβάσεις τῶν ναπῶν εἰς τοὺς δρυμούς, τὰ ἄγκη, τὰ τραχέα, εἰσβολὰς δὲ εἰς τὰς ὀργάδας καὶ τὰ ἕλη καὶ τὰ ὕδατα. ὁ δὲ τεταγμένος ἔχων τὸ προβόλιον φυλάττει τὰς ἄρκυς. οἱ δὲ τὰς κύνας ἐπάγουσι τοὺς τόπους ζητοῦντες τοὺς καλλίστους· (20) ἐπειδὰν δὲ εὑρεθῇ, διώκεται. ἐὰν μὲν οὖν εἰς τὴν ἄρκυν

hin zielen, wo die Kehle ist, sich entgegen stemmen und sie kräftig halten. Vor Wut geht das Wildschwein vorwärts; wenn es dann nicht die Zähne an der Spitze aufhielten, würde es sich an dem Schaft vorschieben und zu dem gelangen, der die Saufeder hält.

(17) So groß aber ist seine Kraft, dass Dinge, die man nicht glauben sollte, bei ihm vorkommen. Wenn man nämlich, sobald es verendet ist, auf seinen Zahn Haare legt, ziehen sie sich zusammen: So heiß sind sie! Beim lebenden aber sind sie glühend, wenn es gereizt wird, denn sonst würde es den Hündinnen, wenn es mit dem Schlag den Körper verfehlt, nicht die Spitzen der Haare versengen.

(18) So viel und noch mehr Mühe verursacht das männliche Tier (Keiler) beim Fangen. Wenn aber das in das Netz Geratene ein weibliches Tier (Bache) ist, muss der Jäger hinzulaufen und es schlagen (abfangen), wobei er sich davor hütet, gestoßen zu werden und zu fallen; ist ihm aber dies geschehen, ist es unvermeidlich, dass er getreten und gebissen wird. Freiwillig darf er sich also nicht fallen lassen, wenn es aber wider seinen Willen dazu kommt, ist die Art des Aufstehens dieselbe wie bei dem männlichen Tier; wenn er dann aufgestanden ist, muss er es mit der Saufeder stechen, bis er es tötet.

(19) Gefangen werden Wildschweine aber auch auf folgende Art: Man stellt ihnen die Fallnetze bei den Wechseln durch die Schluchten in die Wälder, die Täler und rauen Gegenden auf und an Zugänge zu den (nahe an den Wäldern gelegenen) Wiesen und Sümpfen und Gewässern. Der damit Beauftragte bewacht mit der Saufeder in der Hand die Fallnetze, die anderen führen die Hündinnen herbei und suchen die besten Plätze auf. (20) Wenn das Wildschwein gefunden ist, wird es verfolgt. Sobald es nun in das Fallnetz geraten ist, muss der Netzwächter die Saufeder er-

ἐμπίπτῃ, τὸν ἀρκυωρὸν ἀναλαβόντα τὸ προβόλιον προσιέναι καὶ χρῆσθαι ὡς εἴρηκα· ἐὰν δὲ μὴ ἐμπέσῃ, μεταθεῖν. ἁλίσκεται δὲ καὶ ὅταν ᾖ πνίγη, διωκόμενος ὑπὸ τῶν κυνῶν· τὸ γὰρ θηρίον καίπερ ὑπερβάλλον δυνάμει ἀπαγορεύει ὑπέρασθμον γιγνόμενον.

(21) ἀποθνῄσκουσι δὲ κύνες πολλαὶ ἐν τῇ τοιαύτῃ θήρᾳ καὶ αὐτοὶ οἱ κυνηγέται κινδυνεύουσιν, ὅταν γε ἐν ταῖς μεταδρομαῖς ἀπειρηκότι ἀναγκάζωνται προσιέναι ἔχοντες τὰ προβόλια ἢ ἐν ὕδατι ὄντι ἢ ἐφεστῶτι πρὸς ἀποκρήμνῳ ἢ ἐκ δασέος μὴ θέλοντι ἐξιέναι· οὐ γὰρ κωλύει αὐτὸν οὔτε ἄρκυς οὔτε ἄλλο οὐδὲν φέρεσθαι ὁμόσε τῷ πλησιάζοντι· ὅμως μέντοι προσιτέον, ὅταν ἔχῃ οὕτως, καὶ ἐπιδεικτέον τὴν εὐψυχίαν, δι' ἣν εἵλοντο ἐκπονεῖν τὴν ἐπιθυμίαν ταύτην. (22) χρηστέον δὲ τῷ προβολίῳ καὶ ταῖς προβολαῖς τοῦ σώματος ὡς εἴρηται· εἰ γάρ τι καὶ πάσχοι, οὐκ ἂν διά γε τὸ μὴ ὀρθῶς ποιεῖν πάσχοι.

ἵστανται δὲ αἱ ποδοστράβαι αὐτοῖς ὥσπερ ταῖς ἐλάφοις ἐν τοῖς αὐτοῖς τόποις, καὶ ἐπισκέψεις αἱ αὐταὶ καὶ μεταδρομαὶ καὶ αἱ πρόσοδοι καὶ αἱ χρεῖαι τοῦ προβολίου.

(23) τὰ δὲ νεογενῆ αὐτῶν ὅταν ἁλίσκηται, χαλεπῶς τοῦτο πάσχει· οὔτε γὰρ μονοῦται, ἕως ἂν μικρὰ ᾖ, ὅταν τε αἱ κύνες εὕρωσιν ἢ προΐδῃ τι, ταχὺ εἰς τὴν ὕλην ἀφανίζεται, ἕπονταί τε ἐπὶ πολὺ ἄμφω ὧν ἂν ὦσι, χαλεποὶ ὄντες τότε καὶ μᾶλλον μαχόμενοι ὑπὲρ ἐκείνων ἢ ὑπὲρ αὐτῶν.

greifen, hinzugehen und sie einsetzen, wie ich gesagt habe; wenn das Wildschwein aber nicht hineingerät, ihm nachlaufen. Es wird auch gefangen, wenn große Hitze ist, indem es von den Hündinnen verfolgt wird, denn auch wenn das Wildschwein an Kraft den Hündinnen überlegen ist, ermattet es, weil es stark keuchen muss.

(21) Es sterben aber viele Hündinnen bei einer solchen Jagd und die Jäger selbst sind in Gefahr. Wenn sie aber bei dem Verfolgen genötigt sind, dem ermatteten Wildschwein die Saufeder anzusetzen, da es entweder in einem Gewässer ist oder sich an einem abschüssigen Ort auf die Seite begeben hat oder aus einem dicht bewachsenen Ort nicht herausgehen will – weder ein Fallnetz noch sonst etwas hält es nämlich davon ab, auf den sich Nähernden loszustürzen –, müssen sie dennoch hinzugehen, wenn es so steht, und den Mut beweisen, infolgedessen sie sich entschlossen, ihre Lust an dieser Beschäftigung mit Anstrengungen zu büßen. (22) Dabei muss der Jäger aber die Saufeder und das Vorlegen des Körpers einsetzen, wie schon gesagt ist (s. o. 10,11–12), denn wenn ihm auch etwas zustoßen sollte, wird es ihm wenigstens nicht deswegen zustoßen, weil er es nicht richtig gemacht hat.

Die Fußfallen aber werden den Wildschweinen wie den Hirschkühen gelegt, an denselben Orten, auch das Nachsehen und Verfolgen ist dasselbe, ebenso das Hinzugehen und der Gebrauch der Saufeder.

(23) Wenn ihre neugeborenen Jungen (Frischlinge) gefangen werden, geschieht dies nur mit Mühe, denn sie bleiben nicht allein, solange sie klein sind, und wenn die Hündinnen sie finden, oder sie eine Gefahr vorhersehen, verschwinden sie schnell in den Wald. Meistens folgen ihnen beide Tiere, von denen sie abstammen, die dann gefährlich sind und mehr für jene als für sich kämpfen.

11 (1) λέοντες δὲ καὶ παρδάλεις, λύγκες, πάνθηρες, ἄρκτοι καὶ τἆλλα ὅσα ἐστὶ τοιαῦτα θηρία ἁλίσκεται ἐν ξέναις χώραις περὶ τὸ Πάγγαιον ὄρος καὶ τὸν Κίττον τὸν ὑπὲρ τῆς Μακεδονίας, τὰ δ' ἐν τῷ Ὀλύμπῳ τῷ Μυσίῳ καὶ ἐν Πίνδῳ, τὰ δ' ἐν τῇ Νύσῃ τῇ ὑπὲρ τῆς Συρίας, καὶ πρὸς τοῖς ἄλλοις ὄρεσιν ὅσα οἷά τ' ἐστὶ τρέφειν τοιαῦτα. (2) ἁλίσκεται δὲ τὰ μὲν ἐν τοῖς ὄρεσι φαρμάκῳ διὰ δυσχωρίαν ἀκονιτικῷ· παραβάλλουσι δὲ τοῦτο οἱ θηρώμενοι, συμμιγνύντες εἰς τὸ αὐτὸ ὅτῳ ἂν ἕκαστον χαίρῃ περὶ τὰ ὕδατα καὶ πρὸς ὅ τι ἂν ἄλλο προσίῃ. (3) τὰ δὲ αὐτῶν καταβαίνοντα εἰς τὸ πεδίον τῆς νυκτὸς ἀποκλεισθέντα μετὰ ἵππων καὶ ὅπλων ἁλίσκεται, εἰς κίνδυνον καθιστάντα τοὺς αἱροῦντας. (4) ἔστι δὲ οἷς αὐτῶν καὶ ὀρύγματα ποιοῦσι περιφερῆ μεγάλα βαθέα, ἐν μέσῳ λείποντες κίονα τῆς γῆς. ἐπὶ δὲ τοῦτον εἰς νύκτα ἐπέθεσαν δήσαντες αἶγα, καὶ ἔφραξαν κύκλῳ τὸ ὄρυγμα ὕλῃ ὥστε μὴ προορᾶν, εἴσοδον οὐ λείποντες. τὰ δὲ ἀκούοντα τῆς φωνῆς ἐν τῇ νυκτὶ κύκλῳ τὸν φραγμὸν περιθέουσι, καὶ ἐπειδὰν μὴ εὑρίσκῃ δίοδον, ὑπερπηδᾷ καὶ ἁλίσκεται.

12 (1) περὶ μὲν αὐτῶν τῶν πράξεων τῶν ἐν τοῖς κυνηγεσίοις εἴρηται. ὠφελήσονται δ' οἱ ἐπιθυμήσαντες τούτου τοῦ ἔργου πολλά· ὑγίειάν τε γὰρ τοῖς σώμασι παρασκευάζει καὶ ὁρᾶν καὶ

Großwildjagd

11 (1) Löwen, Leoparden, Luchse, Panther, Bären und die anderen derartigen Tiere werden in fremden Ländern gefangen, um das Pangaion-Gebirge und den über Makedonien liegenden Kittos, auch auf dem Mysischen Olympos und auf dem Pindos oder dem über Syrien liegenden Nysa und bei den anderen Gebirgen, die solche Tiere zu ernähren vermögen. (2) Einige werden in den Gebirgen wegen der Unwegsamkeit (nicht gejagt, sondern) mit Akoniton-Gift gefangen. Dieses legen die Jäger, indem sie es mit dem (Nahrungsmittel) vermischen, das jedes liebt, an die Gewässer und wohin das Tier sonst kommt. (3) Anderen von ihnen wird, wenn sie nachts in die Ebene herunterkommen, der Weg abgeschnitten und sie werden mit Pferden und Waffen gefangen, wobei sie aber diejenigen, die sie fangen, in Gefahr bringen. (4) Einigen von ihnen macht man runde, große, tiefe Gruben und lässt in der Mitte eine Erdsäule. Auf diese stellt man nachts eine Ziege, bindet sie an und umzäunt die Grube im Kreis mit Holz, so dass man sie nicht sieht, wobei man keinen Eingang lässt. Hören die Tiere nun in der Nacht die Stimme (der Ziege), laufen sie im Kreis um die Verzäunung herum; wenn sie dann keinen Zugang finden, springen sie darüber und werden so gefangen.

Nutzen der Jagd

12 (1) Von den bei der Jagd vorkommenden Handlungen (*praxeis*) selbst ist nun genug gesprochen, der Nutzen aber, den diejenigen, die zu dieser Beschäftigung Lust haben, dabei finden werden, ist vielfältig. Sie werden nämlich ihren Körpern Gesundheit verschaffen, auch mehr Schärfe im Sehen und Hören, und werden

ἀκούειν μᾶλλον, γηράσκειν δὲ ἧττον, τὰ δὲ πρὸς τὸν πόλεμον μάλιστα παιδεύει. (2) πρῶτον μὲν γὰρ τὰ ὅπλα ὅταν ἔχοντες πορεύωνται ὁδοὺς χαλεπάς, οὐκ ἀπεροῦσιν· ἀνέξονται γὰρ τοὺς πόνους διὰ τὸ εἰθίσθαι μετὰ τούτων αἱρεῖν τὰ θηρία. ἔπειτα εὐνάζεσθαί τε σκληρῶς δυνατοὶ ἔσονται καὶ φύλακες εἶναι ἀγαθοὶ τοῦ ἐπιταττομένου. (3) ἐν δὲ ταῖς προσόδοις ταῖς πρὸς τοὺς πολεμίους ἅμα οἷοί τε ἔσονται ἐπιέναι καὶ τὰ παραγγελλόμενα ποιεῖν διὰ τὸ οὕτω καὶ αὐτοὶ αἱρεῖν τὰς ἄγρας. τεταγμένοι δὲ ἐν τῷ πρόσθεν οὐ λείψουσι τὰς τάξεις διὰ τὸ καρτερεῖν δύνασθαι. (4) ἐν φυγῇ δὲ τῶν πολεμίων ὀρθῶς καὶ ἀσφαλῶς διώξονται τοὺς ἐναντίους ἐν παντὶ χωρίῳ διὰ συνήθειαν. δυστυχήσαντος δὲ οἰκείου στρατοπέδου ἐν χωρίοις ὑλώδεσι καὶ ἀποκρήμνοις ἢ ἄλλως χαλεποῖς οἷοί τ᾽ ἔσονται καὶ αὐτοὶ σῴζεσθαι μὴ αἰσχρῶς καὶ ἑτέρους σῴζειν· ἡ γὰρ συνήθεια τοῦ ἔργου παρέξει αὐτοῖς πλέον τι εἰδέναι. (5) καὶ ἤδη τινὲς τῶν τοιούτων πολλοῦ ὄχλου συμμάχων τρεφθέντος τῇ αὑτῶν εὐταξίᾳ καὶ θράσει διὰ δυσχωρίαν ἁμαρτόντας τοὺς πολεμίους νενικηκότας ἀναμαχόμενοι ἐτρέψαντο· ἀεὶ γὰρ ἔστι τοῖς τὰ σώματα καὶ τὰς ψυχὰς εὖ ἔχουσιν ἐγγὺς εἶναι τοῦ εὐτυχῆσαι.

(6) εἰδότες δὲ καὶ οἱ πρόγονοι ἡμῶν ὅτι ἐντεῦθεν ηὐτύχουν πρὸς τοὺς πολεμίους, ἐπιμέλειαν τῶν νέων ἐποιήσαντο· σπανίζοντες γὰρ καρπῶν τὸ ἐξ ἀρχῆς ἐνόμισαν ὅμως τοὺς κυνηγέτας μὴ κωλύειν διὰ μηδενὸς τῶν ἐπὶ τῇ γῇ φυομένων ἀγρεύειν· (7) πρὸς δὲ τούτῳ μὴ νυκτερεύειν ἐντὸς πολλῶν σταδίων, ἵνα μὴ ἀφαιροῖντο τὰς θήρας αὐτῶν οἱ ἔχοντες ταύτην τὴν τέχνην.

weniger altern; insbesondere aber bildet sie die Jagd in allem, was zum Krieg gehört. (2) Erstens werden sie, wenn sie in den Waffen auf beschwerlichen Wegen einherziehen, nicht ermatten, denn sie werden den Anstrengungen gewachsen sein, weil sie gewöhnt sind, unter diesen Tiere zu fangen. Dann werden sie auf hartem Lager zu liegen imstande sein und gute Wächter dessen sein, was ihnen anbefohlen ist. (3) Beim Anrücken gegen die Feinde werden sie fähig sein, zugleich vorzurücken und das Befohlene auszuführen, weil sie auf diese Weise auch das Wild fangen. Wenn sie im ersten Glied aufgestellt sind, werden sie ihre Position nicht verlassen, weil sie mit Mut ausdauern können. (4) Bei der Flucht der Feinde werden sie dank ihrer früheren Gewöhnung richtig und sicher die Gegner auf jedem Boden verfolgen; erleidet aber ihr eigenes Heer Unglück, werden sie in waldigen und abschüssigen oder anderen schwierigen Gegenden nicht nur sich selbst auf eine unschimpfliche Weise zu retten, sondern auch andere zu erhalten imstande sein, denn die Gewohnheit der Jagd wird ihnen mehr Erfahrung verschaffen. (5) Auch haben schon manche solche Männer, wenn eine große Schar Mitstreiter in die Flucht geschlagen war, durch ihr kräftiges und mutiges Wesen die Feinde geschlagen, indem sie den Kampf erneuerten, wenn die (Feinde) sich wegen ungünstigen Geländes eine Blöße gaben, obwohl sie schon gesiegt hatten. Immer ist ja denjenigen, die an Leib und Seele kräftig sind, das Glück nahe.

(6) Auch unsere Vorfahren wussten, dass sie dadurch gegen die Feinde Erfolg hatten, und trugen daher für die jungen Männer Sorge, denn auch wenn sie anfangs Mangel an Feldfrüchten hatten, verordneten sie doch durch ein Gesetz, die Jäger nicht daran zu hindern, in allem zu jagen, was auf der Erde wächst (auch wenn sie dabei Feldfrüchte zerstören), (7) außerdem nicht (als Wilderer) nachts innerhalb vieler Stadien (s. o. S. 19), damit sie denjenigen, die diese Kunst beherrschen, die Jagden nicht wegnehmen.

ἑώρων γὰρ ὅτι τῶν νεωτέρων ἡ ἡδονὴ μόνη αὕτη πλεῖστα ἀγαθὰ παρασκευάζει. σώφρονάς τε γὰρ ποιεῖ καὶ δικαίους διὰ τὸ ἐν τῇ ἀληθείᾳ παιδεύεσθαι. (8) τά τε ἄλλα γὰρ καὶ τὰ τοῦ πολέμου διὰ τούτων εὐτυχοῦντες ᾐσθάνοντο· καὶ τῶν ἄλλων εἴ τι βούλονται ἐπιτηδεύειν καλῶν οὐδενὸς ἀποστερεῖ ὥσπερ ἕτεραι κακαὶ ἡδοναί, ἃς οὐ χρὴ μανθάνειν. ἐκ τῶν τοιούτων οὖν στρατιῶταί τε ἀγαθοὶ καὶ στρατηγοὶ γίγνονται.

(9) ὧν γὰρ οἱ πόνοι τὰ μὲν αἰσχρὰ καὶ ὑβριστικὰ ἐκ τῆς ψυχῆς καὶ τοῦ σώματος ἀφαιροῦνται, ἐπιθυμίαν δ' ἀρετῆς ἐνηύξησαν, οὗτοι ἄριστοι· οὐ γὰρ ἂν περιίδοιεν οὔτε τὴν πόλιν τὴν ἑαυτῶν ἀδικουμένην οὔτε τὴν χώραν πάσχουσαν κακῶς.

(10) λέγουσι δέ τινες ὡς οὐ χρὴ ἐρᾶν κυνηγεσίων, ἵνα μὴ τῶν οἰκείων ἀμελῶσιν, οὐκ εἰδότες ὅτι οἱ τὰς πόλεις καὶ τοὺς φίλους εὖ ποιοῦντες πάντες τῶν οἰκείων ἐπιμελέστεροί εἰσιν. (11) εἰ οὖν οἱ φιλοκυνηγέται παρασκευάζουσιν αὑτοὺς τῇ πατρίδι χρησίμους εἶναι εἰς τὰ μέγιστα, οὐδ' ἂν τὰ ἴδια ἀργοῖτο· σὺν γὰρ τῇ πόλει καὶ σῴζεται καὶ ἀπόλλυται τὰ οἰκεῖα ἑκάστου. ὥστε πρὸς τοῖς αὑτῶν καὶ τὰ τῶν ἄλλων ἰδιωτῶν οἱ τοιοῦτοι σῴζουσι. (12) πολλοὶ δὲ ὑπὸ φθόνου ἀλόγιστοι τῶν ταῦτα λεγόντων αἱροῦνται διὰ τὴν αὑτῶν κακίαν ἀπολέσθαι μᾶλλον ἢ ἑτέρων ἀρετῇ σῴζεσθαι· αἱ γὰρ ἡδοναὶ αἱ πολλαὶ καὶ κακαί· ὧν ἡττώμενοι ἢ λέγειν ἢ πράττειν ἐπαίρονται τὰ χείρω. (13) εἶτα ἐκ μὲν τῶν ματαίων λόγων ἔχθρας ἀναιροῦνται, ἐκ δὲ τῶν κακῶν ἔργων νόσους καὶ ζημίας καὶ θανάτους καὶ αὑτῶν καὶ παίδων καὶ φίλων, ἀναισθήτως μὲν τῶν κακῶν ἔχοντες, τῶν

Sie sahen nämlich, dass dieses Vergnügen der jungen Leute allein sehr viel Gutes schafft. Es macht sie nämlich besonnen und gerecht, weil sie durch die Wahrheit gebildet werden. (8) Dass sie durch solche Männer im Krieg Erfolg hatten, nahmen sie wahr. Man entzieht sie ja keiner anderen edlen Beschäftigung, wenn sie eine treiben wollen, wie andere schlechte Vergnügungen, die man nicht lernen muss. Aus solchen Männern also werden gute Soldaten und Feldherren!

(9) Diejenigen nämlich, aus deren Geist und Körper die Anstrengungen alles Schimpfliche und Entehrende entfernen und bei denen sie die Liebe zur Tugend erhöhen, sind die Besten, denn sie werden es nicht geschehen lassen, dass man ihrer *Polis* Unrecht tut oder ihr Land verheert.

(10) Einige aber sagen, man dürfe die Jagd nicht leidenschaftlich lieben, damit man nicht die häuslichen Angelegenheiten vernachlässige. Sie wissen nicht, dass diejenigen, die den *Poleis* und den Freunden Gutes tun, alle auch für ihre häuslichen Angelegenheiten besser sorgen. (11) Wenn also die Jagdliebhaber sich vorbereiten, dem Vaterland in den wichtigsten Fällen nützlich zu sein, werden sie auch nicht ihre eigenen Angelegenheiten versäumen, denn mit der *Polis* steht und fällt das Hauswesen eines jeden, so dass solche Männer neben ihrem Eigentum auch das anderer erhalten. (12) Viele aber von denen, die so sprechen, wollen blind vor Neid lieber durch ihre Schlechtigkeit zugrunde gehen als durch die Tugend anderer gerettet werden. Die meisten Vergnügungen sind ja zugleich schlecht; von diesen beherrscht werden sie getrieben, das Schlechtere zu reden und zu tun. (13) So ziehen sie sich durch unnütze Reden Feindschaften und durch schlechte Handlungen Krankheiten, Strafen und Tod zu, sowohl sich als auch ihren Kindern und Freunden, indem sie kein Gefühl für das (daraus entstehende) Übel haben, die Vergnügungen aber

δὲ ἡδονῶν πλέον τῶν ἄλλων αἰσθανόμενοι, οἷς τίς ἂν χρήσαιτο εἰς πόλεως σωτηρίαν; (14) τούτων μέντοι τῶν κακῶν οὐδεὶς ὅστις οὐκ ἀφέξεται ἐρασθεὶς ὧν ἐγὼ παραινῶ· παίδευσις γὰρ καλὴ διδάσκει χρῆσθαι νόμοις καὶ λέγειν περὶ τῶν δικαίων καὶ ἀκούειν.

(15) οἱ μὲν οὖν παρασχόντες αὑτοὺς ἐπὶ τὸ ἀεί τι μοχθεῖν τε καὶ διδάσκεσθαι ἑαυτοῖς μὲν μαθήσεις καὶ μελέτας ἐπιπόνους ἔχουσι, σωτηρίαν δὲ ταῖς ἑαυτῶν πόλεσιν· οἱ δὲ μὴ θέλοντες διὰ τὸ ἐπίπονον διδάσκεσθαι, ἀλλὰ ἐν ἡδοναῖς ἀκαίροις διάγειν, φύσει οὗτοι κάκιστοι. (16) οὔτε γὰρ νόμοις οὔτε λόγοις ἀγαθοῖς πείθονται· οὐ γὰρ εὑρίσκουσι διὰ τὸ μὴ πονεῖν οἷον χρὴ τὸν ἀγαθὸν εἶναι· ὥστε οὔτε θεοσεβεῖς δύνανται εἶναι οὔτε σοφοί· τῷ δὲ ἀπαιδεύτῳ χρώμενοι πολλὰ ἐπιτιμῶσι τοῖς πεπαιδευμένοις. (17) διὰ μὲν οὖν τούτων οὐδὲν ἂν καλῶς ἔχοι· διὰ δὲ τῶν πονούντων ἅπασαι αἱ ὠφέλειαι τοῖς ἀνθρώποις ηὕρηνται· ἀμείνους οὖν οἱ θέλοντες πονεῖν.

(18) καὶ τοῦτο ἐπιδέδεικται μεγάλῳ παραδείγματι· τῶν γὰρ παλαιοτέρων οἱ παρὰ Χείρωνι ὧν ἐπεμνήσθην νέοι ὄντες ἀρξάμενοι ἀπὸ τῶν κυνηγεσίων πολλὰ καὶ καλὰ ἔμαθον· ἐξ ὧν ἐγένετο αὐτοῖς μεγάλη ἀρετή, δι' ἣν καὶ νῦν θαυμάζονται· ἧς ὅτι μὲν ἐρῶσιν ἅπαντες εὔδηλον, ὅτι δὲ διὰ πόνων ἔστι τυχεῖν αὐτῆς, οἱ πολλοὶ ἀφίστανται. (19) τὸ μὲν γὰρ κατεργάσασθαι αὐτὴν ἄδηλον, οἱ δὲ πόνοι οἱ ἐν αὐτῇ ἐνόντες φανεροί. ἴσως μὲν οὖν, εἰ ἦν τὸ σῶμα αὐτῆς δῆλον, ἧττον ἂν ἠμέλουν οἱ ἄνθρωποι ἀρετῆς, εἰδότες ὅτι ὥσπερ αὐτοῖς ἐκείνη ἐμφανής ἐστιν, οὕτω καὶ αὐτοὶ ὑπ' ἐκείνης ὁρῶνται. (20) ὅταν μὲν γάρ τις ὁρᾶται

mehr als andere empfinden. Wie könnte man sie zur Rettung der *Polis* einsetzen? (14) Doch von diesen Übeln wird jeder frei sein, wenn er mit Liebe erfasst, was ich empfehle. Eine gute Erziehung lehrt ja, sich an die Gesetze zu halten und über das, was recht ist, zu sprechen und zu hören.

(15) Diejenigen also, die sich dazu hergeben, immer etwas mit Anstrengung auszuführen, und die sich belehren lassen, erhalten für sich Kenntnisse und Übungen, die mit Mühe verbunden sind, für ihre *Poleis* aber Mittel zur Rettung. Diejenigen aber, die wegen der damit verbundenen Mühe sich nicht belehren lassen, sondern in unangemessenen Vergnügungen dahinleben wollen, sind von Natur die Schlimmsten. (16) Sie folgen nämlich weder Gesetzen noch guten Gründen; sie finden gar nichts, weil sie es sich keine Mühe kosten lassen, wie der gute Mann sein muss, so dass sie weder gottesfürchtig noch weise sein können; in ihrer Unbildung tadeln sie die Gebildeten hart. (17) Durch diese also würde nichts gut gehen, sondern durch die Besseren sind alle nützlichen Erfindungen den Menschen zuteil geworden; die Besseren sind eben diejenigen, die sich anstrengen wollen.

(18) Und dies ist durch ein großes Beispiel bewiesen: Von den Älteren nämlich lernten die bei Cheiron, derer ich gedachte, als sie jung waren, mit der Jagd beginnend viele edle Kenntnisse, woraus ihnen große Tugend erwuchs, wegen der sie noch jetzt bewundert werden (s. o. 1,1–17). Dass diese Tugend alle lieben und wünschen, ist einleuchtend, weil sie aber durch Anstrengungen zu erlangen ist, treten die meisten zurück. (19) Dass man sie nämlich erworben hat, fällt nicht auf, die damit verbundenen Anstrengungen aber sind offenbar. Vielleicht würden also die Menschen, wenn der Körper der Tugend sichtbar wäre, sie weniger hintansetzen, wenn sie wüssten, dass, wie diese ihnen sichtbar ist, auch sie von ihr gesehen werden. (20) Wenn nämlich jemand von dem

ὑπὸ τοῦ ἐρωμένου, ἅπας ἑαυτοῦ ἐστι βελτίων καὶ οὔτε λέγει οὔτε ποιεῖ αἰσχρὰ οὐδὲ κακά, ἵνα μὴ ὀφθῇ ὑπ' ἐκείνου. (21) ὑπὸ δὲ τῆς ἀρετῆς οὐκ οἰόμενοι ἐπισκοπεῖσθαι πολλὰ κακὰ καὶ αἰσχρὰ ἐναντίον ποιοῦσιν, ὅτι αὐτοὶ ἐκείνην οὐχ ὁρῶσιν· ἡ δὲ πανταχοῦ πάρεστι διὰ τὸ εἶναι ἀθάνατος καὶ τιμᾷ τοὺς περὶ αὐτὴν ἀγαθούς, τοὺς δὲ κακοὺς ἀτιμάζει. εἰ οὖν εἰδεῖεν τοῦτο, ὅτι θεᾶται αὐτούς, ἵεντο ἂν ἐπὶ τοὺς πόνους καὶ τὰς παιδεύσεις αἷς ἁλίσκεται μόλις, καὶ κατεργάζοιντο ἂν αὐτήν.

13 (1) θαυμάζω δὲ τῶν σοφιστῶν καλουμένων ὅτι φασὶ μὲν ἐπ' ἀρετὴν ἄγειν οἱ πολλοὶ τοὺς νέους, ἄγουσι δ' ἐπὶ τοὐναντίον· οὔτε γὰρ ἂν ἄνδρα που ἑωράκαμεν ὅντιν' οἱ νῦν σοφισταὶ ἀγαθὸν ἐποίησαν, οὔτε γράμματα παρέχονται ἐξ ὧν χρὴ ἀγαθοὺς γίγνεσθαι, (2) ἀλλὰ περὶ μὲν τῶν ματαίων πολλὰ αὐτοῖς γέγραπται, ἀφ' ὧν τοῖς νέοις αἱ μὲν ἡδοναὶ κεναί, ἀρετὴ δ' οὐκ ἔνι· διατρίβειν δ' ἄλλως παρέχει τοῖς ἐλπίσασί τι ἐξ αὐτῶν μαθήσεσθαι μάτην καὶ ἑτέρων κωλύει χρησίμων καὶ διδάσκει κακά.

(3) μέμφομαι οὖν αὐτοῖς τὰ μὲν μεγάλα μειζόνως· περὶ δὲ ὧν γράφουσιν, ὅτι τὰ μὲν ῥήματα αὐτοῖς ἐζήτηται, γνῶμαι δὲ ὀρθῶς ἔχουσαι, αἷς ἂν παιδεύοιντο οἱ νεώτεροι ἐπ' ἀρετήν, οὐδαμοῦ. (4) ἐγὼ δὲ ἰδιώτης μέν εἰμι, οἶδα δὲ ὅτι κράτιστον μέν ἐστι παρὰ τῆς αὐτοῦ φύσεως τὸ ἀγαθὸν διδάσκεσθαι, δεύτερον δὲ παρὰ τῶν ἀληθῶς ἀγαθόν τι ἐπισταμένων μᾶλλον ἢ ὑπὸ τῶν ἐξαπατᾶν τέχνην ἐχόντων. (5) ἴσως οὖν τοῖς μὲν ὀνόμασιν οὐ σεσοφισμένως λέγω· οὐδὲ γὰρ ζητῶ τοῦτο· ὧν δὲ

Geliebten gesehen wird, übertrifft jeder sich selbst und spricht und tut nichts Schändliches oder Schlechtes, damit es nicht von jenem gesehen werde. (21) Weil sie aber nicht glauben, dass sie von der Tugend beobachtet werden, tun sie unter ihren Augen viel Schlechtes und Schändliches, weil sie jene nicht sehen. Sie aber ist überall gegenwärtig, weil sie unsterblich ist, und ehrt die in dieser Hinsicht Guten, die Schlechten aber entehrt sie. Wenn sie also dies wüssten, dass die Tugend auf sie blickt, würden sie zu den Anstrengungen und Bildungsmitteln eilen, wodurch sie mit Mühe errungen wird, und würden sie sich erwerben.

13 (1) Ich wundere mich aber über die sogenannten Sophisten, weil die meisten behaupten, sie führten die jungen Männer zur Tugend; doch führen sie jene zum Gegenteil, denn weder haben wir irgendwo einen Mann gesehen, den die jetzigen Sophisten gut gemacht haben, noch liefern sie Schriften, durch die man gut werden muss; (2) vielmehr ist viel über unnütze Dinge von ihnen geschrieben worden, wodurch den jungen Männern die nichtigen Lüste beigebracht werden, aber keine Tugend. Unterhaltung aber verschaffen sie (die Schriften der Sophisten) auf eine andere (nicht belehrende) Art denjenigen, die vergeblich hofften, sie könnten etwas daraus lernen; sie halten von anderem Nützlichem ab und lehren Schlechtes.

(3) Ich kritisiere sie also wegen des Großen sehr, wegen dessen aber, was sie schreiben, dafür, dass von ihnen zwar die Ausdrücke gesucht werden, nirgends aber richtige und gute Gedanken, mit denen die jungen Männer zur Tugend erzogen werden könnten. (4) Ich bin zwar ein Laie, weiß aber, dass es das Erste ist, sich das Gute von der Natur selbst lehren zu lassen, das Zweite aber, eher von denen (zu lernen), die wirklich etwas Gutes wissen, als von denen, die sich in der Kunst zu täuschen auskennen. (5) Vielleicht nun spreche ich den Worten nach nicht sophistisch – das

δέονται εἰς ἀρετὴν οἱ καλῶς πεπαιδευμένοι ὀρθῶς ἐγνωσμένα ζητῶ λέγειν· ὀνόματα μὲν γὰρ οὐκ ἂν παιδεύσειε, γνῶμαι δέ, εἰ καλῶς ἔχοιεν.

(6) ψέγουσι δὲ καὶ ἄλλοι πολλοὶ τοὺς νῦν σοφιστὰς καὶ οὐ τοὺς φιλοσόφους, ὅτι ἐν τοῖς ὀνόμασι σοφίζονται, οὐκ ἐν τοῖς νοήμασιν.

οὐ λανθάνει δέ με ὅτι τὰ μὴ καλῶς καὶ ἑξῆς γεγραμμένα φήσει τις ἴσως τῶν τοιούτων οὐ καλῶς οὐδ᾽ ἑξῆς γεγράφθαι· ῥᾴδιον γὰρ ἔσται αὐτοῖς τὸ ταχὺ μὴ ὀρθῶς μέμψασθαι· (7) καίτοι γέγραπταί γε οὕτως, ἵνα ὀρθῶς ἔχῃ, καὶ μὴ σοφιστικοὺς ποιῇ ἀλλὰ σοφοὺς καὶ ἀγαθούς· οὐ γὰρ δοκεῖν αὐτὰ βούλομαι μᾶλλον ἢ εἶναι χρήσιμα, ἵνα ἀνεξέλεγκτα ᾖ εἰς ἀεί. (8) οἱ σοφισταὶ δ᾽ ἐπὶ τῷ ἐξαπατᾶν λέγουσι καὶ γράφουσιν ἐπὶ τῷ ἑαυτῶν κέρδει, καὶ οὐδένα οὐδὲν ὠφελοῦσιν· οὐδὲ γὰρ σοφὸς αὐτῶν ἐγένετο οὐδεὶς οὐδ᾽ ἔστιν, ἀλλὰ καὶ ἀρκεῖ ἑκάστῳ σοφιστὴν κληθῆναι, ὅ ἐστιν ὄνειδος παρά γε εὖ φρονοῦσι. (9) τὰ μὲν οὖν τῶν σοφιστῶν παραγγέλματα παραινῶ φυλάττεσθαι, τὰ δὲ τῶν φιλοσόφων ἐνθυμήματα μὴ ἀτιμάζειν· οἱ μὲν γὰρ σοφισταὶ πλουσίους καὶ νέους θηρῶνται, οἱ δὲ φιλόσοφοι πᾶσι κοινοὶ καὶ φίλοι· τύχας δὲ ἀνδρῶν οὔτε τιμῶσιν οὔτε ἀτιμάζουσι.

(10) μὴ ζηλοῦν δὲ μηδὲ τοὺς ἐπὶ τὰς πλεονεξίας εἰκῇ ἰόντας, μήτ᾽ ἐπὶ τὰς ἰδίας μήτ᾽ ἐπὶ τὰς δημοσίας, ἐνθυμηθέντα ὅτι οἱ μὲν ἄριστοι αὐτῶν γιγνώσκονται μὲν ἐπὶ τὰ βελτίω ἐπίπονοι δέ εἰσιν, οἱ δὲ κακοὶ πάσχουσί τε κακῶς καὶ γιγνώσκονται ἐπὶ τὰ

strebe ich auch gar nicht an –, was aber die zur Tugend bedürfen, die gut erzogen wurden, suche ich als richtig erkannt anzugeben, denn Worte werden kaum bildend wirken, wohl aber Gedanken, wenn sie richtig und gut sind.

(6) Es tadeln aber auch viele andere die jetzigen Sophisten, und nicht die Philosophen, dass sie in den Worten ihren Scharfsinn beweisen und nicht in den Gedanken.

Nicht unbekannt aber ist mir, dass es schön ist, wenn man auch die Ordnung der Worte beim Schreiben beachtet, denn es wird ein Leichtes sein, schnell daran auszusetzen, dass es nicht richtig ist; (7) aber das (von mit Gebotene) ist zumindest nur in der Absicht so geschrieben, dass es richtig ist, und nicht sophistisch Denkende bilde, sondern Weise und Gute. Ich will ja nicht, dass es nützlich zu sein scheint, sondern dass es nützlich ist, damit es für immer tadellos bleibt. (8) Die Sophisten aber sprechen, um zu täuschen; sie schreiben um ihres eigenen Gewinnes willen und nützen niemandem etwas, denn weise ist keiner von ihnen je gewesen und ist es auch nicht; vielmehr genügt es jedem, Sophist genannt zu werden, was ein Schimpfwort ist – zumindest bei den Vernünftigen! (9) So rate ich, sich vor den Lehren der Sophisten in Acht zu nehmen, die Betrachtungen der Philosophen aber nicht zu verachten, denn die Sophisten machen Jagd auf reiche junge Männer, die Philosophen aber sind allen gleich und freundschaftlich gesinnt, das Schicksal der Männer aber betrachten sie weder mit Bewunderung noch mit Verachtung.

(10) Man soll auch nicht diejenigen nachahmen, die planlos auf Bereicherung ausgehen, sowohl in privaten als auch in öffentlichen Angelegenheiten, und soll bedenken, dass die besten unter den Bürgern von der besseren Seite erkannt werden und sich Anstrengungen unterziehen, den Schlechten aber Schlechtes wider-

χείρω. (11) τάς τε γὰρ τῶν ἰδιωτῶν οὐσίας ἀφαιρούμενοι καὶ τὰ τῆς πόλεως εἰς τὰς κοινὰς σωτηρίας ἀνωφελέστεροί εἰσι τῶν ἰδιωτῶν, τά τε σώματα πρὸς τὸν πόλεμον κάκιστα καὶ αἴσχιστα ἔχουσι πονεῖν οὐ δυνάμενοι. οἱ δὲ κυνηγέται εἰς τὸ κοινὸν τοῖς πολίταις καὶ τὰ σώματα καὶ τὰ κτήματα καλῶς ἔχοντα παρέχουσιν.

(12) ἔρχονται δὲ οἱ μὲν ἐπὶ τὰ θηρία, οἱ δ᾽ ἐπὶ τοὺς φίλους. εἶθ᾽ οἱ μὲν ἐπὶ τοὺς φίλους ἰόντες δύσκλειαν ἔχουσι παρὰ πᾶσιν, οἱ δὲ κυνηγέται ἐπὶ τὰ θηρία ἰόντες εὔκλειαν· ἑλόντες μὲν γὰρ πολέμια νικῶσι, μὴ ἑλόντες δὲ πρῶτον μὲν ὅτι πάσης τῆς πόλεως ἐχθροῖς ἐπιχειροῦσιν ἔπαινον ἔχουσιν, ἔπειτα ὅτι οὔτ᾽ ἐπ᾽ ἀνδρὸς βλάβῃ οὔτε φιλοκερδείᾳ ἔρχονται.

(13) ἔπειτα ἐξ αὐτοῦ τοῦ ἐπιχειρήματος βελτίους γίγνονται πρὸς πολλὰ καὶ σοφώτεροι δι᾽ οὗ διδάξομεν. ἐὰν γὰρ μὴ πόνοις καὶ ἐνθυμήμασι καὶ ἐπιμελείαις πολλαῖς ὑπερβάλλωνται, οὐκ ἂν ἕλοιεν ἄγρας. (14) τὰ γὰρ ἀντίπαλα αὐτῶν ὑπὲρ τῆς ψυχῆς ἀγωνιζόμενα καὶ ἐν τῇ αὐτῶν οἰκήσει ἐν ἰσχύι πολλῇ ἐστιν· ὥστε τῷ κυνηγέτῃ μάτην οἱ πόνοι γίγνονται, ἐὰν μὴ μείζονι φιλοπονίᾳ καὶ πολλῇ συνέσει κρατήσῃ αὐτῶν.

(15) οἱ μὲν οὖν κατὰ πόλιν βουλόμενοι πλεονεκτεῖν μελετῶσι νικᾶν φίλους, οἱ δὲ κυνηγέται κοινοὺς ἐχθρούς· καὶ τοὺς μὲν ἡ μελέτη αὕτη ποιεῖ πρὸς τοὺς ἄλλους πολεμίους ἀμείνους, τοὺς δὲ πολὺ χείρους· καὶ τοῖς μὲν ἡ ἄγρα μετὰ σωφροσύνης, τοῖς δὲ μετὰ αἰσχροῦ θράσους. (16) κακοηθείας δὲ καὶ αἰσχροκερδείας οἱ μὲν δύνανται καταφρονεῖν, οἱ δ᾽ οὐ δύνανται· φωνὴν δὲ οἱ

fährt und sie von der schlechteren Seite erkannt werden. (11) Da sie nämlich das Vermögen der einzelnen Bürger und das Eigentum der *Polis* rauben, sind sie zur gemeinsamen Rettung unnützer als unwissende Menschen, und in Beziehung auf den Körper sind sie für den Krieg in dem schlechtesten und schmählichsten Zustand, da sie keine Anstrengungen ertragen können. Die Jäger aber stellen zum gemeinsamen Besten den Bürgern ihre Körper und ihre Güter in gutem Zustand bereit.

(12) Diese gehen auf die Tiere aus, jene auf die Freunde, und weil sie auf die Freunde ausgehen, haben sie bei allen einen schlechten Ruf, die Jäger aber, weil sie auf die Tiere ausgehen, einen guten: Wenn sie jene fangen, besiegen sie feindliche Wesen, und selbst wenn sie jene nicht fangen, finden sie Lob, erstens weil sie Feinde der ganzen *Polis* angreifen, dann weil sie weder zum Schaden eines Mannes noch aus Gewinnsucht darauf ausgehen.

(13) Auch werden sie durch ihre Unternehmungen selbst für Vielem besser und weiser, wie wir zeigen werden. Wenn sie nämlich nicht durch Anstrengungen, kluge Pläne und Tätigkeit mancher Art sich auszeichnen, werden sie das Wild nicht fangen; (14) ihre Gegner, die um das Leben kämpfen, und das an ihren eigenen Wohnplätzen, wenden große Stärke an, so dass die Anstrengungen vom Jäger umsonst aufgebraucht würden, wenn er sie nicht durch größere Ausdauer und große Klugheit überwältigte.

(15) Diejenigen nun, die sich an der *Polis* bereichern wollen, beschäftigen sich damit, Freunde zu besiegen, die Jäger aber gemeinschaftliche Feinde. Diese macht diese Beschäftigung besser gegen die anderen Feinde, jene aber noch viel schlechter, und den ersteren wird ihre Beute mit kluger Besonnenheit, den anderen aber mit schändlicher Frechheit zuteil. (16) Bosheit und schändliche Gewinnsucht können die einen verachten, die ande-

μὲν εὐεπῆ ἴασιν, οἱ δ' αἰσχράν· πρὸς δὲ τὰ θεῖα τοῖς μὲν οὐδὲν ἐμποδὼν ἀσεβεῖν, οἱ δ' εὐσεβέστατοι.

(17) λόγοι γὰρ παλαιοὶ κατέχουσιν ὡς καὶ θεοὶ τούτῳ τῷ ἔργῳ χαίρουσι καὶ πράττοντες καὶ ὁρῶντες· ὥστε ὑπάρχειν ἐνθυμουμένους τούτων θεοφιλεῖς τ' εἶναι καὶ εὐσεβεῖς τοὺς νέους τοὺς ποιοῦντας ἃ ἐγὼ παραινῶ, οἰομένους ὑπὸ θεῶν του ὁρᾶσθαι ταῦτα. οὗτοι δ' ἂν εἶεν καὶ τοκεῦσιν ἀγαθοὶ καὶ πάσῃ τῇ ἑαυτῶν πόλει καὶ ἑνὶ ἑκάστῳ τῶν φίλων καὶ πολιτῶν. (18) οὐ μόνον δὲ ὅσοι ἄνδρες κυνηγεσίων ἠράσθησαν ἐγένοντο ἀγαθοί, ἀλλὰ καὶ αἱ γυναῖκες αἷς ἔδωκεν ἡ θεὸς ταῦτα Ἄρτεμις, Ἀταλάντη καὶ Πρόκρις καὶ ἥτις ἄλλη.

ren können dies nicht. Jene lassen gute Reden aus ihrem Mund gehen, diese schändliche; gegen das Göttliche zu freveln hindert jene nichts, diese sind voll größter Gottesfurcht.

(17) Alte Sagen (*logoi*) halten ja fest, dass auch Götter mit Freuden diese Beschäftigung teils selbst treiben, teils (andere treiben) sehen, so dass die jungen Männer, die dies beherzigen und tun, wozu ich ermahne, die Götter lieben und fürchten werden, wenn sie glauben, dass es von einem der Götter gesehen werde. Diese also werden sich gegenüber ihren Eltern, gegenüber der ganzen *Polis* und gegenüber jedem einzelnen der Bürger und Freunde als gut erweisen. (18) Aber nicht nur alle Männer, die Liebhaber der Jagd waren, wurden gut, sondern auch die Frauen, denen die Göttin Artemis dies verlieh: Atalante und Prokris (die Frau des Kephalos; s. o. 1,6) und jede andere!

ΑΡΡΙΑΝΟΥ

ΚΥΝΗΓΕΤΙΚΟΣ

Τοῦ Ἀρριανοῦ Κυνηγετικοῦ κεφάλαια

α' Προοίμιον, ἐν ᾧ καὶ τὰ Ξενοφῶντι παραλειφθέντα εἰπεῖν Ἀρριανὸς ἐπαγγέλλεται.

β' Ὅτι Ξενοφῶν οὐκ ᾔδει τὰς Κελτικὰς κύνας οὐδὲ τὰς ταύταις ὁμοίας.

γ' Περὶ Κελτικῶν κυνῶν, καὶ οἶαι τὴν ἰδέαν αὗται.

δ' Περὶ σημείων, ἀφ' ὧν δεῖ τὰς ταχείας τεκμαίρεσθαι κύνας καὶ τὸ ἐναντίον.

ε' Περὶ τῆς τοῦ συγγραφέως κυνός, ὁποία ποτ' ἦν.

ς' Περὶ χρωμάτων, καὶ ὡς ἂν ἔχωσιν ταῦτα ὅτι ἀδιάφορον.

ζ' Περὶ τῆς γνώμης τῶν κυνῶν, ὁποῖα ταύτης τὰ σημεῖα.

η' Περὶ τοῦ πῶς διαγνωστέον ἀπὸ τοῦ ἐσθίειν τὴν ποιότητα τῶν κυνῶν.

θ' Περὶ τοῦ μετὰ τίνων καὶ πῶς κοιταστέον τὰς κύνας.

ι' Ὅτι ἡ τρῖψις ταῖς κυσὶν ὠφέλιμος, καὶ πῶς ταύτας δεῖ ἀποτρίβειν.

ια' Ὅτι ἄμεινον δεδέσθαι τὰς κύνας ἢ λελυμένας εἶναι.

ιβ' Περὶ τοῦ ἐπὶ πόσον τῆς ἡμέρας προακτέον τὰς κύνας, καὶ πόσας καὶ ποίας ἐν ταὐτῷ λυτέον.

ARRIANOS

BUCH VON DER JAGD

Kapitel von Arrianos' Buch von der Jagd

1. Vorwort, in dem Arrianos auch das von Xenophon Übergangene zu besprechen verspricht.
2. Dass Xenophon die keltischen Hündinnen nicht kannte und auch nicht die diesen ähnlichen.
3. Über die keltischen Hündinnen und wie sie in ihrer Erscheinungsform beschaffen sind.
4. Über die Zeichen, an denen zu erkennen ist, ob Hündinnen schnell sind oder nicht.
5. Über die Hündin des Verfassers, was für eine sie einst war.
6. Von den Farben (der Hündinnen) und dass es darauf nicht ankommt.
7. Über die Veranlagung der Hündinnen, welche Zeichen es dafür gibt.
8. Über die Frage, wie sich am Verhalten beim Fressen die Eigenschaften der Hündinnen beurteilen lassen.
9. Über die Frage, mit wem zusammen und wie die Hündinnen schlafen sollen.
10. Dass das Abreiben den Hündinnen nützlich ist und wie man sie abreiben muss.
11. Dass es besser ist, die Hündinnen anzubinden als sie loszulassen (zu schnallen).
12. Über die Frage, zu welcher Tageszeit man die Hündinnen ausführen und wie viele und welche man zu gleicher Zeit loslassen (schnallen) soll.

ιγ' Περὶ τοῦ ποσάκις δεῖ ἐν χειμῶνι ἢ θέρει σιτεῖσθαι τὰς κύνας.

ιδ' Περὶ τοῦ ποίῳ καιρῷ ἐξακτέον τὰς κύνας ἐπὶ θήραν.

ιε' Πῶς Κελτοὶ θηρῶσιν καὶ πότε.

ις' Περὶ διαστήματος, ἀφ' ὅτου δεῖ τῷ λαγῷ ἐπιλύειν τὰς κύνας, καὶ πόσας ταύτας.

ιζ' Περὶ λαγωῶν, καὶ τίς ἡ τούτων ἀρετή.

ιη' Ὅτι τὸ ἀνακαλεῖν ἐν ταῖς θήραις τὰς κύνας ἀγαθὸν ταύταις.

ιθ' Ὅτι δεῖ τὴν κύνα καλῶς ἠγωνισμένην καταψῶντα ἐπευφημεῖν.

κ' Ὅπως εἰς κυνηγέσιον ἐξιέναι χρὴ τοὺς μὴ τὸ θήραμα οὗ ἐστιν ἐγνωκότας.

κα' Περὶ τοῦ πῶς θηρῶσιν Κελτοί.

κβ' Ὅτι οὐ χρὴ ἐπιλύειν κύνας νεογνῷ θηράματι.

κγ' Πῶς θηρατέον ἐλάφους ἢ ἄλλο τι μέγιστον.

κδ' Ὅπως Λίβυες μεθ' ἵππων αἱροῦσιν τὰ μεγάλα θηράματα.

κε' Περὶ τοῦ ἀφ' οἵας ἡλικίας δεῖ ἐξάγειν εἰς θήραν τὰς θηλείας κύνας.

κς' Περὶ ἀρρένων κυνῶν, ἀφ' οἵας ἡλικίας χρεῶν αὐτοὺς ἐπὶ θήραν ἐξάγειν.

κζ' Πῶς ἐπὶ ὀχείαν ἀκτέον τὰς κύνας.

κη' Ὅτι, εἴ τις ὀρῴη τὴν μῖξιν τῶν κυνῶν, οὐκ ἐπιτελεῖται γόνιμος.

κθ' Περὶ καιροῦ πρὸς σκυλακείαν ἐπιτηδείου.

λ' Πῶς μετὰ τὸ τεκεῖν ἐπαναληπτέον εἰς τὸ ἐξ ἀρχῆς τὸν δρόμον τῶν κυνῶν.

λα' Περὶ ὧν Ξενοφῶν ὑπὲρ ἀνατροφῆς διατάττεται.

λβ' Διαφοραὶ ἄρρενος καὶ θηλείας κυνός.

λγ' Ὅτι δεῖ τοὺς κυνηγέτας θύειν τῇ Ἀρτέμιδι.

13. Über die Frage, wie oft man im Winter oder im Sommer die Hündinnen füttern soll.
14. Über die Frage, um welche Jahreszeit man die Hündinnen zur Jagd ausführen soll.
15. Wie die Kelten jagen und wann.
16. Über die Entfernung, von der aus man die Hündinnen gegen den Hasen loslassen solle und wie viele von ihnen.
17. Über die Hasen und was ihre beste Qualität ist.
18. Dass das Zusprechen auf der Jagd zu den Hündinnen gut ist.
19. Dass man die Hündin, die sich brav gehalten hat, unter Liebkosen loben soll.
20. Wie man zur Jagd ausgehen muss, wenn man nicht vorher weiß, wo sich das Jagdwild befindet.
21. Über die Frage, wie die Kelten jagen.
22. Dass man keine Hündin auf Jagdwild loslassen darf, das neugeboren ist.
23. Wie man Hirsche und anderes sehr großes Wild jagen soll.
24. Wie die Libyer auf Pferden die großen Tiere fangen.
25. Über die Frage, von welchem Alter an man die Hündinnen zur Jagd ausführen soll.
26. Über die Rüden, von welchem Alter an sie zur Jagd ausführen soll.
27. Wie man die Hündinnen zur Paarung zulassen soll.
28. Dass eine Paarung der Hündinnen, der jemand zusieht, keinen Nachwuchs hervorbringt.
29. Über die geeignete Zeit zur Hundevermehrung.
30. Wie man nach dem Gebären (Werfen) die frühere Schnelligkeit der Hündinnen wiederherstellen soll.
31. Über die Frage, was Xenophon zur Aufzucht anweist.
32. Unterschiede zwischen dem männlichen und dem weiblichen Hund.
33. Dass die Jäger der Artemis opfern müssen.

λδ' Περὶ τοῦ Κελτῶν νόμου καὶ τοῦ ὑπ' αὐτῶν γινομένου ἐράνου τῇ Ἀρτέμιδι.
λε' Παραίνεσις πρὸς τὸ θύειν τοῖς ἐφόροις τῶν ἐν ἀνθρώποις ἐπιτηδευμάτων.
λς' Ἐξ Ὁμήρου μαρτύρια, ὅτι χρὴ θύειν τοῖς τῶν πραγμάτων εὑρεταῖς ἐν τῇ τῶνδε μεταχειρίσει.

1 (1) Ξενοφῶντι τῷ Γρύλλου λέλεκται μὲν ὅσα ἀγαθὰ ἀνθρώποις ἀπὸ κυνηγεσίων γίγνεται, καὶ οἱ παιδευθέντες ὑπὸ Χείρωνι τὴν παίδευσιν ταύτην ὅπως θεοφιλεῖς τε ἦσαν καὶ ἔντιμοι ἀνὰ τὴν Ἑλλάδα, λέλεκται δὲ καὶ καθ' ὅ τι ἔοικεν τῇ πολεμικῇ ἐπιστήμῃ ἡ κυνηγετική, καὶ ἥντινα ἡλικίαν ἔχοντα χρὴ ἐλθεῖν ἐπὶ τὸ ἔργον, καὶ τὸ εἶδος καὶ τὴν γνώμην ὁποῖόν τινα· καὶ περὶ ἀρκύων δὲ καὶ δικτύων καὶ ἐνοδίων ὁποῖα χρὴ παρασκευάσασθαι, καὶ πάγας ὅπως ἱστάναι τοῖς θηρίοις, ὅσα πάγῃ ἁλωτά. (2) καὶ περὶ λαγῶν δὲ λέλεκται, ἥτις ἡ φύσις αὐτῶν, καὶ ὅπως νέμονται καὶ ὅπου εὐνάζονται, καὶ ὅπως χρὴ μαστεύειν αὐτούς· καὶ περὶ κυνῶν, ὅσαι ἰχνεύειν σοφαὶ καὶ ὅσαι πονηραί, καὶ ὅπως ἀπό τε τοῦ εἴδους καὶ τῶν ἔργων τεκμαίρεσθαι χρὴ ἑκατέρας. (3) ἔστιν δὲ ἃ καὶ περὶ συῶν θήρας λέλεκται καὶ ἐλάφων καὶ ἄρκτων καὶ λεόντων, ὅπως σοφίᾳ καὶ δόλῳ ἁλωτά.

(4) ὅσα δὲ ἐλλείπειν μοι δοκεῖ ἐν τῷ λόγῳ, οὐχὶ ἀμελείᾳ ἀλλ' ἀγνοίᾳ τοῦ γένους τῶν κυνῶν τοῦ Κελτικοῦ καὶ τοῦ γένους τῶν ἵππων τοῦ Σκυθικοῦ τε καὶ τοῦ Λιβυκοῦ, ταῦτα λέξω, ὁμώνυμός τε ὢν αὐτῷ καὶ πόλεως τῆς αὐτῆς καὶ ἀμφὶ ταὐτὰ ἀπὸ νέου ἐσπουδακώς, κυνηγέσια καὶ στρατηγίαν καὶ σοφίαν· (5) ἐπεὶ

34. Über den Brauch der Kelten und dem von ihnen der Artemis geweihten Beitrag.
35. Ermahnung zum Opfer für die (Götter), die über die Geschäfte der Menschen wachen.
36. Aus Homer genommene Zeugnisse dafür, dass man den Erfindern der Geschäfte bei deren Ausübung opfern muss.

1 (1) Xenophon, Sohn des Gryllos, hat gezeigt, wie viel Gutes den Menschen aus dem Jagdwesen erwächst und wie diejenigen, die von Cheiron in diesem Bildungsfach unterrichtet worden sind, den Göttern lieb und in Griechenland geehrt gewesen sind. Erklärt hat er auch, wie die Kenntnis des Jagdwesens der des Kriegswesens gleicht, in welchem Alter man an die Arbeit zu gehen hat und welche körperliche und geistige Haltung dazu gehört; ebenso was für Fall-, Stell- und Wegnetze man herzustellen hat, wie man dem Wild Fallen stellen muss und welche Tiere man mit der Falle zu fangen hat. (2) Auch über die Feldhasen hat er gesprochen, was ihre Natur ist, wie sie sich ernähren, wo sie sich lagern und wie man sie aufspüren muss; ebenso von den Hündinnen, wie viele zum Spüren geeignet und wie viele dafür schlecht sind und wie man beide Arten nach ihrer Gestalt und nach ihren Arbeiten zu beurteilen hat. (3) Gesprochen hat er auch über die Jagd auf Wildschweine, Hirsche, Bären und Löwen, wie man sie durch Klugheit und mit List fängt.

(4) Was er mir aber in seiner Darlegung übergangen zu haben scheint – nicht aus Nachlässigkeit, sondern aus Unwissen über die keltische Art von Hündinnen und über die skythische und die libysche Art von Pferden –, davon werde ich sprechen, der ich den gleichen Namen wie jener habe (s. o. S. 14), aus derselben Stadt stamme und auch von Jugend an denselben Studien nachgegangen bin: der Jagd, der Feldherrenkunst und der Philosophie. (5) Auch

καὶ αὐτὸς ἐκεῖνος, ἃ Σίμωνι περὶ ἱππικῆς ἐνδεῶς λελεγμένα ἦν, ᾠήθη δεῖν ἀναγράψαι, οὐχὶ ἔριδι τῇ πρὸς Σίμωνα, ἀλλ' ὅτι ὠφέλιμα ἐς ἀνθρώπους ἐγίγνωσκεν.

2 (1) ὅτι μὲν δὴ οὐκ ἠπίστατο τὸ γένος τῶν κυνῶν τὸ Κελτικόν, δοκῶ ἔγωγε ὡς οὐδὲ τεκμηρίων δεῖ πρὸς αὐτό· ἄγνωστα γὰρ ἦν τὰ ἔθνη τῆς Εὐρώπης, ὅσα ταύτῃ ᾤκισται, ὅτι μὴ τῆς Ἰταλίας ὅσα Ἕλληνες κατεῖχον, ἢ ὅσοις κατ' ἐμπορίαν διὰ θαλάσσης ἐπεμίγνυον. (2) ὡς δὲ οὐδὲ ἄλλο γένος κυνῶν ἐγίγνωσκεν, ὃ κατὰ ὠκύτητα ἔοικεν τῷ Κελτικῷ, τεκμαίρεσθαι ὑπάρχει ἀπὸ τῶνδε. λέγει γὰρ ὡς »ὅσοι ἁλίσκονται λαγῷ ὑπὸ κυνῶν, παρὰ φύσιν σώματος ἁλίσκονται ἢ τύχῃ χρησάμενοι.« (3) εἰ δέ γε ἠπίστατο τὰς κύνας τὰς Κελτικάς, ταὐτὸν τοῦτο δοκεῖ ἄν μοι ἀποφήνασθαι περὶ τῶν κυνῶν, ὡς ὁπόσους λαγὼς οὐχ αἱροῦσιν κύνες κατὰ πόδας, παρὰ φύσιν σώματος οὐχ αἱροῦσιν ἢ τύχῃ χρησάμεναι. ὡς ὅσαι γε ἀγαθαὶ τὸ σῶμα καὶ τὸν θυμόν γενναῖαι, ταύτας δὲ οὐκ ἄν ποτε διαφύγοι λαγώς, εἰ μή τις δυσχωρία ἐμποδὼν γένοιτο, ἢ ὕλη ἀποκρύψασα, ἢ κατάδυσις κοίλη καὶ βαθεῖα ἀφελομένη, ἢ τάφρος διαδραμεῖν ἐν τῷ ἀφανεῖ παρασχοῦσα.

(4) ἐνθένδε, οἶμαι, ὅπως μὲν ἐπὶ τὰς ἄρκυς χρὴ ἐπελαύνειν τὸ λαγῶ ἐπεξέρχεται τῷ λόγῳ, καὶ εἰ παραδράμοι τὰς ἄρκυς, ὅπως χρὴ μεταθεῖν αὐτὸν καὶ ἀνευρίσκειν κατὰ τὸ ἴχνος, ἔστε ἁλῶναι ἀπαγορεύσαντα ὑπὸ καμάτου. (5) ὅτι δὲ οὐδὲν οὔτε ἀρκύων δεῖ τῷ κύνας ἀγαθὰς κεκτημένῳ οὔτε τοῦ μαστεύειν διαφυγόντα, οὐδαμοῦ τοῦτο ἐδήλωσεν, ἀλλὰ τὴν θήραν ταύτην μόνην ἐξηγεῖται, ἣν Κᾶρες τε καὶ Κρῆτες θηρῶσιν.

jener hat ja selbst gemeint, dass er das, was von Simon über die Reitkunst ungenügend dargelegt worden war, (in seinem Werk *Peri hippikes*) neu behandeln muss, und zwar nicht als Kritik an Simon, sondern weil er es als nützlich für die Menschheit ansah.

2 (1) Dafür, dass er von der keltischen Art von Hündinnen nichts wusste, braucht man, wie ich meine, keine Beweise. Unbekannt waren ja die Stämme Europas, wie viele da wohnen, soweit nicht Griechen Teile Italiens innehatten oder wegen des Handels zur See mit ihnen verkehrten. (2) Dass er aber auch keine andere Art von Hündinnen kannte, die der keltischen an Schnelligkeit gleichkommt, lässt sich wohl aus dem Folgenden beweisen. Er sagt nämlich: »Alle von Hündinnen gefangenen Hasen werden gegen die natürliche Beschaffenheit ihres Körpers oder durch Zufall gefangen« (Xenophon, *Kynegetikos* 5,29). (3) Wenn er aber die keltischen Hündinnen gekannt hätte, wäre auch er, wie mir scheint, über die Hündinnen der Ansicht gewesen, dass diejenigen, die einen Hasen nicht zu Fuß fangen, ihn gegen die Natur des Körpers oder aber vom Schicksal genötigt nicht fangen. Die nämlich, die körperlich gut gebaut und dem Jagdeifer nach edel sind, denen würde wohl niemals ein Hase entkommen, wenn nicht ungünstiger Boden, ein bergendes Dickicht, eine schirmende tiefe Erdhöhle hindernd im Weg liegen oder ein Graben die Flucht im Verborgenen gestattet.

(4) Danach, meine ich, legte er in seinem Werk im Einzelnen dar, wie man den Hasen in die Fallnetze treiben soll und wie man ihn, falls er an den Netzen vorbeiläuft, verfolgen und auf der Spur suchen soll, bis man das von der Anstrengung ermattete Tier einfängt. (5) Darüber aber, dass jemand, der gute Hündinnen hat, weder Netze noch Spüren auf der Spur des flüchtenden Tieres benötigt, hat er sich nirgends ausgesprochen, sondern nur die Jagd beschrieben, wie sie Karer und Kreter betreiben.

3 (1) θηρῶσιν δὲ καὶ Κελτοὶ ἀφαιροῦντες τὰ ἄρκυς, ὅσοι γε οὐκ ἀπὸ κυνηγεσίων βιοτεύουσιν, αὐτοῦ τοῦ ἐν θήρᾳ καλοῦ ἕνεκα· ἔστιν γὰρ καὶ ταύτῃ κυνῶν γένος ἰχνεῦσαι μὲν οὐ μεῖον σοφὸν ἢ τὸ Καρικὸν καὶ Κρητικὸν, τὴν δὲ ἰδέαν ἀνιαρὸν καὶ θηριῶδες. (2) καὶ αὗται ἰχνεύουσιν σὺν κλαγγῇ καὶ ὑλαγμῷ, ὁπόσα αἱ Καρικαὶ ἐπικλάζουσαι. ἀλλ' αὗταί γε ἔτι μᾶλλον ἔκφρονες γίγνονται, ἐπειδὰν αἴσθωνται ἴχνους· καὶ ἐστιν ὅτε καὶ ἐπὶ ἑώλοις ὑπερλαμπρύνονται. (3) ὥστε ἐμεμψάμην ἔγωγε αὐτῶν τὸ πολὺ τῆς κλαγγῆς καὶ τὸ ὅμοιον ἐπὶ παντὶ ἴχνει, τῷ δρομαίῳ οὐ μεῖον ἢ τῷ εὐναίῳ. (4) μεταθεῖν δὲ καὶ ἀνευρίσκειν τὸν ὑποκινήσαντα οὔτε τῶν Καρικῶν φαυλότεραί εἰσιν οὔτε τῶν Κρητικῶν, ὅτι μὴ κατὰ τὴν ὠκύτητα. ἀγαπητὸν γοῦν εἰ καὶ ἕνα λαγῶ χειμῶνος ὥρᾳ κατακάνοιεν· τοσαύτην διατριβὴν ἐς τὸ ἀναπαύεσθαι αὐτῷ παρέχουσιν, εἰ μή πη ἄρα ὑπὸ θορυβούντων κυνῶν ἁλοίη ἔκφρων γενόμενος. καλοῦνται δὲ »Σεγούσιαι« αἵδε αἱ κύνες, ἀπὸ ἔθνους Κελτικοῦ τὴν ἐπωνυμίαν ἔχουσαι, οὗ πρῶτον, ὥς γέ μοι δοκεῖ, ἔφυσάν τε καὶ ηὐδοκίμησαν.

(5) ἀλλ' ὑπὲρ μὲν τούτων, ὅσα ἄν τις τῷ λόγῳ ἐπεξέλθῃ λελεγμένα ἐρεῖ πρὸς Ξενοφῶντος τοῦ πάλαι· οὐδὲν γὰρ ἴδιον οὐδὲ διάφορον ἐν τῷ μαστεύειν ἢ μεταθεῖν ἐπιδεικνύουσιν, πλήν γε δὴ εἴ τις ἐθέλοι περὶ τῆς ἰδέας αὐτῶν λέγειν, ἧς ἔμοιγε οὐ δοκεῖ ἄξιον ὅτι μὴ τοῦτο εἰπεῖν μόνον, ὡς δασεῖαι καὶ πονηραὶ ἰδεῖν, καὶ ὅσαι γενναιόταται αὐτῶν, αὗται αἱ πονηρόταται. ὥστε εὐδοκιμεῖ ἐν Κελτοῖς ὁ ἀπεικάσας αὐτὰς τοῖς ἀνὰ τὰς ὁδοὺς πτωχεύουσιν. καὶ γὰρ φωνὴ αὐταῖς γοερά τε καὶ ἐλεεινή ἐστιν,

3 (1) Es jagen aber auch Kelten, ohne Netze einzusetzen, sofern sie nicht von der Jagd leben, sondern sie nur um ihrer Schönheit willen betreiben. Es gibt nämlich auch dort eine Art von Hündinnen, die zum Spüren nicht weniger geschickt sind als die karischen und kretischen, dem Aussehen nach aber mürrisch und wildartig wirken. (2) Auch diese spüren mit Lärmen und Bellen so, wie die karischen dabei Laut geben; sie werden aber noch weit verrückter, sobald sie die Spur wahrgenommen haben. Manchmal gebärden sie sich auch bei Spuren vom Vortag übermäßig munter. (3) Daher pflegte jedenfalls ich ihr häufiges und bei jeder Spur gleichartiges Lautgeben bei der Laufspur ebenso wie bei der Lagerspur zu tadeln. (4) Im Verfolgen und Auffinden des schnell flüchtenden Tieres sind sie freilich nicht schlechter als die karischen oder kretischen, abgesehen von der Schnelligkeit. Man muss daher zufrieden sein, wenn sie im Winter auch nur einen einzigen Hasen töten (abwürgen); so viel Frist zum Ausruhen geben sie ihm, wenn er nämlich nicht durch die lärmenden Hündinnen verrückt gemacht und eingeholt wird. Man nennt diese Hündinnen »segusische« mit einem von einem (bei Segusio, heute Susa in Piemont, siedelnden) keltischen Volksstamm entlehnten Namen, wo sie, wie mir jedenfalls scheint, eigentlich herstammen und berühmt geworden sind.

(5) Doch wie ausführlich man sich über sie auch aussprechen mag, wird man doch nur sagen, was schon von dem älteren Xenophon gesagt worden ist, denn beim Aufspüren und Verfolgen zeigen sie weder etwas Eigenes noch etwas Abweichendes. Man müsste allenfalls etwas über ihr Aussehen bemerken wollen, was aber, wie jedenfalls ich meine, nicht der Mühe wert ist, wenn man nicht nur sagen will, dass sie struppig und hässlich anzusehen sind. Ja, gerade die edelsten von ihnen sind die hässlichsten, so dass derjenige bei den Kelten am meisten Beifall findet, der sie mit Straßenbettlern vergleicht! Auch ihre Stimme ist nämlich kläglich

καὶ οὐχ ὡς θυμούμεναι ἄρα πρὸς τὸ θηρίον ἐπικλάζουσιν ἐν τῇ ἰχνείᾳ, ἀλλ᾽ ὡς οἰκτιζόμεναι καὶ λιπαροῦσαι.

(6) περὶ μὲν δὴ τούτων οὐκ ἄν τις ἀναγράψαι μοι δοκεῖ ὅ τι καὶ λόγου ἄξιον. αἱ δὲ ποδώκεις κύνες αἱ Κελτικαὶ καλοῦνται μὲν »Οὐέρτραγοι« φωνῇ τῇ Κελτῶν, οὐκ ἀπὸ ἔθνους οὐδενός, καθάπερ αἱ Κρητικαὶ ἢ Καρικαὶ ἢ Λάκαιναι, ἀλλ᾽ ὡς τῶν Κρητικῶν αἱ διάπονοι ἀπὸ τοῦ φιλοπονεῖν καὶ αἱ ἰταμαὶ ἀπὸ τοῦ ὀξέος καὶ αἱ μικταὶ ἀπ᾽ ἀμφοῖν, οὕτω δὲ καὶ αὗται ἀπὸ τῆς ὠκύτητος. (7) τὴν δὲ ἰδέαν καλόν τι χρῆμά εἰσιν κατά τε τοὺς ὀφθαλμοὺς αἱ γενναιόταται αὐτῶν καὶ κατὰ τὸ σῶμα ἅπαν καὶ τὴν τρίχα καὶ τὴν χρόαν· οὕτω ταῖς τε ποικίλαις ἐπανθεῖ τὸ ποικίλον, καὶ ὅσαις ἁπλῆ χρόα ἐστίν, ἀποστίλβει καὶ αὕτη, καὶ ἐστιν ἥδιστον θέαμα ἀνδρὶ θηρευτικῷ.

4 (1) λέξω δὲ καὶ αὐτός, ἀφ᾽ οἵων τινῶν χρὴ τεκμαίρεσθαι τὰς ὠκείας τε καὶ γενναίας, καὶ τίσιν ἂν προσέχων τις τὸν νοῦν τὰς ἀγεννεῖς τε καὶ βραδείας ἀποκρίνειεν αὐτῶν.

(2) πρῶτα μὲν δὴ μακραὶ ἔστων ἀπὸ κεφαλῆς ἐπ᾽ οὐράν· ἓν γὰρ οὐδὲν οὕτω τεκμήριον ἐς ὠκύτητά τε καὶ γενναιότητα εὕροις ἂν ἐπιλεγόμενος ταὐτὸν ἐπὶ πάσῃ ἰδέᾳ κυνός, ὡς τὸ μῆκος, καὶ τοὐναντίον τὴν βραχύτητα ἐς τὸ βραδὺ καὶ ἀγεννές. ὥστε ἤδη ἔγωγε εἶδον πολλὰ ἄλλα κακὰ ἐχούσας κύνας, ὅτι δὲ μακραὶ ἐτύγχανον, ὠκεῖαι ἦσαν καὶ θυμοειδεῖς. (3) καὶ μὴν καὶ αἱ μείζους εἰ τὰ ἄλλα φαῦλαι τύχοιεν, κατ᾽ αὐτὸ τὸ μέγεθος εὐφυέστεραι τῶν σμικρῶν. φαῦλαι δὲ τῶν μεγάλων, ὅσαι τὰ μέλη ἀπαγεῖς καὶ ἀσύμμετροι· ὥστε φαυλότεραι ἂν εἶεν οὕτω

und jämmerlich, und beim Spüren klingt ihr Lautgeben gegen das Wild nicht wie zürnend, sondern wie wehklagend und bettelnd.

(6) Über diese lässt sich also, wie mir scheint, nichts der Rede Wertes sagen. Die schnellen Hündinnen werden in der keltischen Sprache »Vertragoi« genannt, nicht nach einem Volksstamm, wie die kretischen, karischen oder lakonischen, sondern wie bei den kretischen die Ausdauernden nach ihrer Arbeitslust, die Draufgängerischen nach ihrer Schärfe und die aus beidem Gemischten ebenso wie auch diese nach ihrer Schnelligkeit. (7) Das Aussehen der edelsten von ihnen hat etwas Gefälliges sowohl in den Augen als auch im ganzen Körperbau (Gebäude), Haar (Befahnung) und Farbe. So steht den Scheckigen das Scheckige wohl an und bei den Einfarbigen glänzt auch die eine Farbe; es ist ein ganz herrlicher Anblick für den Jägersmann.

4 (1) Ich will auch selbst einige Kennzeichen angeben, nach denen man die schnellen und dabei edlen Hündinnen beurteilen muss, und wiederum, auf welche man wohl zu achten hat, um die unedlen und schwerfälligen unter ihnen auszumustern.

(2) Erstens seien sie vom Kopf zum Schwanz (Rute) langgestreckt; kein einziges so sicheres Kennzeichen der Schnelligkeit und der Reinheit findet man nämlich, wenn man auf das ganze Erscheinungsbild einer Hündin sieht, wie die Länge, wie umgekehrt für die Schwerfälligkeit und Unreinheit die Kürze. So habe jedenfalls ich schon mit allerhand anderen Fehlern behaftete Hündinnen gesehen, die aber, eben weil sie lang gestreckt waren, schnell und voll Jagdeifer gewesen sind. (3) Überhaupt sind bei sonst gleichen Eigenschaften die größeren nach dem Verhältnis ihrer Größe besser geartet als die kleinen. Schlecht sind unter den großen alle, deren Glieder nicht fest und schlecht proportioniert sind, so dass so gebaute schlechter sind als kleine, falls die sonstigen Fehler bei

γε ἔχουσαι τῶν σμικρῶν, εἰ τὰ ἄλλα κακὰ ἴσα προσείη αὐταῖς. (4) ἐχόντων δὲ τὰς κεφαλὰς ἐλαφρὰς καὶ ἀρθρώδεις· εἰ δὲ γρυπαὶ ἢ σιμαὶ εἶεν, οὐ παρὰ μέγα διοίσει τοῦτο· οὐδ᾽ εἰ τὰ ὑπὸ τοῖς μετώποις ἰνώδη ἔχοιεν, οὐδὲ τοῦτο ἐν μεγάλῳ ποιητέον. ἀλλ᾽ αἱ βαρυκέφαλοι μόναι πονηραί, καὶ ὅσαις παχέα τὰ ῥύγχη καὶ μὴ ἐς ὀξὺ ἀλλ᾽ ἀθρόως ἀπολήγοντα. (5) τὰ δὲ ὄμματα ἔστω μεγάλα μετέωρα καθαρὰ λαμπρά, ἐκπλήττοντα τὸν θεώμενον. καὶ κράτιστα μὲν τὰ πυρωπὰ καὶ ὑπεραστράπτοντα, οἷα πορδάλεων ἢ λεόντων ἢ λυγκῶν· δεύτερα δὲ ἐπὶ τούτοις τὰ μέλανα, εἰ τύχοι ἀναπεπταμένα τε καὶ γοργὰ ἰδεῖν· τρίτα δὲ τὰ χαροπά· οὐδὲ γὰρ οὐδὲ τὰ χαροπὰ φαῦλά ἐστιν, οὐδὲ φαύλων κυνῶν σύμβολα, εἰ τύχοι καθαρὰ καὶ γοργὰ ἰδεῖν.

5 (1) ἐπεί τοι ἀνέθρεψα ἐγὼ κύνα χαροπὴν οἵαν χαροπωτάτην, καὶ αὕτη ὠκεῖά τε ἦν καὶ φιλόπονος καὶ εὔψυχος καὶ εὔπους, ὥστε καὶ τέσσαρσιν ἤδη ποτὲ λαγῷς ἐφ᾽ ἡλικίας ἀντήρκεσεν. (2) καὶ τὰ ἄλλα δὲ πραοτάτη τέ – ἐστιν ἔτι γάρ μοι ἦν, ὁπότε ταῦτα ἔγραφον – καὶ φιλανθρωποτάτη, καὶ οὔπω πρόσθεν ἄλλη κύων ὡς αὐτὴ οὔτε ἐμὲ ἐπόθησεν οὔτε τὸν ἑταῖρον τὸν ἐμὸν καὶ σύνθηρον τὸν Μέγιλλον. ἐπειδὴ γὰρ τοῦ δρόμου ἀπεπαύσατο, οὐκέτι ἡμῶν ἢ θατέρου γε ἀπαλλάσσεται. (3) ἀλλ᾽ εἰ μὲν ἐγὼ ἔνδον εἴην, ἅμα ἐμοὶ διατρίβει, καὶ προϊόντα ποι παραπέμπει, καὶ ἐπὶ γυμνάσιον ἰόντι ἐφομαρτεῖ, καὶ γυμναζομένῳ παρακάθηται, καὶ ἐπανιόντος πρόεισιν, θαμινὰ ἐπιστρεφομένη, ὡς καταμανθάνειν μή πη ἄρα ἐξετράπην τῆς ὁδοῦ· ἰδοῦσα δὲ καὶ ἐπιμειδιάσασα αὖθις αὖ πρόεισιν. (4) εἰ δὲ ἐπί τι ἔργον πολιτικὸν ἴοιμι, ἡ δὲ τῷ ἑταίρῳ τῷ ἐμῷ σύνεστιν, καὶ πρὸς ἐκεῖνον τὰ αὐτὰ

ihnen gleich sind. (4) Sie sollen schmale und muskulöse Köpfe haben; ob sie rams- oder stumpfnasig sind, wird keinen großen Unterschied machen. Ebenso ist es nicht hoch zu veranschlagen, ob sie sehnig unterhalb der Stirn sind. Die dickköpfigen aber sind schlecht, ebenso alle mit breiter, nicht spitzer, sondern platt auslaufender Schnauze. (5) Die Augen sollen groß sein, vorstehend, rein, glänzend und für den Betrachter erschreckend; am besten sind die feurigen und hell strahlenden wie bei Leoparden, Löwen oder Luchsen; nach diesen kommen im zweiten Rang die schwarzen, wenn sie dabei weit offen und zugleich nicht grauenvoll anzusehen sind, im dritten Rang die blauen, denn die blauäugigen sind weder an sich schlecht noch ein Anzeichen für schlechte Hündinnen, sofern sie ebenfalls rein und grauenvoll anzusehen sind.

5 (1) Ja, auch ich habe eine blauäugige Hündin aufgezogen, so blauäugig wie nur möglich; sie war nicht nur schnell, sondern auch ausdauernd, voll Feuer und so gut auf den Füßen, dass sie in ihren besten Jahren einst sogar mit vier Hasen auf einmal fertig wurde. (2) Auch ist sie im Übrigen höchst gutmütig – ich besitze sie nämlich noch jetzt, während ich dies schreibe – und sehr leutselig, und nie hat eine andere Hündin so wie diese sich anhänglich gezeigt, sowohl an mich selbst als auch an meinen Freund und Jagdgenossen Megillos. Wenn sie vom Lauf ausruht, geht sie nie von uns und verlässt nie einen von uns. (3) Aber wenn ich zu Hause bin, bleibt sie mir ständig zur Seite; gehe ich irgendwohin aus, begleitet sie mich; begebe ich mich in das *Gymnasion* (Sportstätte), läuft sie mir nach, und während ich trainiere, sitzt sie daneben; kehre ich wieder um, geht sie voran, wobei sie sich häufig umwendet, wie um sich zu vergewissern, dass sie nicht etwa vom Weg abweicht. Sobald sie es gesehen und freundliche Miene dazu gemacht hat, geht sie wiederum voran. (4) Wenn ich aber zu irgend einer *Polis*-Aufgabe gehe, bleibt sie bei meinem

ταῦτα δρᾷ. ὁπότερος δὲ ἡμῶν κάμνοι τὸ σῶμα, ἐκείνου αὖ οὐκ ἀπαλλάσσεται. εἰ δὲ καὶ δι' ὀλίγου χρόνου ἴδοι, ἐπιφθέγγεται, οἷα φιλοφρονουμένη. καὶ δειπνοῦντι συνοῦσα ἅπτεται ἄλλοτε ἄλλῳ τοῖν ποδοῖν, ὑπομιμνήσκουσα ὅτι κἂν αὐτῇ ἄρα μεταδοτέον εἴη τῶν σιτίων. καὶ μὴν καὶ πολύφθογγός ἐστιν, ὡς οὔπω ἐγὼ ἰδεῖν μοι δοκῶ ἄλλην κύνα· καὶ ὅσων δεῖται τῇ φωνῇ σημαίνει. (5) καὶ ὅτι σκυλακευομένη μάστιγι ἐκολάζετο, εἴ τις ἐς τοῦτο ἔτι μάστιγα ὀνομάσειεν, πρόσεισιν τῷ ὀνομάσαντι, καὶ ὑποπτήξασα λιπαρεῖ, καὶ τὸ στόμα ἐφαρμόζει τῷ στόματι ὡς φιλοῦσα, καὶ ἐπιπηδήσασα ἐκκρέμαται τοῦ αὐχένος, καὶ οὐ πρόσθεν ἀνίησιν, πρὶν τῆς ἀπειλῆς ἀποπαῦσαι τὸν θυμούμενον. (6) ὥστε οὐκ ἂν ὀκνῆσαί μοι δοκῶ καὶ τὸ ὄνομα ἀναγράψαι τῆς κυνός, ὡς καὶ ἐς ὕστερον ἀπολελεῖφθαι αὐτῆς, ὅτι ἦν ἄρα Ξενοφῶντι τῷ Ἀθηναίῳ κύων, »Ὁρμὴ« ὄνομα, ὠκυτάτη τε καὶ σοφωτάτη καὶ πραοτάτη.

(7) ὦτα δὲ μεγάλα ἔστω ταῖς κυσὶν καὶ μαλθακά, ὥστε ὑπὸ μεγέθους καὶ μαλθακότητος ἐπικεκλασμένα φαίνεσθαι· οὕτως ἂν εἴη κράτιστα. οὐ μέντοι ἀλλὰ καὶ εἰ ὀρθὰ εἴη, οὐ πονηρόν, εἰ μὴ σμικρά τε εἴη καὶ σκληρά. (8) τράχηλος δὲ μακρός τε ἔστω καὶ περιφερὴς καὶ ὑγρός· ὥστε εἰ ἀντιτείνοις ἀπὸ τῶν δεραίων τὰς κύνας ἐς τοὐπίσω, ἐπικεκλάσθαι δοκεῖν τὸν τράχηλον δι' ὑγρότητα καὶ μαλθακότητα. (9) στήθη δὲ πλατέα ἀμείνω τῶν στενῶν, καὶ τὰς ὠμοπλάτας διεστώσας ἐχόντων καὶ μὴ συμπεπηγυίας ἀλλ' ὡς οἷόν τε λελυμένας ἀπ' ἀλλήλων. σκέλη στρογγύλα ὀρθὰ εὐπαγῆ, πλευρὰς γενναίας· ὀσφὺν πλατεῖαν

Gefährten und benimmt sich bei ihm ganz genauso. Ist einer von uns beiden krank, geht sie ihm gleichfalls nicht von der Seite. Sieht sie einen selbst nach kurzer Zeit wieder, gibt sie zum Liebkosen Laut, wie um ihre Anhänglichkeit zu bezeugen. Wenn sie beim Essen dabei ist, zupft sie bald mit dem einen, bald mit dem anderen Lauf, um daran zu erinnern, dass ihr ja auch etwas von den Speisen zukommen müsse; auch gibt sie so viel Laut, wie ich – so scheint mir – noch von keiner anderen Hündin bemerkt habe, und sooft sie etwas braucht, deutet sie es mit der Stimme an. (5) Und weil sie in ihrem Welpenalter mit einer Peitsche gezüchtigt wurde, braucht man auch jetzt nur das Wort »Peitsche« in den Mund zu nehmen und sie wird sich zu dem, der es ausgesprochen hat, aufmachen, sich ducken, ihn flehentlich ansehen und ihm ihre Schnauze wie zum Kuss an den Mund legen, dann aufspringen und sich an den Nacken hängen und nicht eher ablassen, als bis der Zürnende aufhört zu drohen. (6) Ich glaube daher auch nicht zögern zu müssen und den Namen der Hündin aufschreiben zu dürfen, damit auch für künftige Zeiten das Andenken an sie bleibt, dass nämlich Xenophon, der Athener (Arrianos; s. o. S. 14), eine Hündin namens »Horme« (Eifer) hatte, die schnellste, klügste und umgänglichste Hündin.

(7) Die Ohren (der Behang) sollen bei den Hündinnen lang und schlaff sein, so dass sie wegen der Länge und Schlaffheit umgebogen erscheinen. So sind sie wohl am besten, doch auch, wenn sie gerade erscheinen, ist es nicht übel, sofern sie nicht kurz und steif sind. (8) Der Hals soll nicht nur lang sein, sondern auch rund und geschmeidig, so dass er sich, wenn man die Hündinnen am Halsband nach hinten zieht, wegen seiner Geschmeidigkeit und Weichheit umzubiegen scheint. (9) Die Brust sei besser breit als schmal. Die Schulterblätter sollen voneinander abstehen und nicht verbunden sein, sondern möglichst lose nebeneinander. Die Schenkel (Läufe) seien rund, gerade und gedrungen, die Seiten

ἰσχυράν, μὴ σαρκώδη ἀλλὰ νεύροις πεπηγυῖαν. λαγόνας ἀνειμένας, ἰσχία μὴ συνδεδεμένα, κενεῶνας λαγαρούς. οὐρὰς λεπτὰς μακράς, δασείας τὴν τρίχα, ὑγρὰς εὐκαμπεῖς, τὸ ἄκρον τῆς οὐρᾶς δασύτερον, ὑποκώλια μακρὰ εὐπαγῆ. (10) σκέλη δὲ εἰ μὲν τὰ ὀπίσθια ἔχοιεν μείζω τῶν ἔμπροσθεν, τὰ ὄρθια ἂν μεταθέοιεν ἄμεινον· εἰ δὲ τὰ ἔμπροσθεν τῶν ὀπισθίων. τὰ κατάντη· εἰ δ' ἴσα εἴη ἄμφω, τὰ πεδινά. (11) ἐπεὶ δὲ χαλεπώτερον ἐν ὀρθίῳ μὴ ἡττηθῆναι λαγῶ, ὅτι καὶ ὁ λαγὼς τὰ ὄρθια θεῖ ἄμεινον, ἐκεῖναι δοκοῦσιν γενναιότεραι αἱ κύνες, ὅσαι τὰ ὄπισθεν μείζω ἔχουσιν τῶν ἔμπροσθεν· πόδες δὲ οἱ περιφερεῖς καὶ στερροὶ κράτιστοι.

6 (1) τὰ δὲ χρώματα οὐδὲν διοίσει ὁποῖα ἂν ἔχωσιν, οὐδ' εἰ παντελῶς εἶεν μέλαιναι ἢ πυρραὶ ἢ λευκαί· οὐδὲ τὸ ὄντα ἔστω στιλπνὰ καὶ καθαρά, καὶ ἡ θρίξ, εἴτε οὖν τοῦ δασέος γένους εἴτε τοῦ ψιλοῦ τύχοιεν αἱ κύνες, λεπτὴ ἔστω καὶ πυκνὴ καὶ μαλθακή. (2) κράτιστοι δὲ ἄρρενες μέν, ὅσοι μεγάλοι τε καὶ εὐπαγεῖς ὄντες ὑπὸ ὑγρότητος θηλείαις ἐοίκασιν· θήλειαι δέ, ὅσαι διά τὸ γενναῖον καὶ μυῶδες τοῦ σώματος ἄρρεσιν. (3) τοῦ μὲν δὴ σώματος ταῦτά τις ἂν δοκεῖ μοι ἐπισκοπῶν ἀποχρῶντα τεκμήρια ποιεῖσθαι ἐς γενναιότητα, καὶ τὰ ἐναντία τοῦ ἐναντίου.

gut gebaut, die Lenden breit, kräftig und nicht fleischig, sondern sehnig, die Flanken lose, die Hüften locker, die Weichen schlaff, der Schwanz (die Rute) dünn und lang, dicht behaart (befahnt), geschmeidig und gekrümmt, die Spitze recht buschig und die Unterschenkel lang und gedrungen. (10) Wenn die hinteren Schenkel (Hinterläufe) länger als die vorderen sind, werden sie bergauf besser laufen, wenn umgekehrt die vorderen länger als die hinteren sind, besser bergab, und wenn beide gleich lang sind, besser auf ebenem Boden. (11) Da es nun schwieriger ist, bergauf hinter einem Hasen nicht zurückzubleiben, weil auch der Hase besser bergauf rennt, scheinen diejenigen Hündinnen edler zu sein, die längere Hinter- als Vorderläufe haben; runde und feste Füße sind aber die besten.

6 (1) Die Farbe mag sein, wie sie will, denn das macht keinen Unterschied, auch nicht, wenn sie ganz schwarz oder rot oder weiß ist; auch die Einfarbigkeit braucht man nicht als etwas Wildartiges zu verdächtigen, solange die vorhandene Farbe glänzend und rein ist. Das Haar sei – gleich, ob die Hündinnen der rau- oder glatthaarigen Art angehören – fein, dicht und weich. (2) Am stärksten sind die Rüden, die groß und gut gebaut sind, aber aufgrund ihrer Geschmeidigkeit den Hündinnen gleichen, und die Hündinnen, die aufgrund ihres edlen und muskulösen Körperbaus (Gebäudes) den Rüden gleichen. (3) Was nun den Körperbau betrifft, wird, wie mir scheint, jeder, der näher hinschaut, für die Reinheit ihrer Art ganz die ausreichenden Kennzeichen hervorheben sowie umgekehrt für das Gegenteil die gegenteiligen.

7 (1) οὐ μείω δὲ καὶ ἡ γνώμη τῶν κυνῶν ἐς ἑκάτερα τεκμηριοῦσθαι παρέξει τῷ ὡς χρὴ ὁρῶντι. αὐτίκα ὅσαι σκυθρωπαὶ κύνες πρὸς ἅπαντας, οὐ γενναῖαι· εἰ δὲ ἔστιν ἅς εὕροις πρὸς μὲν τοὺς ἀγνῶτας χαλεπάς, τῷ δὲ ἀνατρέφοντι προσφιλεῖς, τοῦτο ἀγαθὸν μᾶλλον ἢ κακόν. (2) ἤδη δὲ ἔγνων κύνα, ἥτις οἴκοι μὲν κατηφὴς ἦν καὶ οὐδενὶ τῶν πλησιαζόντων ἔχαιρεν· ἐπὶ θήραν δὲ ἐξαγομένη ὑπερηυφραίνετο καὶ παντὶ τῷ προσελθόντι προσμειδιῶσα καὶ προσσαίνουσα διεδήλου ὅτι ἀνιᾶται οἴκοι μένουσα. καὶ τοῦτο ἀγαθόν. (3) κράτισται δὲ αἱ φιλανθρωπόταται καὶ ὅσαις οὐκ ἔστιν ξένον ὄψις ἀνθρώπου οὐδενός. ὅσαι δὲ ἀνθρώπους δεδίασιν καὶ ὑπὸ ψόφου ἐκπλήσσονται καὶ θορυβώδεις εἰσὶν καὶ ἐπὶ πολλὰ καὶ εἰκῇ κινοῦνται – καὶ ταῦτα ἀλογίστων ἐστὶν καὶ οὐκ ἐμφρόνων –, καθάπερ ἄνθρωποι οἱ δειλοὶ καὶ ἔκφρονες, οὕτω δὲ καὶ αἱ κύνες αἱ τοιαῦται οὔποτε ἂν εἶεν γενναῖαι. (4) κακαὶ δὲ καὶ ὅσαι λυθεῖσαι τοῦ δεσμοῦ ἐν χωρίῳ οὐκ ἐπανίασιν ἐπὶ τὸν ἄγοντα ἀνακαλούμεναι, ἀλλ᾽ ἀποσκιρτῶσιν, καὶ ἦν μὲν πράως μετακαλῇς, καταφρονοῦσιν, ἢν δὲ σὺν ἀπειλῇ, δειμαίνουσαι οὐ προσίασιν. (5) ἀλλὰ χρὴ ἀποσκιρτήσασαν τὴν κύνα καὶ περιδραμοῦσαν ἐπανιέναι ἐπὶ τὸν κυναγωγόν, εἰ καὶ μὴ καλοίη αὐτήν, σημαίνουσαν ὅτι οἵα τε ὑπακούειν, εἰ δὴ ἐθέλει· ἔτι δὲ εἰ μὴ λαμβάνοιτο, πάλιν αὖ ἀποσκιρτάτω, καὶ πάλιν ἐπανίτω.

(6) πεπαιδευμέναι δέ, ὅσαι φθεγξαμένου τοῦ κυναγωγοῦ ὑποκατακλίνονται, μὴ ὑπὸ δέους, ἀλλὰ φιλοφρονούμεναι τὸν τροφέα καὶ τιμῶσαι, καθάπερ οἱ προσκυνοῦντες μέγαν

7 (1) Doch auch die Veranlagung der Hündinnen wird dem aufmerksamen Beobachter in beide Richtungen Kennzeichen übermitteln. So sind die gegen jedermann mürrischen Hündinnen nicht von edler Art; wenn man jedoch welche findet, die gegen Unbekannte schwierig, gegen den Ernährer aber freundlich sind, ist das eher gut als schecht. (2) Ich habe sogar eine Hündin gekannt, die zu Hause traurig war und gegen niemanden, der sich ihr näherte, Freude zeigte; sobald sie aber auf die Jagd mitgenommen wurde, war sie ausnehmend munter; indem sie jeden ihr Nahekommenden anschmunzelte und liebkoste, gab sie zu erkennen, dass das Zuhausebleiben sie verdrießt. Auch das ist gut. (3) Die besten aber sind diejenigen, die ganz leutselig sind und denen keines Menschen Gesicht etwas Fremdes ist. Alle diejenigen dagegen, die sich vor Menschen fürchten, bei einem Geräusch erschrecken, viel Lärm machen und häufig grundlos unruhig werden – auch das ist ein Zeichen von unbesonnenen und unvernünftigen Tieren – und die wie furchtsame Menschen auch gleich den Kopf verlieren: Solche Hündinnen können auch nie von edler Art sein. (4) Schlecht aber sind alle, die im Feld, wenn sie losgebunden (geschnallt) sind, nicht auf den Ruf des Anführers zurückkommen, sondern hin- und herrennen, und wenn man sie freundlich abruft, nicht darauf achten, wenn man droht, nicht angstvoll herankommen. (5) Vielmehr muss die Hündin, die hin- und herrennt und herumschwärmt (faselt), zu ihrem Anführer zurückkommen, auch wenn er sie nicht ruft, als Zeichen, dass sie imstande ist zu gehorchen, sobald er dies wolle. Wenn sie aber noch nicht angenommen wird, soll sie erneut hin- und herrennen und erneut zurückkommen.

(6) Gut erzogen sind diejenigen, die sich ablegen, sobald der Anführer einen Ton von sich gibt, und dies nicht aus Furcht tun, sondern um ihrem Ernährer ihre Anhänglichkeit zu bezeugen und ihn zu ehren, ganz wie diejenigen, die sich vor dem (persischen)

βασιλέα. οὐδὲ τὸ ἵστασθαι δὲ ἐν πεδίῳ λυθεῖσαν κύνα ἀγαθόν, εἰ μὴ πρεσβυτέρα τύχοι· ὄκνον γὰρ σημαίνει. (7) ταῖς δὲ γενναιοτάταις καὶ ἐπισκύνιον πρόσεστιν, καὶ σοβαραὶ φαίνονται, καὶ τὸ βάδισμα κοῦφον καὶ πυκνὸν καὶ ἁβρόν· καὶ μεταβάλλουσιν τὰς πλευράς, καὶ τὸν τράχηλον ἀνατείνουσιν, καθάπερ οἱ ἵπποι, ἐπειδὰν λαμπρύνωσιν.

8 (1) ἐσθίουσιν δὲ αἳ μὲν λάβρως αἳ δὲ κοσμίως, καὶ τὸ κόσμιον γενναιότερον τοῦ ἀκόσμου. (2) ἀγαθαὶ δέ, ὅσαι μὴ κακόσιτοι, ἀλλ' ἄρτῳ ἢ μάζῃ χαίρουσιν· κράτιστον γὰρ κυνὶ τοῦτο σιτίον, καὶ οὐ δέος μὴ ὑπερεμπλησθῇ ἀπ' αὐτοῦ. ἄμεινον δὲ εἰ ξηρᾷ τῇ τροφῇ χαίροιεν. εἰ δὲ καὶ ὕδατι καταβρέχοις καὶ τούτῳ χαίροιεν, οὐ κακόν. (3) καμνούσῃ δὲ ἐμβάλλειν ἢ ὕδωρ ἀπὸ κρέως λιπαροῦ, ἢ βοὸς ἧπαρ ἐν σποδιᾷ θερμῇ φρύξαντα, ἔπειτα τρίψαντα καθάπερ ἄλφιτα ἐπιπάττειν. (4) καὶ ταῖς γε σκυλακευομέναις ἀγαθὸν τοῦτο ἐς τὸ πῆξαι τὰ μέλη, ἐπειδὰν ἀποπαύσωνται τοῦ γάλακτος. τὸ γάλα δὲ σκυλακεῦσαι κράτιστον ἐς ἔνατον μῆνα καὶ πορρωτέρω· καὶ καμνούσῃ δὲ καὶ μαλθακιζομένῃ ἀγαθὸν καὶ πῶμα καὶ σιτίον, ἀγαθὴ δὲ καὶ ἀσιτία καμνούσῃ.

9 (1) οὐδὲν δὲ οἷον εὐνὴ μαλθακὴ καὶ ἀλεεινή. κρατίστη δὲ ἡ μετ' ἀνθρώπου, ὅτι καὶ φιλάνθρωποι ἀποτελοῦνται, καὶ τῷ χρωτὶ τῷ ἀνθρωπείῳ χαίρουσιν, καὶ φιλοῦσιν οὐ μεῖον τὸν συγκαθεύδοντα ἢ τὸν τρέφοντα. κἂν τῶν λυπούντων τὴν κύνα τις αἰσθάνοιτο, ὡς διψώσῃ τε ἐν νυκτὶ ἐπικουρῆσαι καὶ ἐπειγομένῃ ὑπό του τῶν ἀναγκαίων· γνοίη δ' ἂν καὶ ὅπως

Großkönig niederwerfen. Auch das Stehenbleiben auf dem Feld ist bei einer losgebundenen (geschnallten) Hündin nicht gut, wenn sie nicht schon älter ist; es zeigt nämlich Verdrossenheit an. (7) Die edelsten haben auch stark vortretende Augenbrauen und gewinnen dadurch ein stolzes Aussehen. Ihr Gang ist leicht, flink und zierlich; auch werfen sie die Seiten auf und recken den Hals wie die Pferde, wenn sie sich zeigen wollen.

8 (1) Einige fressen gierig, andere ruhig; und das ruhige Wesen ist edler als das unruhige. (2) Gut sind alle, die keine schlechten Fresser, vielmehr bei Brot oder Gerstengrütze vergnügt sind; das ist nämlich für eine Hündin das beste Futter; auch ist nicht zu befürchten, dass sie sich daran überfrisst. Besser ist es, wenn sie bei trockenem Futter vergnügt sind; wenn man es auch mit Wasser anfeuchtet und sie das gerne haben, ist das nicht schlecht. (3) Für eine kranke Hündin muss man entweder fette Fleischbrühe dazugeben oder eine in heißer Asche geröstete und dann zerriebene Rinderleber wie Mehl einstreuen. (4) Namentlich für diejenigen, die noch Welpen sind, ist das gut, um ihre Glieder zu stärken, wenn sie mit der Milch aufhören. Die Milch aber ist bei der Hundevermehrung die beste Nahrung bis in den neunten Monat und noch länger. Für die kranken wie auch für die schwächlichen Tiere ist sie gut als Trank wie auch als Speise: gut ist aber für die kranken auch eine Hungerkur.

9 (1) Nichts ist so (gut) wie ein weiches und warmes Lager. Am besten ist es bei einem Menschen, weil sie dadurch nicht nur menschenfreundlich werden, sondern auch an der menschlichen Haut ihre Freude haben und den, der bei ihnen schläft, nicht weniger lieb gewinnen als den, der sie füttert. Auch was die Hündin belästigt, kann man so wahrnehmen, um nachts der Dürstenden oder von einem natürlichen Bedürfnis Gedrängten zu helfen. Ebenso kann man wissen, wie sie sich ausgeruht hat, denn

ἀνεπαύσατο. εἰ γὰρ ἀγρυπνήσειεν, ἐξάγειν ἐπὶ θήραν οὐκ ἀσφαλές, οὐδ' εἰ ἐπιστάξειεν θαμινὰ ἐν τῷ ὕπνῳ, οὐδ' εἴ τι ἀπεμέσειεν τῶν σιτίων· ταῦτα δὲ γνοίη ἂν ὁ συναναπαυόμενος. (2) κακίστη δὲ κοίτη κυνῶν μετὰ κυνῶν, πολὺ δὲ πλέον, εἰ καὶ ἐπιψαύουσαι ἀλλήλων ἀναπαύοιντο· ὡς ἄνθρωπος μὲν συγκαθεύδων κυνὶ ἀφαιρεῖ τοῦ χρωτὸς τὸ ἀνιαρόν· κύνες δὲ ἐν ταὐτῷ ἀναπαυόμεναι ὅ τι περ πονηρὸν τοῦ χρωτὸς τῷ πλησιάζειν τε καὶ ἐκθερμαίνειν ἐπάξουσιν· ὥστε φώρας ἐμπίμπλασθαι τὸ πολύ, ὁπότε ἐν ταὐτῷ ἀναπαύοιντο. (3) δηλοῖ δὲ καὶ ἡ ὀδμή, ἐπειδὰν ἐσέλθῃς οὗ κύνες πολλαὶ ἀναπαύονται· οὕτω χαλεπή τέ ἐστιν καὶ δριμεῖα.

10 (1) μέγα δὲ ὄφελος κυνὶ καὶ τρῖψις τοῦ σώματος παντός, οὐ μεῖον ἢ ἵππῳ· τά τε γὰρ μέλη πῆξαι καὶ ῥῶσαι ἀγαθή, καὶ τὴν τρίχα μαλθακὴν ἐργάζεται καὶ τὴν χρόαν στιλπνήν, καὶ τοῦ χρωτὸς ἀποκαθαίρει ὅ τι περ πονηρόν. (2) τρίβειν δὲ τὰ μὲν νῶτα καὶ τὴν ὀσφὺν τῇ δεξιᾷ, ὑποθέντα τὴν ἀριστερὰν τῇ λαγόνι, ὡς μὴ ἐπιθλιβομένην ἄνωθεν τὴν κύνα ὀκλάζουσαν κακοπαθεῖν· (3) τὰς δὲ πλευρὰς ἑκατέρᾳ τῇ χειρί, καὶ τοὺς γλουτοὺς μέχρι ἄκρων τῶν ποδῶν, καὶ τὰς ὠμοπλάτας ὡσαύτως. (4) ἐπειδὰν δ' ἱκανῶς φαίνωνται ἔχειν, ἐπαίρειν τῆς οὐρᾶς λαβόμενον καὶ ἀνατείναντα ἀφιέναι· ἣ δὲ διασείσεταί τε ἀφεθεῖσα καὶ δήλη ἔσται ὅτι ἠγάπησεν τὸ πραχθέν.

11 (1) δεδέσθαι δὲ κύνα γενναίαν δι' ἡμέρας, ὥσπερ τι ἄλλο, ἀγαθόν· εἰ δὲ μή, ἀναγώγους ἀποτελεῖσθαι ἀνάγκη. καὶ εἴ ποτε ἄρα δεσμοῦ δεηθεῖεν, ἀσχάλλουσιν καὶ κλαυθμυρίζονται

wenn sie schlaflos geblieben sein sollte, ist es nicht sicher, sie auf die Jagd mitzunehmen, auch nicht, wenn sie im Schlaf häufige Ausscheidungen gehabt oder etwas von den Speisen ausgespuckt hätte. Das alles würde der Schlafgenosse wahrnehmen. (2) Das schlechteste Lager aber haben Hündinnen bei Hündinnen, und das um so mehr, wenn sie auch unter gegenseitiger Berührung lagern. Ein zusammen mit den Hündinnen schlafender Mensch nimmt nämlich das Widrige der Haut weg; Hündinnen aber, die an ein und demselben Ort liegen, werden durch Annäherung und Erwärmung alles übertragen, was die Haut Schlimmes hat. Daher sind sie auch in der Regel voller Räude, wenn sie an einem Ort zusammen liegen. (3) Die Ursache offenbart schon die Ausdünstung, wenn man den Ort betritt, wo viele Hündinnen zusammen liegen: So lästig und durchdringend zugleich ist sie.

10 (1) Sehr wohltuend für die Hündin ist auch das Abreiben des ganzen Körpers, ebenso wie für das Pferd. Es dient nämlich dazu, die Glieder zu stärken und zu kräftigen. Das Haar macht es weich und die Farbe glänzend, die Haut reinigt es von allem Unrat. (2) Reiben aber muss man den Rücken und das Kreuz mit der rechten Hand, während man die linke unter die Flanke legt, damit sich die oben geriebene Hündin nicht duckt und Schaden nimmt; (3) die Seiten dagegen und die Hinterbacken bis zu den Spitzen der Läufe reibe man mit beiden Händen zugleich, ebenso die Schulterblätter. (4) Wenn man fertig zu sein glaubt, fasse man die Hündin am Schwanz (Rute) und hebe ihn auf, strecke ihn und lasse sie dann laufen. Losgelassen wird sie sich tüchtig schütteln und es wird offenbar sein, dass sie das Geschehene gern gehabt hat.

11 (1) Eine edle Hündin den Tag über anzubinden ist so gut wie sonst kaum etwas. Anderenfalls werden die Tiere notwendigerweise ungezogen; wenn sie dann je einmal angebunden werden

καὶ ἀπεσθίουσιν τοὺς ἱμάντας· ὥστε σιδήρου δεῖν ἐπ' αὐταῖς, καθάπερ ἐπὶ ἀνθρώποις τοῖς κακούργοις. (2) καὶ ἐσθίειν δὲ ἀνάγκη λελυμένην κύνα πᾶν τὸ ἐμπεσόν, καὶ τὸ ἀκμαῖον τοῦ δρόμου ἀφαιρεῖται αὐτῶν ὁ δι' ἡμέρας περίπατος. ἀλλὰ χρὴ τεταγμένα μὲν περιπατεῖν, τὸ πολὺ δὲ ἀμπαύεσθαι.

12 (1) προάγειν δὲ τὰς κύνας τοὐλάχιστον τετράκις ἐπὶ τῇ ἡμέρᾳ ἐς ὁμαλὸν χωρίον καὶ καθαρόν. ἐνταῦθα ἀφιέναι τοῦ δεσμοῦ, τῶν τε ἀναγκαίων ἕνεκα καὶ ἐς τὸ ἀποσκιρτᾶν καὶ διαθεῖν· (2) εἰ δὲ ἀργοῦσαι ἀπὸ θήρας τύχοιεν, καὶ πλεονάκις τοῦτο δρᾶν. καὶ δύο ἐπιλύειν ἐν ταὐτῷ, ὥστε ἁμιλλωμένας καὶ παιζούσας ὁμοῦ μὲν εὐφραίνεσθαι ὁμοῦ δὲ γυμνάζεσθαι. (3) πολλὰς δὲ μὴ λύειν ἐν ταὐτῷ· ἐμπίπτουσαι γὰρ ἀλλήλαις ἔστιν ὅτε μεγάλα κακὰ ἐργάζονται.

(4) ἀλλὰ μηδὲ σκληρὰν κύνα καὶ πεπηγυῖαν ἅμα τῇ σκυλακευομένῃ λυέτω· βαρεῖα γὰρ αὕτη καὶ ἀνιαρὰ συμφέρεσθαι, καὶ διώκουσά τε αἱρεῖ καὶ ἀποφεύγουσα ἀπολείπει εὐμαρῶς, ὥστε ἀθυμεῖν ἀνάγκη τὸ σκυλάκιον ἐν ἑκατέρῳ μεῖον φερόμενον. (5) ἀλλὰ μηδὲ ὅσαι διεχθρεύουσιν ἀλλήλαις, μηδὲ ταύτας λύειν ὁμοῦ, ὡς μὴ λυμαίνωνται ἀλλήλας· εἰσὶν γάρ τοι κύνες ἐχθραὶ ἀλλήλαις καὶ ἄφιλοι, καθάπερ ἄνθρωποι, καὶ μάλιστα δὴ οἵ τε ἄρρενες τοῖς ἄρρεσιν καὶ αἱ θήλειαι ταῖς θηλείαις, τὸ πολὺ ὑπὸ φθόνου. καὶ οὐδὲ τούτων ἀμελῶς χρὴ ἔχειν.

müssen, werden sie böse, winseln und zernagen die Riemen, so dass man sie in Eisen legen muss, wie bei den Menschen die Übeltäter. (2) Auch frisst die losgebundene Hündin notwendig alles, was ihr vorkommt, und das Herumlaufen am Tag bringt sie um die eigentliche Schnelligkeit. Vielmehr muss man sie zu bestimmten Zeiten spazieren führen, zumeist aber ausruhen lassen.

12 (1) Ausführen muss man die Hündinnen mindestens viermal am Tag auf einen ebenen und sauberen Platz. Hier muss man sie teils der natürlichen Bedürfnisse halber, teils zum Herumspringen und Hin- und Herlaufen losbinden (schnallen). (2) Wenn sie sich auf der Jagd verdrossen zeigen sollten, muss man gerade dies häufig tun und zwei an demselben Platz losbinden (schnallen), damit sie sich wetteifernd und spielend zusammen vergnügen und zusammen üben. (3) Viele darf man aber nicht an ein und demselben Platz losbinden, denn wenn sie übereinander herfallen, richten sie manchmal großen Schaden an.

(4) Auch eine erstarkte und kräftige Hündin soll man nicht zugleich mit einer, die noch Welpe ist, loslassen. Die nämlich gesellt sich nur ungern und widerwillig bei und es ist ein Leichtes, sie beim Verfolgen einzuholen und beim Flüchten hinter sich zu lassen, so dass das Welpentier, weil es jeweils unterliegt, notwendig mutlos werden muss. (5) Aber auch Hündinnen, die feindselig gegeneinander sind, darf man nicht zur gleichen Zeit losbinden (schnallen), damit sie nicht miteinander raufen. Es gibt nämlich unter den Hunden Feinde und Gegner wie unter den Menschen, und zwar zumeist Rüde gegen Rüde und Hündin gegen Hündin, in der Regel aus Eifersucht; auch gegen diese darf man sich nicht gleichgültig verhalten.

13 (1) καὶ δὴ χειμῶνος μὲν ὥρῳ ἅπαξ σιτεῖσθαι τὰς κύνας ὀλίγον πρὸ τῆς ἑσπέρας· ἥ τε γὰρ ἡμέρα βραχεῖα, καὶ χρὴ γεγυμνάσθαι αὐτάς, ὥστε, εἰ δέοι πόρρω τῆς ἡμέρας διαπονεῖσθαι ἐν θήρᾳ, τοῦ λιμοῦ ἀνέχεσθαι. (2) θέρους δὲ ἀγαθὸν καὶ ὄρθρου ὀλίγον δοῦναι ἐμφαγεῖν, ὡς μὴ ἀποκναίεσθαι ὑπὸ μήκους· καὶ γὰρ εἰ διψήσειαν, ἀλυπότερον ἂν πίνοιεν ἐμφαγοῦσαι. εἰ δὲ καὶ στέαρ ταριχευόμενον καθείης τῆς κυνός, ἀγαθὸν καὶ τοῦτο. (3) εἰ δὲ μέγα τὸ καῦμα ἐπιφλέγοι, ᾠὸν ἐμβαλόντα ἐς τὴν χεῖρα καὶ ἀνατείναντα τῆς κυνὸς τὸ στόμα καθεῖναι, ὡς ἀθρόον καταπιεῖν. καὶ τοῦτο σιτίον τε ἱκανὸν ἔσται αὐτῇ, καὶ ἀναψύξει τὸ ἄσθμα, καὶ ἀναπαύσει τὸ δῖψος.

14 (1) ἐξάγειν δὲ ἐπὶ θήραν ἦρος μὲν καὶ φθινοπώρου θαμινά· ἀσφαλέσταται γὰρ αἱ ὧραι αὗται ταῖς κυσίν. (2) θέρους δὲ ὀλιγάκις καὶ τὸ πολὺ διαλείποντα, εἰ πνῖγος εἴη· οὐ γὰρ ἀνέχονται καύματος αἱ κύνες, ἀλλὰ πολλαὶ ἤδη διώξασαι ἀνὰ κράτος ἀπεπνίγησαν ὑπὸ τοῦ ἄσθματος. (3) τούτου δὴ ἕνεκα φέρειν χρὴ ᾠὰ τὸν κυνηγέτην, ὥστε, εἰ ὑπερασθμαίνοι ἡ κύων, καθιέναι ἀθρόα· οὐ γάρ ἐστιν ὅ τι μᾶλλον ἀναψύχει τε αὐταῖς τὸ καῦμα καὶ τὸ ἄσθμα ἀμπαύει. (4) εἰ δὲ πίοι ἀθρόον ὑπερασθμαίνουσα, καὶ τοῦτο οὐκ ἀσφαλές. τούτων δὴ ἕνεκα χρὴ φυλάσσεσθαι ἐν καύματι ἐξάγειν. (5) καὶ χειμῶνος δὲ μὴ ἐξάγειν, εἰ τὸ κρύος τύχοι χαλεπόν, καὶ πολὺ δὴ μάλιστα, εἰ πεπηγυῖα ἡ γῆ τύχοι· ἀποκαίονται γὰρ ἐν τῷ κρυστάλλῳ αἱ κύνες, καὶ τοὺς ὄνυχας ἔστιν αἳ ἀπολλύουσιν, καὶ τὰ νέρθεν τῶν ποδῶν αὐταῖς ῥήγνυται. (6) εἰ δὲ εὐψυχότεραι εἶεν, θραύοιεν ἂν περὶ τῷ κρυστάλλῳ τὰ ὀστᾶ τῶν ποδῶν ἀφειδῶς θέουσαι. ὁ

13 (1) Im Winter füttere man die Hündinnen nur einmal kurz vor Abend. Der Tag ist ja kurz und sie müssen eingeübt werden, damit sie, wenn sie weit in den Tag hinein auf der Jagd zu arbeiten haben, den Hunger ertragen können. (2) Im Sommer aber ist es gut, ihnen auch ein wenig Brot zu fressen zu geben, damit sie sich nicht (wegen der Länge des Tages) aufreiben, denn auch, falls sie Durst haben sollten, werden sie dann, wenn sie zwischendurch zu fressen bekommen, ungefährdeter trinken. Wenn man einer Hündin auch eingesalzenen Speck bringt, ist das gleichfalls gut. (3) Wenn aber große Hitze zu schaffen macht, nehme man ein Ei in die Hand, sperre der Hündin den Mund (das Maul) auf und bringe es ihr so bei, dass sie es ganz hinunterschlucken muss. Das wird Nahrung genug für sie sein und dazu das Keuchen kühlen sowie den Durst stillen.

14 (1) Auf die Jagd ausführen muss man die Hündinnen fleißig im Frühjahr und im Herbst, denn das sind die gefahrlosesten Zeiten für die Hündinnen, (2) seltener im Sommer, in der Regel dann auch mit Unterbrechung, wenn es sehr heiß ist, denn Hitze können die Hündinnen nicht ertragen; schon manche ist bei angestrengter Verfolgung am Keuchen erstickt. (3) Deshalb muss der Jäger Eier mitnehmen, um sie der Hündin, wenn sie allzu sehr keucht, ganz beizubringen, denn nichts ist besser, ihr die Hitze zu kühlen und dem Keuchen abzuhelfen. (4) Wenn sie das Ei aber bei übermäßigem Keuchen ganz verschluckt, ist auch das nicht sicher. Deshalb muss man sich hüten, (die Hündinnen) in der Hitze auszuführen. (5) Auch bei starker Kälte im Winter darf man sie nicht ausführen, am allerwenigsten aber, wenn der Boden gerade hart gefroren ist, denn es erleiden die Hündinnen auf dem Eis Erfrierungen und es kommt vor, dass sie die Klauen verlieren und die unteren Teile der Läufe erfrieren. (6) Wenn sie aber besonders jagdeifrig sind, könnten sie sich auf dem Eis bei schonungslosem Lauf auch die Knochen der Füße brechen. Der

δὲ λαγὼς κοῦφός τέ ἐστιν καὶ δασεῖς ἔχει τοὺς πόδας, ὥστε ἀλύπως θεῖν ἐν τῷ πάγῳ.

15 (1) χρὴ δὲ ὅστις κύνας ἀγαθὰς ἔχει μήτε ἐγγύθεν ἐπιλύειν τῷ λαγῷ μήτε πλείους δυοῖν· καὶ γὰρ εἰ πάνυ ὠκὺς τύχοι καὶ πολλὰς πολλάκις κύνας διαπεφευγώς, ἀλλά γε ἐξ εὐνῆς ἀνιστάμενον καὶ σὺν βοῇ ἐπικειμένων ἐκπλαγῆναι ἀνάγκη καὶ πατάσσειν αὐτῷ τὴν καρδίαν. καὶ ἐν τούτῳ πολλάκις γενναῖοι λαγῷ ἀκλεῶς ἀπώλοντο, μηδὲν μήτε δράσαντες μήτε ἀποδειξάμενοι μνήμης ἄξιον. ἐᾶν δὴ ὑπεκφυγεῖν ἀπὸ τῆς εὐνῆς καὶ ἀναθαρρῆσαι. (2) ὃ δέ, εἰ τύχοι δρομικός, ἐπαρεῖ εὐθὺς τὰ ὦτα καὶ μεγάλα ἀπὸ τῆς εὐνῆς πηδήσεται· οἳ δὲ διαρρίψαντες τὰ μέλη, καθάπερ οἱ σκιρτῶντες, ἀπευθυνοῦσιν τὸν δρόμον. καὶ τότε ἄρα ἐστὶν τὸ θέαμα ἄξιον τῶν πόνων, ὅσους ἐπὶ ταῖς κυσὶν πονεῖν ἀνάγκη.

16 (1) κράτιστοι δὲ τῶν λαγῶν οἱ ἐν τόποις περιφανέσιν καὶ ἀναπεπταμένοις τὰς εὐνὰς ἔχοντες· ὑπὸ θάρρους γὰρ οὐκ ἀποκρύπτουσιν σφᾶς, ἀλλὰ προκαλοῦνται, ἐμοὶ δοκεῖν, τὰς κύνας. (2) οἱ δὲ αὐτοὶ οὗτοι ἐπειδὰν διώκωνται, οὐκ ἐπὶ τὰς νάπας φεύγουσιν οὐδὲ ἐπὶ τὰ ἄλση, εἰ καὶ πάνυ πλησίον τύχοι ὄντα, ὥστε εὐμαρῶς ἀφελέσθαι αὐτοὺς τοῦ κινδύνου, ἀλλ᾽ ἐς τὰ πεδία βιάζονται, ἐρίζοντες πρὸς τὰς κύνας. καὶ εἰ μὲν βραδεῖαι κύνες ἕποιντο αὐτοῖς, τοσοῦτον ὅσον διώκονται θέουσιν· εἰ δὲ ὠκεῖαι, ὅση δύναμις. (3) πολλάκις δὲ ἤδη ἐς τὰ πεδία ἐκτραπέντες εἰ αἴσθοιντο ἐφομαρτοῦσαν κύνα ἀγαθήν, ὡς ἐπισκιάζεσθαι ὑπ᾽ αὐτῆς, θαμινὰ ἐν τοῖς ἐξελιγμοῖς

Hase dagegen ist leicht und hat haarige und weiche Füße (Pfoten), so dass er ungefährdet auf dem Eis laufen kann.

15 (1) Wer gute Hündinnen hat, soll sie weder nahe beim Hasen losbinden (schnallen) noch mehr als zwei auf einmal, denn auch wenn der Hase schnell ist und vielfach vielen Hündinnen entkommen sein sollte, wird er doch, aus dem Lager (Sasse) aufgescheucht und auch von den Hündinnen unter Geschrei hart verfolgt, notwendig erschrocken sein und das Herz wird ihm klopfen. Auch sind in solcher Lage oft schon ganz wackere Hasen schmählich umgekommen, ohne etwas Nennenswertes getan oder aufgezeigt zu haben. Man muss ihn vielmehr vom Lager aus flüchten und wieder zu sich kommen lassen. (2) Er wird, wenn er etwa ein guter Läufer ist, sogleich die Ohren (Löffel) spitzen und vom Lager aus einen großen Absprung machen. Einige machen auch einen Satz wie die Sprungtänzer und nehmen dann den Lauf geradeaus. Und das ist wahrhaftig ein Schauspiel, das alle die Mühen lohnt, mit denen man die Hündinnen anstrengen muss!

16 (1) Die tüchtigsten Hasen sind diejenigen, die ihre Lager (Sassen) an ganz frei und offen daliegenden Orten haben, denn aus Keckheit verbergen sie sich nicht, sondern fordern vielmehr, wie mir scheint, die Hündinnen heraus. (2) Diese sind es, die, wenn sie verfolgt werden, nicht zu den Schluchten und Gehölzen flüchten, selbst wenn diese gerade ganz nahe sein sollten, so dass sie sich leicht der Gefahr entziehen könnten. Vielmehr werfen sie sich mit Absicht in das offene Feld, um mit den Hündinnen zu wetteifern; wenn schwerfällige Hündinnen hinter ihnen her sind, laufen sie in demselben Verhältnis, wie sie verfolgt werden; wenn aber schnelle, mit aller Macht. (3) Oft jedoch, wenn sie sich bereits in das offene Feld gewendet haben, aber eine gute Hündin hinter sich wahrnehmen und bemerken, dass sie von ihr beschattet werden, machen sie diese durch häufige Absprünge verrückt

διαρρίψαντες αὐτὴν οἳ δὲ τρέπονται αὖ ἐπὶ τὰς νάπας, ἢ εἴ που κατάδυσιν γιγνώσκοιεν. καὶ τοῦτο τεκμήριον ποιητέον ὅτι ἐκράτησεν ἡ κύων τοῦ λαγώ·

(4) οὐ γάρ τοι ἐπὶ τῷ ἁλῶναι τὸ θηρίον ἐξάγουσιν τὰς κύνας ἀλλ' ἐς ἀγῶνα δρόμου καὶ ἅμιλλαν οἵ γε τῇ ἀληθείᾳ κυνηγετικοί. καὶ ἀγαπῶσιν εἰ ἐπιτύχοι ὁ λαγὼς τοῦ διασώσοντος, (5) καὶ καταφυγόντα ἐς ἀκάνθας ἔστιν ὅτε ὀλίγας καὶ ἐπτηχότα καὶ ἀπαγορεύοντα ἰδόντες οἳ δὲ ἀνακαλοῦσιν τὰς κύνας, καὶ μάλιστα δή, εἰ καλῶς διαγωνίσαιτο. ὥστε πολλάκις ἤδη ἔγωγε ἐφ' ἵππου ἐφομαρτῶν τῷ δρόμῳ καὶ ἁλόντι ἐπελθὼν ζῶντα ἀφειλόμην, καὶ ἀφελόμενος καὶ δήσας τὴν κύνα ἀφῆκα διαφυγεῖν τὸν λαγῶ. καὶ εἰ ὕστερος ἀφικόμην ἢ ὥστε διασῶσαι, ἔπαισα τὴν κεφαλήν, ὅτι ἀνταγωνιστὴν ἄρα ἀγαθὸν ἀπώλεσαν αἱ κύνες. (6) καὶ τούτου μόνου ἕνεκα οὐ σύμφημι τῷ ἐμαυτοῦ ὁμωνύμῳ, ἀλλ' εὑρισκόμενον μὲν ὅστις ἴδοι τὸ θηρίον καὶ διωκόμενον καὶ μεταθεόμενον, συγχωρῶ διότι ἐπιλάθοιτο ἂν εἴ του ἐρῴη· ἁλισκόμενον δὲ ἰδεῖν οὔτε ἡδὺ τὸ θέαμα ἀποφαίνω οὔτε ἐκπληκτικὸν ἀλλ' ἀνιαρὸν μᾶλλον, καὶ οὐκ ἂν ἐπί γε τούτῳ ἐπιλαθέσθαι ἄν τινα εἴ του ἐρῴη. (7) ἀλλ' ἐκείνῳ γε τῷ Ξενοφῶντι, οὐκ ἐγνωκότι τὰς ὠκείας κύνας, συγγνωστὸν εἰ καὶ ἁλισκόμενος λαγὼς μέγα θέαμα ἐφαίνετο. (8) ἐφομαρτούσας δὲ τῷ δρόμῳ ἐπικλάζειν εἰ καὶ μὴ παρακελευσαίμην, οἶδα ὅτι πολλὴ ἀνάγκη· ὥστε κἂν ἄναυδον κύνα ῥῆξαι φωνήν, οὐ μεῖον ἤ, ὡς λόγος, τὸν Κροίσου υἱέα.

und wenden sich sofort den Schluchten zu, oder wo sie sonst einen Schlupfwinkel wissen. Das ist als ein Beweis dafür anzusehen, dass die Hündin dem Hasen überlegen ist.

(4) Es führen nämlich jedenfalls die rechten Jägersleute die Hündinnen auf die Jagd nicht zum Fangen des Wildes, sondern zum Kampf und Wetteifer im Lauf; sie sind zufrieden, wenn der Hase den rettenden Ort glücklich erreicht. (5) Wenn sie den Hasen sehen, der sich manchmal in dünnes Dorngebüsch flüchtet und angstvoll und ermattet ist, rufen sie die Hündinnen ab, zumal wenn er den Kampf gut bestanden hat. Ich jedenfalls habe daher schon oft, wenn ich der Jagd zu Pferd folgte, den gefangenen Hasen befreit, wenn er noch lebte, die Hündin angebunden und den Hasen frei flüchten lassen; und wenn ich zu spät zu dem Platz kam, um ihn zu retten, habe ich mich vor den Kopf geschlagen, dass die Hündinnen einen so tüchtigen Wettläufer getötet (abgewürgt) haben. (6) Nur darin stimme ich auch nicht mit dem mir gleichnamigen (Xenophon; s. o. S. 14) überein; wir beide finden aber, dass jeder, wenn er sieht, wie der Hase aufgespürt, gefunden, verfolgt und ihm nachgerannt wird, alles, was er sonst liebt, vergäße (Xenophon, *Kynegetikos* 5,33)! Doch ich behaupte, den (Hasen) gefangen zu sehen, ist weder ein anmutiges noch ein grausiges Schauspiel, sondern eher ein widerliches; kein Mensch dürfte darüber jedenfalls alles vergessen, was er sonst lieb hat. (7) Doch ist es freilich jenem Xenophon, der keine schnellen Hündinnen gekannt hat, zu verzeihen, wenn ihm auch der gefangene Hase als ein großes Schauspiel erschien. (8) Dass jeder, der dem Jagen folgt, ganz notwendig auch ohne Zuspruch zum Mitleid angeregt wird, weiß ich, ja, dass selbst ein Stummer nicht minder in einen Laut ausbrechen könnte, wie nach der Sage der Sohn des Kroisos (der nach Herodot 1,34 stumm war und erstmals sprechen konnte, als sein Vater auf dem Scheiterhaufen verbrannt werden sollte).

17 (1) καὶ τὴν κύνα δὲ ἀνακαλεῖν ἀγαθόν· χαίρουσιν γὰρ τὴν φωνὴν τοῦ δεσπότου γνωρίζουσαι, καὶ παραμυθίαν ἴσχουσιν τῶν τόνων τὸ γιγνώσκειν ὅτι θεατὴς αὐταῖς πάρεστιν καὶ ὅτι οὐ λανθάνουσιν ἀγωνιζόμεναι καλῶς. (2) καὶ δὴ τὸ ἐν πρώτῳ μὲν δρόμῳ, ὁσάκις φίλον, ἀνακαλεῖν οὐ κωλύω· ἐν δευτέρῳ δὲ ἢ τρίτῳ, ὁπότε εἰκὸς διαπεπονῆσθαι τὴν κύνα, κωλῦσαι ἄν μοι δοχῶ θαμινὰ ἀνακαλεῖν αὐτὴν ὀνομαστί, μή ποτε ἄρα ὑπὸ μένους καὶ προθυμίας, χαρίζεσθαι τῷ δεσπότῃ ἐθέλουσα, ἔπειτα παρὰ δύναμιν ἐνταθεῖσα ῥήξειέν τι τῶν ἐντός. πολλαὶ γὰρ ἤδη οὕτω γε κύνες καὶ αἱ γενναιόταται διεφθάρησαν. (3) ἀλλὰ τηνικαῦτα ἀφιέναι διαγωνίζεσθαι, ὅπως ἐθέλουσιν· οὐ γάρ τοι οὐδ᾽ ἴσος ἀγὼν λαγῷ καὶ κυνί· ἀλλ᾽ ὃ μὲν ὅποι βούλεται θεῖ, ἣ δὲ ἐφομαρτεῖ· καὶ ὃ μὲν ἐξελίξας τὸν δρόμον καὶ διαρρίψας τὴν κύνα ἵεται τοῦ πρόσω, ἥ δέ, εἰ διαρριφθείη, πλάζεται. καὶ ἀνάγκη φθάσαντα αὖ μεταθεῖν καὶ ἀναλαβεῖν, ὅσον ἐξηνέχθη τοῦ δρόμου. (4) καὶ αἱ δυσχωρίαι δὲ πρὸς τοὺ λαγὼ μᾶλλόν τί εἰσιν ἢ τῆς κυνός, οἷα τὰ τραχέα καὶ οἱ φελλεῶνες καὶ τὰ σιμὰ καὶ τὰ ἀνώμαλα, ὅτι κοῦφός τέ ἐστιν καὶ οἱ πόδες αὐτῷ ὑπὸ δασύτητος οὐ ῥήγνυνται ἐν τοῖς τραχέσιν. καὶ τὸ περὶ τὸ περὶ ψυχῆς δὲ θεῖν ἀφαιρεῖται τὴν αἴσθησιν τῶν δυσκόλων.

18 (1) ἔχουσαν δὲ τὴν κύνα ἢ καὶ ἄλλως κρατήσασαν τῷ δρόμῳ καταπηδήσαντα ἀπὸ τοῦ ἵππου καταψᾶν χρὴ ἐπευφημοῦντα, καὶ τὴν κεφαλὴν φιλεῖν, καὶ τὰ ὦτα ἀποτείνειν, καὶ ὀνομαστὶ ἐπιλέγειν »εὖγε ὦ Κιρρά, εὖγε ὦ Βόννα, καλῶς γε ὦ Ὁρμή,« καὶ ὅ τι περ ἄλλο ἑκάστῃ ὄνομα αὐτὰ τοῦτο ἀνακαλοῦντα·

17 (1) Auch der Hündin zuzusprechen, hat sein Gutes; sie freuen sich ja, wenn sie die Stimme ihres Herrn erkennen, und finden Trost für ihre Anstrengungen in dem Bewusstsein, dass sie einen Zuschauer haben und bei einem guten Kampf nicht ungesehen bleiben. (2) So habe ich nichts dagegen, wenn man ihr beim ersten Lauf zuspricht, sooft es freundlich geschieht. Dagegen aber, dass man sie beim zweiten und dritten Lauf, bei dem die Hündin erwartungsgemäß abgearbeitet ist, häufig beim Namen ruft, glaube ich mich aussprechen zu müssen, damit sie nicht etwa in Hitze und Willigkeit sich sofort übermäßig anstrengt, um dem Herrn zu gefallen, und so einen der inneren Teile zerreißt. Auf diese Weise sind nämlich schon viele Hündinnen – und gerade die edelsten – zugrunde gegangen. (3) Vielmehr muss man sie dann zum Wettkampf frei laufen lassen, so wie sie wollen, denn der Kampf ist für Hasen und Hündin durchaus kein gleicher: Jener läuft, wohin er will; diese jagt ihm nach; jener sucht das Weite, indem er Absprünge macht und vor der Hündin hin- und hersprengt; diese sprengt herum, geht irre und muss notwendig dem weiter Vorausgekommenen wiederum nacheilen und wieder nachholen, was sie sich von der Spur hat abbringen lassen. (4) Auch die ungünstigen Örtlichkeiten kommen mehr dem Hasen als den Hündinnen zugute – etwa ein rauer, steiniger, ansteigender und unebener Boden –, da der Hase nicht nur leicht ist, sondern auch seine Läufe, weil sie behaart sind, in rauen Strichen nicht verletzt und er, weil er um sein Leben läuft, für die Unannehmlichkeiten so gut wie unempfindlich wird.

18 (1) Wenn die Hündin nun den Hasen hat oder ihn sonst im Lauf besiegt hat, muss man vom Pferd steigen und sie unter Lobsprüchen preisen (abliebeln), ihr freundlich über den Kopf streichen, sie an den Ohren (Behang) kraulen und ihr mit Namen zurufen: »Gut so, Kirrha! Gut so, Bonna! Recht so, Horme!« und sonst jede mit dem Namen ansprechen, denn sie haben Freude

χαίρουσιν γὰρ ἐπαινούμεναι, καθάπερ τῶν ἀνθρώπων οἱ γενναῖοι. ἣ δὲ εἰ μὴ τύχοι ἀπηγορευκυῖα, πρόσεισιν ἐπιμειδιῶσα καὶ φιλοφρονουμένη. (2) ἀγαθὸν δὲ ἐπὶ τούτῳ καὶ καλινδεῖσθαι τὴν κύνα, καθάπερ τοὺς ἵππους ὁρῶμεν· δῆλον γὰρ ὅτι μὴ ἀπηγόρευσεν ὑπὸ τοῦ δρόμου, καὶ ἅμα τὸν κάματον παύει αὐτῶν.

19 (1) θηρῶσιν δὲ Κελτοί, ὅσοι μὲν πλουτοῦσιν αὐτῶν καὶ τρυφῶσιν, ἕωθεν ἐκπέμποντες ἐς τὰ χωρία τὰ ὕποπτα τοὺς κατοπτεύσοντας, ὅπου τυγχάνει ἀναπαυόμενος λαγώς· καὶ ἔστιν ὁ ἀγγέλλων, εἰ τύχοι ὀφθείς, ἢ ὁπόσοι ἂν τύχωσιν, (2) ἔπειτα ἀφικόμενοι μεθιᾶσιν τὰς κύνας, ἐξεγείραντες τὸ θηρίον, αὐτοὶ δὲ ἐφ᾽ ἵππων ἕπονται.

20 (1) ὅσοις δὲ οὐκ εἰσιν οἱ κατοπτεύσοντες, οἵ μὲν αὐτῶν πλείους συνθήρους συναγαγόντες ἐξίασιν ἐφ᾽ ἵππων, καὶ τὰ ὕποπτα ἐπερχόμενοι, ὅπου ἂν τύχῃ ἐξεγερθεὶς λαγώς, μεθιᾶσιν τὰς κύνας· ὅσοι δέ τι μᾶλλον αὐτουργοί εἰσιν κυνηγεσίων, πεζοὶ ἐξίασιν, εἷς δέ τις αὐτοῖς ἐφ᾽ ἵππου ἐφομαρτεῖ, καὶ οὗτος διώκειν τέτακται ἅμα ταῖς κυσίν. (2) ἐκπεριιίασιν δὲ ἐπὶ μετώπου ταχθέντες· ἔπειτα ἐπ᾽ εὐθείας προελθόντες, ὅσον σύμμετρον διανῦσαι, ἐπιστρέψαντες αὖ ἀνακάμπτουσιν παρὰ τὰ αὐτὰ διὰ τῶν αὐτῶν, μηδὲν ἐς δύναμιν παραλείποντες τῶν ὑπόπτων. (3) χρὴ δὲ εἰ πλείους κύνας ἐπαγάγοιντο, μὴ εἰκῇ τεταγμένους ἰέναι· εἰ γάρ τοι ἐξεγερθείη τῆς εὐνῆς λαγώς, οὐκ ἔστιν ὅστις ἂν ἀπόσχοιτο μὴ οὐκ ἐφεῖναι τὴν ἑαυτοῦ κύνα, ὃ μὲν ἐπιθυμίᾳ τοῦ θέουσαν ἰδεῖν τὴν αὑτοῦ ἕκαστος, ὃ δέ τις ἐκπλαγεὶς

am Lob, wie auch unter den Menschen die edel denkenden. Die Hündin aber kommt, wenn sie nicht gerade ermattet ist, freundlich und liebreich herbei. (2) Gut ist es, wenn sich die Hündin daraufhin auch wälzt, wie wir es bei den Pferden sehen, denn es zeigt sich damit, dass sie nicht vom Lauf ermüdet ist; zugleich beendet es ihr die Ermattung.

19 (1) Die Jagd betreiben alle Kelten, die reich sind und ein vornehmes Leben führen, so, dass sie frühmorgens an die vermuteten Plätze Leute aussenden, die auskundschaften sollen, wo etwa ein Hase lagert. Auch haben sie jemanden, der meldet, wenn einer gesehen worden ist oder wie viele es sind. (2) Sodann binden sie, wenn sie selbst auf dem Platz angekommen sind, die Hündinnen los (schnallen sie), stoßen das Hasentier auf und setzen ihm zu Pferd nach.

20 (1) Alle aber, die keine Kundschafter haben, ziehen zum Teil in Gesellschaft mehrerer Jagdgenossen zu Pferd aus, und wenn sie an die vermuteten Plätze gekommen sind, binden sie die Hündinnen los (schnallen sie), wo gerade ein Hase aufgestoßen wird. Diejenigen, die das Jagen eher auf eigene Faust betreiben, ziehen zu Fuß aus; zu Pferd folgt ihnen ein einziger, dessen Aufgabe es ist, mit den Hündinnen zugleich nachzusetzen. (2) Sie suchen die Gegend ab, indem sie sich in eine Linie stellen und dann geradeaus vorgehen, gleichförmig, so wie sie durchkommen können; dann wiederum kehren sie um und gehen direkt neben oder auf derselben Strecke zurück, indem sie nach Kräften keinen der vermuteten Punkte übergehen. (3) Es dürfen aber die Hündinnen, wenn sie mehrere mit sich führen, nicht planlos in der Reihe mitgehen, denn wenn ein Hase aus einem Lager (Sasse) aufgestoßen würde, könnte sich mancher nicht leicht enthalten, seine Hündin loszubinden (zu schnallen), einer aus Begierde, seine eigene Hündin laufen zu sehen, ein anderer durch

πρὸς τὴν βοὴν καὶ ἔκφρων γενόμενος· ἁλίσκοιτό τε ἂν ἄνευ ἀγῶνος λαγὼς ὑπὸ θορυβούντων κυνῶν, καὶ τοῦ θεάματος ὅ τι περ ὄφελος ἀπολλύοιτο. (4) ἀλλ' ἄρχοντα χρὴ ἐπιτετάχθαι τῇ θήρᾳ, καὶ οὗτος συνδυαζέτω τὰς κύνας, καὶ ταττέτω ὡς »εἰ μὲν ταύτῃ πηδήσειεν, σὺ καὶ σὺ ἐπιλύειν, ἄλλος δὲ μὴ λυέτω· εἰ δὲ ταύτῃ, αὖ σὺ καὶ σύ.« οἳ δὲ ἐμπεδούντων τὸ ταχθέν.

21 (1) θηρῶσιν δὲ Κελτοὶ καὶ ἀναμιγνύοντες τοῖς ἰχνευταῖς κυσὶν τὰς ὠκείας. καὶ οἳ μὲν μαστεύουσιν, αὐτοὶ δὲ διίστανται, μετὰ χεῖρας ἔχοντες τὰς κύνας τὰς ἀγαθάς, οἷπερ μάλιστα εἰκὸς τὸν λαγῶ ἀπευθῦναι τὸν δρόμον, ὥστε ἐφιέναι τῶν κυνῶν ὅπως ἄν τῳ προχωρῇ. (2) καὶ εἰσὶν αἱ κύνες αὗται ὅ τι περ αἱ ἄρκυς τῷ Ξενοφῶντι ἐκείνῳ. ἀλλ' ἄτακτοί τε οὕτω γίγνονται οἱ δρόμοι καὶ ὁ λαγώς, εἰ καὶ πάνυ ἀγαθὸς ὢν τύχοι, τὰ πολὺ ὑπὸ τῆς κλαγγῆς τῶν κυνῶν ἐκπλήσσεται, καὶ εἰ μὴ πρὸ πολλοῦ τύχοι προπηδήσας, ὡς καταστῆναι αὐτῷ τὴν γνώμην, ἁλίσκεται εὐμαρῶς, ἔκφρων γενόμενος. (3) χρὴ οὖν ὅστις ἐπιλύει κύνα ἀγαθήν, μὴ ἐφεῖναι ἔτι θορυβουμένῳ, ἀλλ' ἐάσαντα ἐξελιχθῆναι τοὺς ἑλιγμοὺς τοὺς πρώτους, οὕτω μεθεῖναι τὴν κύνα, εἰ μὴ διαφθεῖραι ἐθέλει τὴν θέαν.

22 (1) νεογνῷ δὲ ἐπιλύειν μὴ θέμις ἔστω, ἀλλὰ χρὴ πειθομένους τῷ ἐμῷ ὁμωνύμῳ ἀφιέναι τούτους τῇ θεῷ. (2) ὥστε καὶ τὰς

das Geschrei erschreckt und außer sich gebracht. Dabei würde der Hase ohne Kampf als Folge des Lärmens der Hündinnen gefangen; vom Schauspiel aber würde gerade das verloren gehen, was das Genussreiche daran ist. (4) Vielmehr muss ein Leiter der Jagd aufgestellt werden, und dieser paare die Hündinnen ab und gebe die Weisung: »Wenn die hier aufsteht, hast du und du loszubinden (zu schnallen), kein anderer aber darf losbinden (schnallen); wenn dort, hinwiederum du und du.« Die Leute aber müssen die Weisung beachten.

21 (1) Es jagen die Kelten auch so, dass sie den Stöberhunden auch Hatzhunde (Bracken) beimischen, und während die einen das Feld absuchen, stellen sie sich mit den guten Hündinnen an der Hand in Zwischenräumen dort auf, wohin der Hase erwartungsgemäß seinen Pass nehmen wird, so dass sie die Hündinnen im richtigen Moment losbinden (schnallen) können. (2) Es sind diese Hündinnen das, was jenem Xenophon die Netze waren. Allerdings haben diese Hetzjagden so etwas Ungeordnetes, und der Hase wird, wenn er auch etwa ein ganz tüchtiges Tier sein sollte, in der Regel durch das Lautgeben der Hündinnen betäubt, falls er nicht gerade lange zuvor aufgestanden ist, damit er seine Besonnenheit behält; so wird er außer sich gebracht und unschwer gefangen. (3) Wer daher eine Hündin losbinden (schnallen) will, soll diese nicht auf den noch eingeschüchterten Hasen loslassen, sondern muss ihn seine ersten Absprünge machen und dann erst die Hündin nachhetzen lassen, wenn er nicht das Schauspiel verderben will.

22 (1) Gegen ein neugeborenes Hasentier (die Hündinnen) loszubinden (zu schnallen) verstößt gegen göttliches Recht. Vielmehr muss man diese, der Vorschrift des mit dem mir gleichnamigen (Xenophon; s. o. S. 14) folgend, der Göttin zu Ehren laufen lassen, (2) so dass man auch die auf ihre Spur geratenen (Hün-

ἰχνευούσας πειρατέον ἀνακαλεῖν. κακαὶ δὲ ἀνακληθῆναι αὗται καὶ δυσπειθεῖς ὑπὸ λιμοῦ, δειναὶ δὲ καὶ καταφαγεῖν τὸν ἁλόντα· ὥστε μόλις ἂν ξύλῳ παίων ἀπαλλάξειας αὐτάς.

23 (1) χρὴ δὲ ἔλαφον ἤ τι ἄλλο ἐς μέγεθος προῆκον τοσόνδε τόνδε τὸν τρόπον θηρᾶν, ἐφιέντα τὰς κύνας τὰς γενναίας· μέγα τε γὰρ τὸ θηρίον καὶ δεῖ ἐπὶ πολύ, καὶ διαγωνίσασθαι οὐκ ἀσφαλές. καὶ ὁ κίνδυνος οὐ σμικρὸς κύνα ἀγαθὴν ἐλάφου ἕνεκα διαφθαρῆναι. (2) ἀλλὰ τὰς ἐλάφους, ἔνθα τὰ πεδία εὐήλατα, ἐν μὲν Μυσοῖς καὶ ἐν Γέταις καὶ ἐν Σκυθίᾳ καὶ ἀνὰ τὴν Ἰλλυρίδα, ἀφ᾽ ἵππων τῶν Σκυθικῶν καὶ Ἰλλυρικῶν διώκουσιν· οὗτοι γὰρ ἐλαύνεσθαι μὲν τὰ πρῶτα οὐκ ἀγαθοί, ἀλλὰ κἂν πάνυ καταφρονήσειας ἰδὼν παραβάλλοντας ἵππῳ Θεσσαλῷ ἢ Σικελῷ ἢ Πελοποννησίῳ· διαπονούμενοι δὲ ἐπίπαν ἀντέχουσιν. (3) καὶ τότε ἂν ἴδοις τὸν μὲν ὠκὺν ἐκεῖνον ἵππον καὶ μέγαν καὶ σοβαρὸν ἀπαγορεύοντα, τὸν δὲ λεπτὸν καὶ ψωραλέον πρῶτα μὲν παραμείβοντα, ἔπειτα ἀπολείποντα, ἔπειτα ἐλαύνοντα τὸ θηρίον. ὃ δὲ ἐς τοσοῦτον ἄρα ἀντέχει, ἔστε ἀπαγορεῦσαι τὴν ἔλαφον. (4) ἀπαγορεύσασα δὲ καὶ χανοῦσα ὑπὸ ἀνοίας ἵσταται, καὶ ἔξεστιν ἤδη, εἰ μὲν βούλοιο, ἀκοντίσαι ἐγγύθεν ὡς πεπεδημένην, εἰ δὲ ἐθέλοις, καὶ ζώσῃ βρόχον περιβαλόντα ἄγειν.

24 (1) ἐν δὲ Λιβύῃ ἀφ᾽ ἵππων τῶν Λιβυκῶν, οἳ δὴ Νομάδες καλοῦνται, οἵ τε ἄνδρες αὐτοὶ καὶ οἱ ἵπποι, ἀπὸ τούτων τῶν ἵππων μὴ ὅτι ἐλάφους αἱροῦσιν ἢ δορκάδας – ταῦτα μὲν γὰρ οὐδὲ διὰ πολλοῦ ἀγῶνος, οὐδὲ ἀγαθοὶ ἵπποι δοκοῦσιν οἱ τοιοῦτόν τι ἑλόντες – ἀλλὰ καὶ τοὺς ὄνους τοὺς ἀγρίους, οἳ

dinnen) möglichst abzurufen versuchen muss. Die sind freilich schwer abzurufen und ungehorsam aus Hunger, wohl aber imstande, den Gefangenen sogar mit Haut und Haar aufzufressen, so dass man sie kaum, auch wenn man mit einem Holzprügel hineinschlägt, abhalten kann.

23 (1) Hirsche oder sonstiges Wild von verhältnismäßig gleicher Stärke muss man in der Weise jagen, dass man sie mit edlen Hündinnen jagt. Das Tier ist nämlich stark und läuft weit, und mit ihm zu kämpfen ist nicht ganz sicher; auch ist die Gefahr nicht gering, eine gute Hündin wegen eines Hirsches zugrunde zu richten. (2) Die Hirschkühe (Alttiere) verfolgt man da, wo im offenen Feld gut zu reiten ist, in Mysien, bei den Geten und in Skythien und durch Illyrien hin auf skythischen und illyrischen Pferden. Diese sind zwar anfangs zum raschen Lauf nicht gut, aber wenn man sie auch beim Rennen neben einem thessalischen, sizilischen oder peloponnesischen Pferde ganz geringschätzen möchte, sind sie bei großer Anstrengung ganz und gar ausdauernd. (3) Ja, man kann sehen, wie jenes rasche, große und schnelle Pferd den Dienst versagt, das schmächtige und schäbige dagegen erst an ihm vorbeirennt, es dann hinter sich lässt und zuletzt das Wild vor sich hertreibt. Es hält dabei so lange aus, bis die Hirschkuh ermüdet ist. (4) Ermattet aber und vor Verlegenheit lechzend steht diese still; jetzt hat man Gelegenheit, wenn man will, sie ganz aus der Nähe, als wäre sie gefesselt, mit dem Wurfspieß zu erlegen, oder aber, wenn man dies vorzieht, ihr eine Schlinge umzuwerfen und sie lebendig abzuführen.

24 (1) In Libyen aber fangen sie auf ihren libyschen Pferden, die wie die Männer selbst »Nomaden« genannt werden, nicht nur Hirsche oder Gazellen – das kostet ja keinen großen Kampf, und Pferde, die etwas Derartiges fangen, werden nicht für gut gehalten –, sondern sogar wilde Esel, die sich bekanntlich durch

δὴ ὠκύτητι διαφέροντές εἰσιν καὶ τῷ ἐπὶ μήκιστον ἀντέχειν θέοντες. (2) ὁπότε γοῦν ἐπὶ μέγαν βασιλέα ἤλαυνον οἱ ἅμα Κύρῳ τῷ Δαρείου Ἕλληνες, οἷς καὶ Ξενοφῶν συνεστράτευεν, λέγει Ξενοφῶν, ὅτε τὰ πεδία τὰ Ἀραβίων ἐξήνυον, ἀγέλας προφαίνεσθαι τῶν ὄνων τῶν ἀγρίων, καὶ ὑπὸ ἑνὸς μὲν ἱππέως μήποτε ἁλῶναι ὄνον ἄγριον, διισταμένους δὲ ἄλλους ἐπ᾽ ἄλλοις ἐλαύνειν, τοὺς δὲ πολλοῖς ἀντίσχοντας τελευτῶντας ἤδη ἀπαγορεύειν ὑπὸ καμάτου· οὕτως ἄρα καὶ Κύρῳ τῷ μεγάλου μὲν βασιλέως παιδί, μεγάλου δὲ βασιλέως ἀδελφῷ, οὐκ ἀγαθοὶ διώκειν ἵπποι ἦσαν. (3) Λιβύων δὲ παῖδες ὀκταέτεις ἔστιν οἳ αὐτῶν, οἳ δὲ οὐ πολλῷ πρεσβύτεροι, ἐπὶ γυμνῶν τῶν ἵππων ἐλαύνουσιν, ῥάβδῳ χρώμενοι ἐπ᾽ αὐτοῖς ὅσα Ἕλληνες χαλινῷ, καὶ ἐς τοσοῦτον ἄρα ἐφομαρτοῦσιν τοῖς ὄνοις τοῖς ἀγρίοις, ἔστε τελευτῶντες βρόχον περιβαλόντες τῷ θηρίῳ ἄγουσιν· τὸ δὲ ἕπεται ἡττημένον.

(4) οὕτω τοι θηρῶσιν ὅσοις κύνες τε ἀγαθαὶ καὶ ἵπποι, οὐ πάγαις οὐδὲ ἄρκυσιν οὐδὲ βρόχοις οὐδὲ ἁπλῶς δόλοις καὶ σοφίσμασιν ἐξαπατῶντες τὰ θηρία, ἀλλ᾽ ἐκ τοῦ εὐθέος διαγωνιζόμενοι. (5) καὶ ἔστιν τὰ θεάματα, ἐμοὶ δοκεῖν, οὐδέν τι ἐκείνοις παραπλήσια, ἀλλὰ τὰ μὲν ληστείᾳ ἢ κλοπῇ ἔοικεν, τὰ δὲ πολέμῳ τῷ ἀνὰ κράτος διαπολεμουμένῳ· καὶ οἳ μὲν ὡς πειραταὶ λάθρᾳ ἐπιπλέοντες προσφέρονται πρὸς τὰ θηρία, οἳ δέ, καθάπερ Ἀθηναῖοι Μήδων ἐκράτησαν ναυμαχίᾳ περὶ Ἀρτεμίσιον ἢ περὶ Σαλαμῖνα καὶ Ψυττάλειαν ἢ αὖθις περὶ Κύπρον, οὕτω δὲ καὶ οὗτοι τῶν θηρίων ἐκ τοῦ ἐμφανοῦς κρατοῦσιν.

Schnelligkeit und durch größte Ausdauer im Laufen auszeichnen. (2) Als die Griechen, denen sich auch Xenophon angeschlossen hatte, mit Kyros (d. J.; s. o. S. 11), dem Sohn des Dareios, gegen den Großkönig zogen, haben sich beim Durchmarsch durch die Ebenen der Araber Herden wilder Esel gezeigt; von einem einzelnen der Reiter sei niemals einer davon gefangen worden. Diese (die Jäger) stellen sich aber in Zwischenräumen auf und setzen sich nacheinander in Bewegung; jene (die Wildesel) dagegen halten es zwar gegen viele aus, erliegen aber am Ende aus Ermattung. So hatte also selbst Kyros, nicht nur der Sohn, sondern auch der Bruder eines Großkönigs, keine zu ihrer Verfolgung tauglichen Pferde (vgl. Xenophon, *Anabasis* 1,5,2). (3) Bei den Libyern dagegen reiten Knaben, manche von ihnen als Achtjährige, manche nicht viel älter, auf den bloßen Pferden, und haben statt des Zaumzeugs der Griechen nur eine Gerte; sie jagen nun den wilden Eseln so lange nach, bis sie schließlich dem Tier eine Schlinge überwerfen und es abführen; dieses aber folgt ganz unterwürfig.

(4) So jagen also diejenigen, die gute Hündinnen und Pferde haben, nicht mit Fallen, Netzen, Schlingen oder überhaupt mit Finten und Listen, indem sie die Tiere betrügen, sondern, indem sie die Tiere durch Schnelligkeit niederkämpfen. (5) Auch das sind, wie mir scheint, Schauspiele, die aber nichts mit jenen (oben 16,6 genannten) gemein haben; vielmehr gleichen die einen der Räuberei und dem Diebstahl, die anderen einem mit aller Macht durchgeführten Krieg. Die einen überfallen das Wild wie heimlich heransegelnde Piraten, die anderen besiegen so, wie (480 v. Chr.) die Athener in offener Seeschlacht die Meder (Perser) bei Artemision oder bei Salamis und bei Psyttalia oder wieder bei Kypros besiegt haben, auch das Wild in offenem Kampf.

25 (1) κυνὸς ἡλικία ἐς τὸ θεῖν. θήλειαν μὲν μετὰ μῆνα ἑνδέκατον ἐξάγειν ἐπὶ θήραν, πρόσθεν δὲ ἔτι ἀπὸ δεκάτου μηνός, εἰ εὐπαγὴς τύχοι καὶ μὴ ὑγρομελής, λαγῶ ἀπὸ χειρὸς ἀφιέναι ἐν χωρίῳ περιφανεῖ, καὶ τὴν μὲν ἐγγύθεν ἐφιέναι τῷ λαγῷ τήν τε ὄψιν αὐτὴν ἐμπίμπλασθαι καὶ ἐγγὺς ὁρῶσαν μετ᾽ ἐλπίδος ἀγαθῆς πονεῖν, (2) κύνα δὲ ἄλλην τελείαν ἐφιέναι ὕστερον, ὡς μὴ ἐπὶ πολὺ κακοπαθῆσαι τὴν σκύλακα μηδὲ ἀπαγορεῦσαι ὑπὸ καμάτου. ἣ δὲ θαμινὰ καὶ εὐμαρῶς ἐξελίσσουσα τὸν λαγῶ παραδώσει τῇ σκύλακι. ἑλοῦσαν δὲ ἐᾶν σπαράξαι τοῖς ὀδοῦσιν, ἔστε κατακανεῖν.

(3) ἐπειδὰν δὲ ἐξάγεσθαι ἤδη ὥραν ἔχῃ, πρῶτα μὲν τὰς ὁδοὺς βαδίζειν, ὅσαι τραχεῖαι αὐτῶν· ἀγαθὸν γὰρ τὸ μελέτημα ἐς τὸ πῆξαι τοὺς πόδας ταῖς κυσίν. (4) ἔπειτα ἵστασθαι τὸν ἔχοντα αὐτὴν ἐν χωρίῳ περιφανεῖ καὶ ὑπερδεξίῳ, καὶ φθάσαντι μὲν τῷ λαγῷ καὶ προλαβόντι οὐχ ὁρῶσαν μὴ ἐφιέναι· τοῦτο γάρ τοι περὶ τῶν ἐς ἰχνείαν ἀσκουμένων κυνῶν παραινεῖ ὁ Ξενοφῶν ἐκεῖνος. (5) κύνα δὲ ὠκεῖαν εἰ μὴ ὁρῶσαν ἐπιλύσειας, πλάζεται καὶ σκιρτᾷ καὶ ἔκφρων γίγνεται καὶ ἀνασοβεῖται. (6) καὶ τοίνυν εἴ ποτε διαφύγοι αὐτὴν τελεωθεῖσαν ἤδη ὁ λαγώς, οὐκ ἀτρέμα ἔχει ἑαυτὴν οὐδὲ ἐπὶ τὸν κυναγωγὸν ἐπάνεισιν οὐδὲ ἀνακαλοῦντος ὑπακούει, ἀλλ᾽ ὑπὸ μελέτης τοῦ θεῖν ἐπὶ μηδενὶ εἰδῇ πλάζεται, καὶ μαινομένῃ ἔοικεν. (7) ἀλλ᾽ ἵστασθαι μὲν τὸν ἔχοντα τὴν σκύλακα ἐν χωρίῳ, ὁποῖον ἤδη μοι λέλεκται, κρυπτόμενον οἷ μάλιστα τεκμήραιτο ἄν τις ὅτι πονούμενος ὁ λαγὼς ὑποκάμψας ἥξει. (8) ἰδόντα δὲ διαπεπονημένον ἐγγύθεν

25 (1) Das Alter einer Hündin zum Rennen: Eine Hündin kann man mit dem elften Monat auf die Jagd mitnehmen, schon vorher aber, vom zehnten Monat an, wenn sie stark gebaut und nicht zartgliedrig ist; (man kann) einen Hasen auf einem ganz freien Feld laufen lassen und sie aus naher Entfernung auf ihn hetzen, so dass sie ihn ganz in Sicht hat und, weil sie ihn nahe erblickt (eräugt), mit guter Hoffnung an die Arbeit geht. (2) Man muss aber später eine andere erwachsene Hündin auf ihn hetzen, damit das junge Tier nicht Schaden nimmt oder aus Ermattung seine Dienste versagt. Die Hündin wird nämlich rasch und leicht die Spuren finden und den Hasen der jungen Hündin ausliefern. Hat diese ihn aber gefangen, lasse man sie ihn mit den Zähnen beißen, bis sie ihn getötet (abgewürgt) hat.

(3) Wenn die Hündin das Alter hat, um mit hinausgenommen zu werden, soll sie zunächst raue Wege begehen, denn das ist eine gute Übung, um den Hündinnen feste Füße zu verschaffen. (4) Sodann stelle sich der Anführer mit ihr auf einem ganz offenen und etwas erhöhten Feld auf und lasse gegen einen Hasen, der voraus ist und einen Vorsprung hat, keine los, die ihn nicht erblickt (eräugt); dies rät ja jener Xenophon (*Kynegetikos* 7,7–8) in Beziehung auf Hündinnen, die zum Spüren eingeübt werden. (5) Wenn man aber eine schnelle Hündin losbindet (schnallt), ohne dass sie das Wild sieht (eräugt), rennt sie umher, macht Sprünge, kommt ganz außer sich und streicht hin und her. (6) Ja, auch wenn der erwachsenen Hündin einmal der Hase entkommt, verhält sie sich nicht ruhig, kommt auch nicht zu einem Anführer zurück und gehorcht dem Rufenden nicht, sondern rennt aus lauter Lust am Laufen ohne Ziel blindlings umher und gebärdet sich wie wahnsinnig. (7) Vielmehr mache der Anführer der jungen Hündin auf einem Feld, wie ich es bereits beschrieben habe (s. o. 25,4), in gedeckter Stellung da Halt, wo höchstwahrscheinlich der aufgestoßene Hase hinkommen wird. (8) Sieht er ihn

ἐφιέναι, μὴ κατὰ στόμα· ἡ μὲν γὰρ κύων ἐξορμήσασα ἐπ᾽ εὐθὺ ἐξενεχθήσεται, ὁ δὲ λαγὼς ἐξελίξας εὐμαρῶς παραμείψει· τὴν δὲ πολὺ ἀπολειφθῆναι ἀνάγκη καὶ χαλεπῶς ὑποκάμψαι, καθάπερ αἱ τριήρεις εὐθυπλοοῦσαι οὐκ εὐμαρῶς ἐπικάμπτουσιν, εἰ μὴ ἀνεθείη τὸ πολὺ τῆς εἰρεσίας αὐταῖς, (9) ἀλλ᾽ ἐάσαντα παραμεῖψαι τὸν λαγῶ ἐκ τοὺ πλαγίου χρὴ ἐφιέναι. ἁλόντος δὲ ἐφομαρτείτω τις σπουδῇ, πρὶν ἐμφορηθῆναι τοῦ αἵματος τὴν κύνα, οὐχ ὅτι δὴ τὰ κρέα ἄρα περὶ πολλοῦ ποιητέον ἀνδρὶ ἐς κάλλος κυνηγετοῦντι, ἀλλ᾽ ὅτι πονηρὸν μάθημα κυνὶ γενναίᾳ, λαγὼ ἐσθίειν. καὶ ἤδη πολλαὶ κύνες οὕτω διεφθάρησαν, ἐπεὶ μακρῷ δρόμῳ ἀσθμαίνουσαι ἐνεπλήσθησαν, ἔπειτα πνιγεῖσαι ἀπώλοντο.

26 (1) ἄρρενα δὲ μὴ πρόσθεν ἢ διέτη γενόμενον ἐξάγειν ἐπὶ θήραν· πολὺ γάρ τοι ὕστερον τοῖς ἄρρεσιν πήγνυται τὰ μέλη. (2) καὶ ὁ κίνδυνος οὐ σμικρός, ἀλλὰ πολλοὶ ἤδη πρὶν τελεωθῆναι ἀγωνισάμενοι πρὸ ὥρας ἀπώλοντο, καὶ μάλιστα δὴ ὅσοι γενναιότατοι· ὑπὸ γὰρ μένους τοσοῦτον ὅσον δύνανται θέουσιν. (3) τὰ δὲ ἄλλα ὡσαύτως παραφυλάσσειν, ὅσα ἐπὶ ταῖς θηλείαις ἤδη μοι λέλεκται ὅπως πρακτέον. (4) φυλάσσειν δὲ ἀπὸ ὀχείας ἐντὸς τῆσδε τῆς ἡλικίας· οὔτε γὰρ ἡ γονή πω αὐτοῖς πέπηγεν, ἀλλ᾽ ἔστιν ἐξίτηλος τὸ πολὺ καὶ ἀμαυρά, καθάπερ ἡ τῶν παίδων, αὐτοί τε διαφθείρονται πάμπαν, ὡς μηδὲν ἔτι πράττοντα ὕστερον ὀρθῶσαι τὴν ἁμαρτίαν. ἀλλ᾽ ἀπὸ τρίτου μὲν ἔτους ἐφίεσθαι ἐν ὥρᾳ ἂν εἴη τῇ συμμέτρῳ.·

nun recht abgemüht, lasse er die Hündin aus naher Entfernung gegen ihn los, aber nicht auf den Kopf und auch nicht ihm entgegen, denn gehetzt wird die Hündin geradeaus rennen, der Hase aber einen Sprung machen und mit geringer Mühe an ihr vorbeikommen; sie dagegen wird notwendig weit zurückbleiben und nur schwer umwenden, wie geradeaus segelnde Triëren (Kriegsschiffe) nicht leicht eine Wendung machen, wenn nicht schon vor dem Umdrehen das meiste am Ruderwerk versetzt worden ist. (9) Man muss vielmehr den Hasen vorüber springen lassen und ihn von der Seite aus bejagen. Ist er gefangen, laufe man rasch nach, bevor die Hündinnen sich mit dem Blut vollgesogen haben, nicht als ob das Fleisch in den Augen eines bloßen Jagdliebhabers als gut angesehen würde, sondern weil es eine schlechte Gewohnheit für eine edle Hündin ist, einen Hasen zu fressen (anzuschneiden). Auch sind schon viele Hündinnen so zugrunde gegangen: Nach einen langen Lauf haben sie sich außer Atem vollgefressen und sind daran erstickt.

26 (1) Einen Rüden aber nehme man nicht vor dem zweiten Lebensjahr mit auf die Jagd, denn die Glieder der Rüden erlangen erst viel später ihre Festigkeit. (2) Und die Gefahr ist nicht klein; ja viele sind schon, bevor sie völlig ausgewachsen waren, vor der Zeit in den Kampf geführt worden und deshalb zugrunde gegangen, und zwar gerade die edelsten, denn vor lauter Jagdeifer rennen sie, was sie können. (3) Im Übrigen muss man sie vor allem ganz so bewahren, wie es bereits bei den Hündinnen von mir angeraten worden ist. (4) Bewahren muss man sie in diesem Alter auch vor der Paarung, denn auch der Same ist bei ihnen noch nicht dicht genug, sondern in der Regel wie bei den Knaben dünn und schwach; die Tiere selbst werden dadurch gänzlich verdorben, so dass man später nichts mehr tun kann, um den Fehler wiedergutzumachen. Vom dritten Lebensjahr an dürfte das passende Alter sein, sie (zur Paarung) zuzulassen.

27 (1) ἐφιέσθων δὲ ὧδε. φυλάξαι χρὴ τὴν κύνα, ἐπειδὰν ἀποκαθαρθῇ τοῦ αἵματος· πρόσθεν δὲ εἰ παραλάβοιεν τὴν γονήν, τὸ πολὺ οὐ κρατοῦσιν, ἀλλ' ἐκκλύζεται ὑπὸ τοῦ αἵματος, καθάπερ ταῖς γυναιξίν. (2) προσέχειν δὲ τὸν νοῦν ἐνταῦθα· βραχὺς γὰρ χρόνος διαγίγνεται, ἐν ᾧ οὐκέτι μὲν φέρεται αὐτῇ τὸ αἷμα, ἔτι δὲ φυλάσσει τὴν ἐπιθυμίαν. ἀγαθὴ δὲ τῇ θηλείᾳ ἡλικία ἡ ἀπὸ διέτους ἐς ἕβδομον ἔτος.

28 (1) κράτιστον δὲ καθεῖρξαι ἐν ταὐτῷ τὸν ἄρρενα ἅμα τῇ θηλείᾳ, αὐτὸν δὲ ἀφανῆ εἶναι· αἱ γὰρ ἐν τῷ ἐμφανεῖ ὁμιλίαι οὐ γόνιμοι, εἰ χρὴ πείθεσθαι ἀνδράσιν κυνηγετικοῖς. ὅσα δὲ τοιαῦτα λάθρα ὑπὸ κυνῶν ἐσπουδάσθη, ἐπιτυχῆ γενέσθαι λόγος. (2) μετὰ ταῦτα δὲ ἐξάγειν μὲν ἐπὶ θήραν – ὁ γὰρ περίπατος ἀγαθὸν ἐς ῥώμην ταῖς κυσίν –, ἐφιέναι δὲ αὐτάς λαγῷ μηκέτι· κίνδυνος γὰρ διαφθεῖραι ὑπερκαμοῦσαν ἢ ὑπερταθεῖσαν. (3) καὶ τὸν ἄρρενα δὲ μὴ ἐφιέναι ἐπὶ λαγῶ ὡσαύτως, πρὶν ἀπὸ τοῦ καμάτου ἀμπαύσασθαι καὶ ῥωσθῆναι, ἑξήκοντα ἡμερῶν οὐ μεῖον· ἔπειτα ἐφιέναι ἐς ἀγῶνα οὐδὲν κωλύσει.

29 (1) κρατίστη δὲ ὥρα ἐς σκυλακείαν ἡ τοῦ ἦρος· εὐκράτως γὰρ αὕτη μάλιστα ἔχει κρύους τε καὶ θάλπους. ὡς τὸ μὲν κρύος τοῖς σκυλακίοις οὐκ ἀγαθὸν ἐς ἀνατροφήν, ἄλλως τε καὶ ἀπορίᾳ γάλακτος· τὸ δὲ καῦμα ταῖς μητράσιν χαλεπὸν ἐν τῇ ἀνατροφῇ· τὸ φθινόπωρον δὲ ταύτῃ χεῖρον τοῦ ἦρος, ὅτι χειμὼν ἐπιλαμβάνει τὰ σκυλάκια πρὶν παγῆναι.

27 (1) Zulassen soll man sie in folgender Weise: Man muss die Hündin hüten, wenn die Blutreinigung bei ihr eintritt. Wenn sie vor dieser Zeit den Samen aufgenommen haben, halten sie ihn in der Regel nicht fest, sondern er wird von dem Blut weggespült, wie bei den Frauen. (2) Man muss jedoch wohl darauf achten, denn die Zeit ist, in der das Blut nicht mehr läuft, sie aber noch läufig ist. Das rechte Alter für die Hündin ist vom zweiten bis zum siebten Lebensjahr.

28 (1) Am besten ist es, den Rüden mit der Hündin an einem Ort zusammenzusperren, selbst aber zugleich für beide unsichtbar zu bleiben, denn sichtbar stattfindende Paarungen sind unfruchtbar, wenn man den Jägersleuten glauben darf. Alles von dieser Art aber, was von den Hunden heimlich betrieben wird, ist erfolgreich, wie man sagt. (2) Danach muss man sie auf die Jagd mitnehmen – der Spaziergang tut den Hündinnen zu ihrer Stärkung gut –, doch auf einen Hasen darf man sie noch nicht loslassen. Es besteht nämlich die Gefahr, dass sie durch Überanstrengung oder Überspannung Schaden nehmen. (3) Auch den Rüden hetze man nicht auf einen Hasen, bevor er sich von der Ermattung erholt hat und wieder bei Kräften ist, mindestens 60 Tage lang. Danach wird nichts im Wege stehen, ihn in den Kampf zu lassen.

29 (1) Die beste Zeit für die Hundevermehrung ist das Frühjahr, denn insbesondere dann sind Kälte und Hitze gemäßigt. So, wie die Kälte dem Gedeihen der Welpen nicht günstig ist, zudem auch Mangel an Milch herrscht, so erschwert auch die Hitze den Müttern das Geschäft der Ernährung. Der Herbst aber ist deshalb schlechter als das Frühjahr, weil der Winter die Welpen überfällt, noch bevor sie erstarkt sind.

30 (1) τεκοῦσαν δὲ εἰ μὲν ἐθέλοις ἐπαναλαβεῖν τὴν πρόσθεν ὠκύτητα, μὴ ἐᾶν ἐκτρέφειν αὐτὴν ὅτι μὴ ἐς ὅσον ἀποκουφίσαι τὸ πολὺ τοῦ γάλακτος· εἶτα δὲ ὑφελόντα ἄλλαις παραδιδόναι κυσὶν ἐπιλεγόμενον γενναίας· τὸ γὰρ τῶν ἀγεννῶν γάλα οὐ σύμφυλον ταῖς γενναίαις. (2) εἰ δὲ μηκέτι ἐς δρόμον ἐπιτηδείως ἔχουσα φαίνοιτο ἡ κύων, κράτιστον ἐᾶν ὑπὸ τῇ τεκούσῃ καὶ μὴ ὑποβάλλειν ὑφ᾽ ἑτέραν κύνα· »αἱ γὰρ θεραπεῖαι αἱ ἀλλότριαι«, ᾗπερ καὶ ὁ Ξενοφῶν ἐκεῖνος ἀποφαίνει, »οὐκ εἰσὶν αὔξιμοι· τὸ δὲ τῶν μητέρων καὶ τὸ γάλα ἀγαθὸν καὶ τὸ πνεῦμα.«

31 (1) ὁπόταν δὲ ἤδη πλανᾶται τὰ σκυλάκια, ὀρθῶς συμβουλεύει ὅτι χρὴ γάλακτι ἀνατρέφειν αὐτά, καὶ ὅτι αἱ βαρεῖαι πλησμοναὶ τά τε σκέλη αὐτοῖς διαστρέφουσιν καὶ τοῖς σώμασιν νόσου ἐμβάλλουσιν. (2) καὶ τὰ ὀνόματα δὲ ὅτι βραχέα καὶ εὐανάκλητα θετέον ταῖς κυσίν, καὶ τοῦτο χρὴ πείθεσθαι αὐτῷ. καὶ ὅσα ἀναγέγραφεν ὀνόματα, τὰ μὲν εὑρὼν τὰ δὲ καὶ αὐτὸς ποιήσας, δεξιῶς ἀναγέγραφεν. (3) εἰ δὲ μήπω ἐθέλοις σκυλακεῦσαι, φυλάσσειν ὡς ἀνυστὸν ἐπιμελέστατα τὰς κύνας, ἐπειδὰν τῇ ἀνάγκῃ ταύτῃ ἔχωνται· ἀποπαυσαμέναις δὲ οἱ μαστοὶ σφριγῶσιν καὶ ὑποπίμπλανται γάλακτος, καὶ τείνεται τὰ ὑπὸ τῇ γαστρί. (4) καὶ ἔστιν τηνικαῦτα οὐκ ἀσφαλὲς ἐπιλύειν κύνα ἐπὶ λαγῷ· ῥήγνυνται γὰρ αὐταῖς αἱ λαγόνες. ὥστε οὐδὲ ἐς τὸ σκιρτῆσαι χρὴ λύειν αὐτὰς ἅμα ἑτέρᾳ κυνί· ἁμιλλώμεναι γὰρ ἔστιν ὅτε καὶ ὑπὲρ δύναμιν συνταθεῖσαι ἐς ἴσον κίνδυνον καθίστανται. (5) ἀλλὰ κράτιστον περιμεῖναι, ἔστε χαλάσαι αὐταῖς τοὺς μαστούς. τεκμήριον δὲ ὅτι ἤδη ἀσφαλές, ἐπειδὰν

30 (1) Will man auch, dass eine Hündin, die geboren (geworfen) hat, ihre frühere Schnelligkeit wieder erlangt, lasse man sie nur so lange säugen, wie nötig ist, um sie vor allem von ihrer Milch zu erleichtern; hierauf nehme man (die Welpen) weg und übergebe sie anderen Hündinnen, indem man dazu edle heraussucht, denn die Milch von unedlen ist der Reinheit der edlen Art nicht ebenbürtig. (2) Wenn aber die Hündin zum Lauf nicht mehr geeignet erscheinen sollte, ist es am besten, (die Welpen) unter der Mutter zu lassen und sie keiner anderen Hündin unterzulegen: »denn die fremde Pflege ist,« wie auch jener Xenophon erklärt, »nicht gedeihlich. Von den Müttern aber sind sowohl die Milch als auch der Atem gut.« (Xenophon, *Kynegetikos* 7,3).

31 (1) Wenn die Welpen anfangen herumzulaufen, rät er ganz richtig, dass man sie mit Milch aufziehen solle, und dass das Überladen mit schweren Speisen ihnen nicht nur die Läufe verkrümmt, sondern auch in die Körper den Keim zu Krankheiten legt. (2) Dass den Hündinnen auch kurze und gut rufbare Namen zu geben seien, muss man sich gleichfalls von ihm gesagt sein lassen; alle die Namen, die er (Xenophon, *Kynegetikos* 7,5) verzeichnet hat – teils vorgefundene, teils selbst gemachte – sind geschickt gewählt. (3) Will man die Hündinnen sich noch nicht paaren lassen, muss man sie so sorgfältig wie möglich hüten, wenn sie von dem Trieb dazu befallen sind. Hat sich dieser etwas gelegt, schwellen ihnen die Brüste (das Gesäuge) und füllen sich mit Milch; die Teile unter dem Bauch spannen sich an. (4) Auch ist es während dieser Zeit nicht sicher, eine Hündin auf einen Hasen zu hetzen, denn es zerreißen ihr die Flanken, dass man sie nicht einmal zum Springen mit einer anderen losbinden (schnallen) darf. Wenn sie miteinander wetteifern und sich über Vermögen anstrengen, versetzen sie sich ja zuweilen in die gleiche Gefahr. (5) Vielmehr ist es das Beste zu warten, bis ihnen die Brüste (das Gesäuge) erschlaffen. Ein sicheres Zeichen dafür, dass es nunmehr ungefährlich ist,

αἱ τρίχες ἀπορρέωσιν ἀθρόαι ἐπαφωμένῳ· τότε γὰρ λύονται, ἐμοὶ δοκεῖν, ἀπὸ τῆς ἀνάγκης τῆς πρόσθεν καὶ παρίστανται ἤδη ἐς δρόμον.

32 (1) κύων δὲ θήλεια μὲν ὠκυτέρα ἄρρενος, ἄρρην δὲ θηλείας διαπονεῖσθαι ἀμείνων. καὶ ὅτι δι' ἔτους θεῖ, πολλῷ τινι ἐντιμότερον τὸ κτῆμα· καὶ ὅτι θήλειαι μὲν πολλαὶ ἀγαθαί, ἄρρενος δὲ γενναίου ἐπιτυχεῖν οὐκ εὐμαρές, καὶ ταύτῃ ἐντιμότερον. (2) καὶ αἱ θήλειαι μὲν ἀγαπητὸν εἰ καὶ ἐς πέμπτον ἔτος διαφυλάξειαν τὸ ὠκὺ· ἄρρενες δὲ καὶ ἐς δέκατον διαφυλάσσουσιν. ὥστε μέγα μοι δοκεῖ τὸ κτῆμα ἄρρην κύων τῇ ἀληθείᾳ γενναῖος καὶ οὐκ ἄνευ θεῶν του εὐμενείας παραγίγνεσθαι ἀνδρὶ κυνηγετικῷ.

33 (1) ἀλλὰ χρὴ θύειν Ἀρτέμιδι Ἀγροτέρᾳ ἐπὶ τῷδε τῷ κτήματι· θύειν δὲ χρὴ καὶ ἐπὶ θήρᾳ εὖ πράξαντα, καὶ ἀνατιθέναι ἀπαρχὰς τῶν ἁλισκομένων τῇ θεῷ, τε ἀποκαθαίρειν τὰς κύνας καὶ τοὺς κυνηγέτας, κατὰ τὰ πάτρια, ὡς νόμος.

34 (1) Κελτῶν δὲ ἔστιν οἷς νόμος καὶ ἐνιαύσια θύειν τῇ Ἀρτέμιδι, οἳ δὲ καὶ θησαυρὸν ἀποδεικνύουσιν τῇ θεῷ. καὶ ἐπὶ μὲν λαγῷ ἁλόντι δύ' ὀβολὼ ἐμβάλλουσιν ἐς τὸν θησαυρόν, ἐπὶ δὲ ἀλώπεκι δραχμήν, ὅτι ἐπίβουλόν τὸ χρῆμα, καὶ τοὺς λαγὼς διαφθείρει· τούτου ἕνεκα πλέον ἐμβάλλουσιν, ὡς ἐπὶ πολεμίῳ ἁλόντι. ἐπὶ δὲ δορκάδι τέσσαρας δραχμάς, ὅτι μέγα τὸ ζῷον καὶ ἡ θήρα ἐντιμοτέρα. (2) περιελθόντος δὲ τοῦ ἔτους ὁπόταν τὰ γενέθλια ἥκῃ τῆς Ἀρτέμιδος, ἀνοίγνυται μὲν ὁ θησαυρός, ἀπὸ δὲ τοῦ συλλεχθέντος ἱερεῖον ὠνοῦνται, οἳ μὲν οἶν, οἳ δὲ αἶγα, οἳ

hat man, wenn die Haare beim Kraulen zahlreich ausgehen, denn dann sind sie, wie mir scheint, von dem früheren Trieb los und können schon zum Lauf aufgestellt werden.

32 (1) Eine Hündin ist schneller als ein Rüde; ein Rüde ist aber ausdauernder als eine Hündin, und weil er das ganze Jahr hindurch läuft, ist er für manchen ein wertvollerer Besitz; er ist auch wertvoller, weil es zwar viele gute Hündinnen gibt, aber einen edlen Rüden zu finden nicht leicht ist. (2) Man muss zufrieden sein, wenn die Hündinnen bis in das fünfte Lebensjahr ihre Schnelligkeit behalten, während die Rüden sie sogar bis in das zehnte Lebensjahr behalten. Daher scheint mir ein wirklich edler Rüde ein großer Besitz, der einem Jäger nicht ohne die Gunst irgendeines Gottes zuteil wird.

33 (1) Aber man muss der Artemis Agrotera (s. o. S. 17) für ein solches Besitztum Opfer darbringen, und auch dann, wenn man auf der Jagd erfolgreich gewesen ist, muss man der Göttin opfern und die Erstlinge der Jagdbeute darbringen. Dabei muss man die Hündinnen und die Jäger nach den heimischen Gebräuchen reinigen, wie das herkömmlich ist.

34 (1) Bei einigen Kelten ist es Brauch, der Artemis auch jährlich ein Opfer darzubringen. Sie weihen auch der Göttin einen Schatz und legen in den für einen gefangenen Hasen 2 Obolen ein (zu den Maßangaben, die hier Silbermengen bezeichnen, s. o. S. 19), für einen Fuchs aber 1 Drachme, weil das hinterlistige Tier auch Schaden unter den Hasen anrichtet. Deshalb legen sie für ihn wie für einen gefangenen Feind mehr ein. Für eine Gazelle aber geben sie 4 Drachmen, weil sie ein großes Tier und die Beute wertvoller ist. (2) Nach Ablauf eines Jahres, wenn das Geburtsfest der Artemis gekommen ist, wird der Schatz geöffnet, und von dem so gesammelten Geld kaufen sie ein Opfertier, einmal ein

δὲ μόσχον, εἰ οὕτω προχωροίη. (3) θύσαντες δὲ καὶ τῶν ἱερείων ἀπαρξάμενοι τῇ Ἀγροτέρᾳ, ὡς ἑκάστοις νόμος, εὐωχοῦνται αὐτοί τε καὶ αἱ κύνες. τὰς κύνας δὲ καὶ στεφανοῦσιν ἐν τῇδε τῇ ἡμέρᾳ, ὡς δῆλον εἶναι διότι ἐπ' αὐταῖς ἑορτάζουσιν.

35 (1) καὶ ἐγώ ἅμα τοῖς συνθήροις ἕπομαι τῷ Κελτῶν νόμῳ, καὶ ἀποφαίνω ὡς οὐδέν ἄνευ θεῶν γιγνόμενον ἀνθρώποις ἐς ἀγαθὸν ἀποτελευτᾷ. (2) ἀλλὰ καὶ ὅσοι ναυτίλλονται ἀπὸ θεῶν ἄρχονται, ὅσοις γε τοῦ σῴζεσθαι μέλει, καὶ ἀνασωθέντες χαριστήρια θύουσιν τοῖς θεοῖς τοῖς θαλασσίοις, Ποσειδῶνι καὶ Ἀμφιτρίτῃ καὶ Νηρηίσιν. καὶ ὅσοι τὴν γῆν ἐργάζονται, Δήμητρι καὶ τῇ παιδὶ αὐτῆς καὶ Διονύσῳ, οἱ δὲ ἀμφὶ τὰς τέχνας πονούμενοι Ἀθηνᾷ καὶ Ἡφαίστῳ, καὶ οἱ ἀμφὶ παίδευσιν Μούσαις καὶ Ἀπόλλωνι Μουσηγέτῃ καὶ Μνημοσύνῃ καὶ Ἑρμῇ, οἱ δὲ ἀμφὶ τὰ ἐρωτικὰ Ἀφροδίτῃ καὶ Ἔρωτι καὶ Πειθοῖ καὶ Χάρισιν. (3) οὕτω τοι καὶ τοὺς ἐπὶ θήρᾳ ἐσπουδακότας οὐ χρὴ ἀμελεῖν τῆς Ἀρτέμιδος τῆς Ἀγροτέρας οὐδὲ Ἀπόλλωνος οὐδὲ πανὸς οὐδὲ Νυμφῶν οὐδὲ Ἑρμοῦ Ἐνοδίου καὶ Ἡγεμονίου, οὐδὲ ὅσοι ἄλλοι ὄρειοι θεοί· εἰ δὲ μὴ, ἡμιτελῆ ἀποβαίνειν ἀνάγκη τὰ σπουδάσματα. καὶ γὰρ καὶ κύνες βλάπτονται, καὶ οἱ ἵπποι χωλεύονται, καὶ οἱ ἄνθρωποι σφάλλονται.

36 (1) καὶ τοῦτό γε δηλοῖ καὶ Ὅμηρος ἐν τῇ ποιήσει. Τεῦκρον μέν γε τὸν τοξικώτατον Ἑλλήνων ἐν τῷ ἀγῶνι οὔ φησιν τυχεῖν ὅτι μὴ τῆς μηρίνθου, καὶ ταύτην διακόψαι, ἐπειδὴ μὴ ἐπηύξατο τῷ Ἀπόλλωνι· Μηριόνην δέ, ἄνδρα οὐ τοξικόν, ἐπευξάμενον τῷ Ἀπόλλωνι, ἀποπετομένης ἤδη τῆς ὄρνιθος τυχεῖν. (2) καὶ τοὺς ἐκγόνους δὲ τῶν ἐπὶ Θήβας σὺν Πολυνείκει

Schaf, einmal eine Ziege, einmal ein Rind, wenn es dazu ausreicht. (3) Nachdem das Opfer und der Teil der Opfertiere, die der Agrotera gebühren, nach dem jeweils herrschenden Brauch dargebracht sind, schmausen sie selbst und ebenso ihre Hündinnen. Die Hündinnen bekränzen sie an diesem Tag auch, um so offenkundig zu machen, dass sie um deren willen das Fest feiern.

35 (1) Auch ich befolge mit meinen Jagdgenossen die Sitte der Kelten und erkläre, dass nichts, was ohne die Götter (s. o. S. 16ff.) geschieht, für Menschen zum Guten ausschlägt. (2) Ja, auch alle, die zu Schiff fahren und denen an ihrer Bewahrung liegt, beginnen ihr Werk mit den Göttern, und nach glücklicher Heimkunft opfern sie den Meeresgottheiten, dem Poseidon, der Amphitrite und den Nereïden. Auch alle, die das Land bearbeiten, opfern der Demeter und ihrer Tochter und dem Dionysos, die Handwerker der Athene und dem Hephaistos, die Gelehrten den Musen und dem Apollon Musagetes sowie der Mnemosyne und dem Hermes, die Verliebten der Aphrodite, dem Eros und den Chariten. (3) So nun sollen auch diejenigen, denen an der Jagd gelegen ist, die Artemis Agrotera nicht vergessen, ebensowenig den Apollon, den Pan, die Nymphen, den Hermes Enodios und Hegemonios und alle die übrigen Berggötter; sonst werden notwendig alle ihre Unternehmungen nur halben Erfolg haben, denn die Hündinnen hinken, die Pferde werden lahm und die Menschen haben keinen Erfolg.

36 (1) Das zeigt auch Homer in seinem Gedicht. Von Teukros, dem besten Bogenschützen unter den Griechen, sagt er, dass er beim Wettkampf nur den Faden getroffen und diesen durchschnitten habe, weil er dem Apollon nichts gelobt hatte, während Meriones, der kein Bogenschütze war, nur deshalb den bereits aufgeflogenen Vogel traf, weil er dem Apollon etwas gelobt hatte (Homer, *Ilias* 23,850–883). (2) Von den Nachkommen derer, die

στρατευσάντων ἑλεῖν τὰς Θήβας »πειθομένους τεράεσσι θεῶν καὶ Ζηνὸς ἀρωγῇ«· τοὺς δὲ πατέρας αὐτῶν, οὐδέν τι χείρους ἐκείνων ἐς ἀλκήν γενομένους, διαφθαρῆναι ἐν Θήβαις, ὅτι μὴ ἐπείθοντο τοῖς σημαινομένοις ὑπὸ θεῶν. (3) καὶ τὸν Ἕκτορα οὐ πεισθέντα Πουλυδάμαντι οὐκ ἐῶντι ἐπελαύνειν ταῖς ναυσὶν τῶν Ἑλλήνων ἐπὶ τῷ δράκοντι τῷ καταβληθέντι πρὸς τοῦ ἀετοῦ, ὡς οὐ σὺν κόσμῳ ἐπανελευσομένους, ὀλίγον ὕστερον ἔργῳ ἀναδιδαχθῆναι ὡς οὐκ ἀγαθὸν ἀπειθεῖν τῷ θείῳ.

(4) τούτοις χρὴ πειθομένους, καθάπερ ἐπ᾽ ἄλλῳ τῳ ἔργῳ, οὕτω δὲ καὶ ἐπὶ θήρᾳ ἄρχεσθαί τε ἀπὸ θεῶν καὶ χαριστήρια θύειν εὖ πράξαντας καὶ σπένδειν καὶ εὐφημεῖν καὶ στεφανοῦν καὶ ὑμνεῖν καὶ ἀπαρχὰς τῶν ἁλισκομένων ἀνατιθέναι, οὐ μεῖον ἢ ἐπὶ νίκῃ πολέμου ἀκροθίνια.

mit Polyneikes gegen Theben gezogen waren, sagt er, dass sie die Stadt erobert haben, »den Götterzeichen gehorchend und durch den Beistand des Zeus« (Homer, *Ilias* 4,408), während deren Väter, um nichts schlechter im Kampf als sie, vor Theben umkamen, weil sie die Götterzeichen nicht beachtet hatten; (3) und von Hektor, dass er, den Rat des Polydamas verachtend, der ihn nicht gegen die Schiffe der Griechen anrücken lassen wollte wegen der vom Adler herabgeworfenen Schlange, als Zeichen, dass sie nicht in der Ordnung wieder zurückgehen würden, kurz danach durch die Tat belehrt worden sei, dass es nicht gut ist, dem Wink des Göttlichen ungehorsam zu sein (Homer, *Ilias* 12,196–250).

(4) Davon überzeugt muss man wie bei jedem anderen Werk auch bei der Jagd mit den Göttern anfangen, nach einem Erfolg Dankopfer, Spenden, Andacht, Kränze und Loblieder darbringen und die Erstlinge der Jagdbeute weihen, nicht weniger als das Beste der Kriegsbeute nach einem Sieg.

ΙΟΥΛΙΟΣ ΠΟΛΥΔΕΥΚΗΣ

ΟΝΟΜΑΣΤΙΚΟΝ Ε'

(1) Ἰούλιος Πολυδεύκης Κομμόδῳ Καίσαρι χαίρειν. <…>

ἐπεὶ δὲ καὶ κυνηγεσίων σοι προσήκει μέλειν, ὅτι τοὐπιτήδευμα ἡρωικόν τε καὶ βασιλικόν, καὶ πρὸς εὐσωματίαν ἅμα καὶ πρὸς εὐψυχίαν ἀσκεῖ, καὶ ἔστιν εἰρηνικῆς τε καρτερίας ἅμα καὶ πολεμικῆς τόλμης μελέτημα, πρὸς ἀνδρείαν φέρον, ῥωμαλέον τ' εἶναι γυμνάζει καὶ ποδώκη καὶ ἱππικὸν καὶ ἀγχίνουν καὶ φιλεργόν, εἰ μέλλει καθαιρήσειν καὶ τὰ ἀνθιστάμενα ἀλκῇ καὶ τὰ ὑποφεύγοντα τάχει καὶ τὰ ἀποσπῶντα ἀφ' ἵππου καὶ τὰ συνετὰ σοφίᾳ καὶ τὰ λανθάνοντα ἐπινοίᾳ καὶ τὰ κρυπτόμενα χρόνῳ, καὶ νύκτωρ προαγρυπνῶν καὶ μεθ' ἡμέραν ἐπιπονῶν, ἀνάγκη τι καὶ περὶ θήρας ὑπειπεῖν. …

(17) … σκευὴ δὲ κυνηγέτου χιτὼν εὐσταλὴς ἔσται, πρὸς τὴν ἰγνύαν καθήκων, οὐ λευκὸς οὐδὲ κατ' ἄλλην εὔχροιαν προλάμπων, ὡς μὴ πόρρωθεν καθορῷτο τοῖς θηρίοις· (18) καὶ χλαμὺς ὁμοία, ἣν δεῖ τῇ χειρὶ τῇ λαιᾷ περιελίττειν, ὁπότε μεταθέοι τὰ θηρία ἢ προσμάχοιτο τούτοις, καὶ σκυτάλη ἢ ῥόπαλον, καὶ ὑποδήματα κοῖλα, ἐς μέσην τὴν κνήμην ἀνήκοντα, δεσμῷ ἀκριβεῖ περιεσταλμένα. εἴη δὲ νέος, κοῦφος, ἐλαφρός, δρομικός, ὀξύς, φιλεργός, ἐθελουργός, φιλόπονος, φιλοκίνδυνος, ἀγωνιστής, θαρσαλέος, ἄγρυπνος, μὴ προαποκάμνων, μὴ προαπαγορεύων, μὴ πρὶν ἑλεῖν ἐνδιδούς.

IULIUS POLYDEUKES (POLLUX)

ONOMASTIKON, BUCH 5 (AUSZÜGE)

(1) Iulius Polydeukes (Pollux) grüßt Kaiser Commodus. <…>

Weil es Dir zufällt, Dich auch um die Jagden zu kümmern, da dies eine heroische und königliche Aufgabe ist, eine Übung zur Tüchtigkeit von Körper und Seele zugleich und ein Training für Stärke im Frieden und zugleich Mut im Krieg darstellt, zur Tapferkeit führt und die Kraft einübt, das Tempo, die Reitkunst, den Scharfsinn und den Fleiß, wenn man das Widrige mit Kraft niederreißen will, das Entfliehende mit Geschwindigkeit, das Abziehende vom Pferd aus, das Wahrnehmbare mit Weisheit, das Verborgene mit Einsicht und das Versteckte mit Zeit und wenn man nachts wach bleiben und tagsüber arbeiten will, ist es notwendig, etwas über die Jagd zu erklären. …

(17) … Die Kleidung eines Jägers soll ein anständiger *Chiton* (Hemd) sein, der bis zur Kniekehle reicht und nicht weiß und auch nicht in einer anderen Farbe leuchtet, damit er den Tieren nicht von ferne sichtbar ist. (18) Ähnlich sein soll auch die *Chlamys* (Überwurf), die er mit der linken Hand raffen muss, wenn er die Tiere sieht oder mit ihnen kämpft. Dazu kommen ein Knüppel oder eine Keule und Stiefel, die bis zur Mitte des Unterschenkels hinaufgehen und mit einer festen Schnur umwickelt sind. Er soll jung, leicht, rüstig, laufbereit, schnell, fleißig, bereitwillig, arbeitsam, risikofreudig, kämpferisch, mutig, wach, nicht schnell müde und nicht nachgiebig sein, bevor er das Tier gefangen hat.

(19) τὰ δὲ πρὸς κυνηγέσιον ἐργαλεῖα ξίφη, δρέπανα, ἀκόντια, τόξα, προβόλια, ἄρκυες, ἐνόδια, δίκτυα, κυνοῦχος, σχαλίδες, στάλικες, σχαλιδώματα, ποδάγραι, ἁρπεδόναι.

ξίφη μὲν ὡς ὁπότε συμπέσοι θηρίῳ ἔχειν ἀμύνασθαι, δρέπανα δ' ὅπως, εἰ δέοι τῆς ὕλης κόψαι εἰς τὴν τῶν ἀρκύων ἀκώλυτον στάσιν, ὑπάρχοι τὰ δρέπανα. (20) ἐπὶ ταὐτὰ δὲ καὶ ἀξίνας παρασκευαστέον, εἰ καὶ πρέμνα κόψαι δέοι, τόξοις δὲ καὶ ἀκοντίοις χρῷντ' ἂν ἐπὶ τὰς ἐλάφους καὶ ἃ πόρρωθεν ἔστι βαλεῖν, προβολίοις δ' ἐπὶ τοὺς σῦς καὶ τὰ ἄλλα τὰ ἀγχέμαχα θηρία. καὶ τὰ μὲν ἀκόντια ἔσται μελίας ἢ ὀξύας, στιφρά, εὐπαγῆ, αἱ δὲ λόγχαι αὐτῶν εὐπλατεῖς καὶ ξυρήκεις· τὰ δὲ προβόλια ἔστω μὲν κρανείας, στερεὰ δὲ καὶ δορατοπαχῆ, φησὶν ὁ Ξενοφῶν, αἱ λόγχαι δ' αὐτῶν ἔστωσαν σιδήρου τομωτάτου. (21) τῆς δὲ λόγχης τὸ μὲν περὶ τῷ ξύλῳ καλεῖται αὐλός, οὗ τὸ μὲν ἔξωθεν περίμετρος τὸ δ' ἔνδοθεν τοῖχος, τὸ δὲ μετὰ τὸν αὐλὸν κοῖλον ὀβελίσκος· ὅθεν δὲ πλατύνεται, πτέρυγες αἱ ἑκατέρωθεν προβολαί. τὸ δ' ἄκρον γλῶττα λέγεται, ἡ τῆς λόγχης ἀκμή· καὶ δεῖ τῶν πτερύγων ἑκατέραν πλατυνομένην καὶ παχυτέραν οὖσαν ἀπολεπτύνεσθαί τε καὶ ἀποστενοῦσθαι, κατὰ μικρὸν ὑπολήγουσαν, ἄχρι πρὸς τὴν γλῶτταν. ἐστομῶσθαι δ' οὐ μόνον τὴν ἀκμὴν ἀλλὰ καὶ τὰς πτέρυγας χρήσιμον.

(22) πρὸς μὲν οὖν τὰ ἄλλα θηρία οὕτω δεῖ παρεσκευάσθαι τὸ προβόλιον· πρὸς δὲ τοὺς σῦς κατὰ τὸ τοῦ αὐλοῦ τέλος πρὸ τῶν πτερύγων κνώδοντας ἀμφοτέρωθεν ἐχέτω τῷ αὐλῷ συγκεχαλκευμένους σιδήρου στερεοῦ, ἑκατέρωθεν προβεβλημένους, ὡς μὴ προωθῶν αὐτὸν ὑπὸ θυμοῦ καὶ μένους καὶ τόλμης ὁ σῦς ἀφίκοιτο διὰ τοῦ δόρατος εἰς τὸν ἄνθρωπον,

(19) Die Werkzeuge für die Jagd sind Schwerter, Sichelmesser, Speere, Bogen, Saufedern, Fallnetze, Wegnetze, Stellnetze, Hundsbeutel, Stellstangen, gerade und gabelförmige Stangen, Fußfallen und Stricke.

Schwerter (braucht man), wenn man auf ein Tier trifft, damit man sich wehren kann, Sichelmesser, damit man, wenn man Unterholz für die ungehinderte Aufstellung der Netze abschneiden muss, Sichelmesser zur Hand hat. (20) Dafür müssen auch Äxte zur Verfügung gestellt werden, wenn man Baumstämme zerkleinern muss. Bögen und Speere kann man wohl für Hirsche und Tiere einsetzen, auf die man von fern schießen muss, Saufedern für Wildschweine und andere hart kämpfende Tiere. Die Speere sollen aus Esche oder Buche sein, fest und stark, ihre Spitzen von guter Breite und scharf. Die Saufedern sollen aus Hartriegel (Kornelkirschbaum) sein, fest und so dick wie ein Kampfspeer, sagt Xenophon (*Kynegetikos* 10,3); ihre Köpfe seien aus schärfstem Eisen. (21) Der Kopfteil um das Holz wird »Flöte« genannt, die Außenseite »Umfang« und die Innenseite »Wand«, der Teil neben der hohlen Flöte ist der »Spieß«. Wo er sich verbreitert, heißt er »Flügel« und bildet eine beidseitige Bewehrung. Das Ende, also die Speerspitze, wird »Zunge« genannt. Und jeder der Flügel, der sich verbreitert und verdickt, muss abgeflacht und auch verengt werden, nach und nach, bis er in der Zunge endet. Sie sollen nicht nur an der Spitze, sondern auch an den Flügeln nützlich gehärtet werden.

(22) Für die anderen Tiere muss man die Saufeder wie folgt herstellen: Für Wildschweine sollen unten am Ende der Flöte vor den Flügeln Zähne aus hartem Eisen sein, die auf beiden Seiten der Flöte angeschmiedet sind und auf beiden Seiten hervorstehen. So kann das Wildschwein den Jäger nicht erreichen, wenn es mit Mut, Kühnheit und Kraft über die Länge des Speers vorwärts stößt, aber in seiner Vehemenz behindert wird, wenn die Zähne

ἀλλὰ καὶ οἱ κνώδοντες ἱστάντες αὐτοῦ τὴν ὁρμὴν ἐμποδὼν τῇ ῥύμῃ γένοιντο εἰς τὸ πρόσω μὴ προχωρεῖν. (23) τὰ μὲν οὖν ἀκόντια ἐνηγκυλῆσθαι δεῖ διὰ τὴν ἄφεσιν, τὰ δὲ προβόλια διὰ τὴν ἐκ χειρὸς χρείαν οὐ δεῖται ἀγκύλης. χρῆσις δὲ τοῦ προβολίου· προβὰς τὸν πόδα τὸν ἀριστερόν, καὶ τὸν δεξιὸν ὑποβὰς ὡς εἶναι τὸ μέτρον τῆς διαβάσεως ὅσον ἐν πάλῃ, τὴν προύχουσαν πλευρὰν ὀξεῖαν ἐχέτω κατὰ τὸν πόδα, καὶ τὴν χεῖρα τὴν ὑπὲρ αὐτὸν ὑπτίαν ἀντειλημμένην μέσην τοῦ προβολίου προτεινόμενος, τῇ δεξιᾷ ἀντεστραμμένῃ τοῦ δόρατος ἐγκρατῶς ἀντεχέσθω. καὶ τῇ μὲν ἀριστερᾷ τὸν σίδηρον ἀπευθυνέτω πρὸς τὸ τῆς πληγῆς καίριον· ἡ δὲ δεξιὰ κατὰ τὴν ἑαυτῆς ἰσχὺν ἐπωθείτω τὸ προβόλιον. (24) ὁ δ᾽ ὀφθαλμὸς κατὰ τὸ θηρίον ὀξὺς τετάσθω. κἂν μὲν σῦς ᾖ τὸ θηρίον, στοχαζέσθω τις ἢ κατὰ τὸ μεσόφρυον ἢ κατὰ τὴν ὠμοπλάτην ὦσαι τὸ προβόλιον· ἄμφω γὰρ καίρια. εἰ δὲ καὶ τῶν γενύων καθίκοιτο, ἧττον ἂν χρῷτο τοῖς χαυλιόδουσιν· ὁ δὲ πηδῶντος συὸς ὑποθήσει σπασάμενος τὴν μάχαιραν. φυλάττεσθαι δὲ χρὴ μὴ τὸ προβόλιον ὁ σῦς ἐκκρούσῃ τῇ τε τῆς κεφαλῆς ἐκνεύσει βιαίᾳ καὶ τῇ πρὸς τὸν σίδηρον πληγῇ σφοδρᾷ καὶ τῇ ῥύμῃ τοῦ ἅλματος· (25) εἰ γὰρ τοῦτο γένοιτο, ὁμοῦ ἂν τῷ ἀνθρώπῳ γίνοιτο, καὶ δεῖ κεῖσθαι πρηνῆ, τῆς ὕλης ἀπρὶξ ἀντειλημμένον· οὐ γὰρ ἂν δύναιτο χρῆσθαι τοῖς χαυλιόδουσι διὰ τὴν σιμότητα, οὐδὲ τὸ σῶμα ὑποβάλλειν, ἀλλὰ περιβὰς πατεῖ, αἱ δὲ θήλειαι καὶ δάκνουσιν.

εἰ δ᾽ ἑτέρῳ θηρίῳ προσφέροιτο ὁ κυνηγέτης, μὴ διαβαινέτω μὲν τοῖν ποδοῖν ἐπὶ τοσοῦτον, ἀλλ᾽ ὀρθὸς μᾶλλον ἀνεστηκέτω, διότι τὰ θηρία ταῦτα, οἷον παρδάλεις καὶ λέοντες, (26) δρόμῳ μέχρι τοῦ κυνηγέτου χρώμενα πλησιάσαντα πηδᾷ, στοχάζεσθαι δὲ χρὴ τοῦ στήθους καὶ καρδίας· αὕτη γὰρ ἐπὶ τούτων ἡ πληγὴ καίριος.

seinen Ansturm aufhalten, und nicht weiter nach vorne laufen. (23) Die Speere sollen mit Riemen zum Werfen ausgestattet sein, Saufedern hingegen benötigen keinen Riemen, weil sie aus der Nähe gebraucht werden. Der Einsatz der Saufeder: Man soll den linken Fuß vorrücken und den rechten Fuß zurückhalten, so dass das Maß des Schrittes so groß ist wie im Ringkampf. Man soll die vorrückende Seite in einem Winkel so weit wie der eigene Fuß nach vorne halten, die Hand rückwärts strecken, die Mitte der Saufeder greifen und mit der rechten, nach hinten gewandten Hand festhalten. Mit der linken Hand soll man das Eisen für den tödlichen Schlag lenken, während die rechte Hand die Saufeder mit ganzer Kraft nach vorne stößt. (24) Das Auge muss auf das Tier gerichtet sein. Und wenn dieses Tier ein Wildschwein ist, soll man die Saufeder gezielt entweder an einen Punkt zwischen den Augen (Lichtern) oder am Schulterblatt werfen, denn beide sind geeignet. Wenn sie auf den Kiefer des Wildschweins trifft, kann es wohl seine Stoßzähne (seinen Gewaff) weniger benutzen. Wenn das Wildschwein springt, muss man sein Schwert mit Vorsatz ziehen. Aber man muss auf der Hut sein, dass das Wildschwein nicht mit einem heftigen Kopfstoß die Saufeder beiseite schiebt, etwa durch einen heftigen Stoß auf das Eisen und den Schwung seines Sprungs. (25) Wenn dies geschähe, würde das Wildschwein sofort am Mann sein; der müsste sich flach hinlegen und unten am Baum festhalten, denn es kann seine Stoßzähne wegen ihrer Krümmung nicht einsetzen und seinen Körper nicht hochschleudern, sondern geht um ihn herum; die weiblichen Tiere beißen ihn auch.

Wenn der Jäger aber ein anderes Tier angreifen will, soll er nicht mit seinen Füßen so weit auseinander stehen, sondern gerade stehen, weil diese Tiere – etwa Leoparden und Löwen – schnell laufen, (26) wenn sie sich dem Jäger nähern, und springen. Es ist dann für ihn notwendig, auf die Brust und das Herz zu zielen, denn dieser Schlag ist Erfolg versprechend.

ἄρκυες δὲ καὶ δίκτυα καὶ ἐνόδια, τὸ μὲν λίνον αὐτῶν Αἰγύπτιον ἢ Φασιανικὸν ἢ Καρχηδόνιον ἢ Σαρδιανὸν εἶναι δεῖ. Ἡρόδοτος δὲ τὸ Φασιανόν, ὅπερ ἐστὶ Κολχικόν, ὑφ᾽ Ἑλλήνων Σαρδονικὸν καλεῖσθαι λέγει· καὶ δύναται καὶ τὸ ἀπὸ Σαρδοῦς, ἀφ᾽ ἧς ἴσως καὶ τὸ Καρχηδόνιον ἔνδοξόν ἐστιν ὡς ἀπὸ τῆς ἑσπέρας κομιζόμενον.

(27) πάντα μὲν οὖν τὰ θηρευτικὰ πλέγματα δίκτυα καλοῖτ᾽ ἄν, Φερεκράτης δ᾽ αὐτὰ καὶ ἕρκη εἶπεν· ἡ δὲ παραλλαγὴ τῶν ὀνομάτων ἐν τῇ χρήσει τῇ θηρευτικῇ δίκτυα μὲν καλεῖ τὰ ἐν τοῖς ὁμαλέσι καὶ ἰσοπέδοις ἱστάμενα, ἐνόδια δὲ τὰ ἐν ταῖς ὁδοῖς. αἱ δ᾽ ἄρκυες τούτων μὲν ἐλάττους εἰσὶ τοῖς μεγέθεσι, κεκρυφάλῳ δ᾽ ἐοίκασι κατὰ τὸ σχῆμα, εἰς ὀξὺ καταλήγουσαι. δεῖ δ᾽ αὐτὰς εἶναι κατὰ τὸν τοῦ Ξενοφῶντος λόγον ἐννεαλίνους, ἐκ τριῶν τόνων συμπεπλεγμένας. ὁ δὲ τόνος καὶ κῶλον καλεῖται· πέπλεκται δ᾽ ἐκ λίνων ὁ τόνος τριῶν.

(28) τῆς δ᾽ ἄρκυος τὸ μέν τι καλεῖται βρόχος· ἔστι δ᾽ ὁ βρόχος τὸ συνεχὲς ἐν τοῖς δικτύοις τετράγωνον διάστημα, συνεστηκὸς ἐκ τεττάρων ἁμμάτων, ὃ τεινομένης τῆς ἄρκυος γίνεται ῥομβοειδές, δι᾽ οὗ τὴν κεφαλὴν διωθεῖ τὰ θηρία ὡς διεκπεσούμενα, καὶ περὶ αὐτὸ ἐνσχεθέντα ἁλίσκεται· ὁ δὲ περίδρομός ἐστι τῆς ἄρκυος σχοινίον ἑκατέρωθεν, διὰ τῶν ἄνω τε καὶ κάτω τελευταίων βρόχων διειρόμενον, ᾧ συνέλκεταί τε τὰ δίκτυα καὶ πάλιν ἀναλύεται. (29) δεῖ δὲ τοὺς περιδρόμους ἀναμμάτους εἶναι, φησὶν ὁ Ξενοφῶν, ἵνα εὔτροχοι ὦσιν· προσβάλλονται δὲ τοῖς δικτύοις ἀπὸ στροφίων. ἤδη δέ τινες τοὺς αὐτοὺς τούτους ἐπιδρόμους ὠνόμασαν· οἱ δὲ δύ᾽ ὄντων τὸν μὲν ἐκ τοῦ κάτω περίδρομον, ἐπίδρομον δὲ τὸν ἄνωθεν. ἔστι δέ τι ἄρκυος μέρος καὶ ἀκρωλένια, ὅπερ ἐστὶ τὰ πέρατα τῶν ἀρκύων, ἃ οἱ μὲν κράσπεδα οἱ δὲ πτερύγια ὠνόμασαν. καὶ μὴν τοῖς ἐνοδίοις

Was Fall-, Stell- und Wegnetze betrifft, so muss der Flachs für sie ägyptisch, phasianisch (s. o. S. 29), karthagisch oder sardisch sein. Herodot (*Historien* 2,105) sagt, der phasianische, der derselbe ist wie der kolchische, werde von den Griechen sardinisch genannt; der aus Sardinien sei genauso gut, und daher werde wohl auch der karthagische geschätzt, weil er (ebenfalls) aus dem Westen stammt.

(27) Alle geflochtenen Jagdutensilien sollten »Netze« genannt werden, aber Pherekrates (*Frg.* 241 *PCG* VII) nannte sie auch »Zäune«. Zur Unterscheidung der Namen im Jagdgebrauch nennt man diejenigen, die auf den geraden und ebenen Plätzen aufgestellt sind, »Stellnetze«, die auf Wegen aber »Wegnetze«. Die Fallnetze sind kleiner als diese und ähneln in ihrer Form dem Haarnetz einer Frau; sie enden in einer Spitze. Laut Xenophons Buch (*Kynegetikos* 2,4) müssen sie 9-fädig sein, aus je 3 Fäden gezwirnt. Der Strang wird auch »Glied« genannt; er ist aus 3 Fäden gezwirnt.

(28) Vom Fallnetz wird die eine Art »Masche« genannt. Die Masche ist der fortlaufende vierseitige Zwischenraum in den Netzen, der von vier Knoten gebildet wird und rautenförmig ist, wenn das Netz gestreckt wird, und an das die Tiere ihre Köpfe stoßen, wenn sie zu flüchten versuchen und sich darin verheddern. Die umlaufende Leine ist eine kleine Schnur auf beiden Seiten des Fallnetzes, die durch die letzten Maschen sowohl oben als auch unten gezogen wird, von denen die Netze zusammengezogen und wieder freigegeben werden. (29) Die umlaufenden Leinen müssen ohne Knoten sein, sagt Xenophon (*Kynegetikos* 2,4), damit sie leicht laufen können; sie werden durch Bänder mit den Stellnetzen verbunden. Heute nennen manche all diese Leinen »Durchläufer«, andere, da es zwei Leinen gibt, nennen die untere »Umläufer«, die obere »Aufläufer«. Es gibt auch einen Teil des Fallnetzes, die »Ellebogenspitzen«; dies sind die Enden der Fallnetze; manche nannten dies »Saum«, andere »Flügelchen«. Bei den Wegnetzen bezeichnen sie manche als »Zitze«,

προσονομάζονταί τινες μαστοί, κύκλῳ ἐκ λίνων πλέγματα τοῖς ἀκρωλενίοις προσπεπλεγμένα, (30) τοῖς δὲ δικτύοις δακτύλιοι, κατὰ ταὐτὰ μὲν τοῖς μαστοῖς τὸ σχῆμα ἔχοντες, κρίκοι δ' αὐτοῖς σιδήρου πρόσεισιν ὡς ἐπὶ μείζοσιν οὖσι τοῖς δικτύοις, ὅθεν καὶ Ξενοφῶν τοῖς μὲν ἐνοδίοις παρὰ τὰς ἄρκυς κῶλον ἕν, ὃ καλεῖται τόνος, προστίθησι, τοῖς δὲ δικτύοις παρὰ τὰ ἐνόδιά φησι δεῖν πλείω τόνον προστίθεσθαι, ποιῶν τὰ μὲν ἐνόδια δωδεκάλινα τὰ δὲ δίκτυα ἑκκαιδεκάλινα, ἐκείνων ὄντων ἐννεαλίνων. ἀνάλογον δὲ καὶ τὸ μέγεθος ἐκ τῆς προσθήκης ἐπαύξει. (31) τούτοις δὲ καὶ σαρδόνες προσπλέκονται, ὅπερ ἐστὶν ᾤα τοῦ δικτύου, μετὰ τὸν τελευταῖον βρόχον ἀνέχουσα τὸ δίκτυον, ὑπὲρ ἣν ὁ περίδρομος ἢ ἐπίδρομος ταῖς σχαλίσι κατὰ τὸ δίκρουν ἔπεστιν. κεκρύφαλος δ' ἄρκυος ἡ κοιλότης, κορυφαῖον δὲ τὸ στενὸν τὸ τῆς ἄρκυός ἐστιν, ὅ τινες καὶ κορυφιστῆρα ὠνόμασαν.

κυνοῦχος δ' ἐστὶ δέρμα μόσχειον, εἰς ὃ ἐντίθεται τὸ δίκτυον, τῷ σχήματι πεποιημένον ὥσπερ τὰ σύσπαστα βαλάντια. στάλικες δὲ καὶ σχαλίδες καὶ σχαλιδώματα ξύλα ὀρθά, ἐξ ἄκρου διττά, ἱστάμενα μὲν κατὰ τῆς γῆς, τοῖς δὲ δίκροις ἀνέχοντα τοὺς τῶν δικτύων βρόχους τε καὶ περιδρόμους. (32) ἀνίσους δ' εἶναι δεῖ τάσδε τὰς στήριγγας, ὅπως πρὸς τὰ ὑψηλὰ καὶ κοῖλα τῶν χωρίων κατὰ τὴν χρείαν ὁ ἀρκυωρὸς ἁρμοσάμενος ἀπισώσῃ τῇ τούτων ἀνισότητι τῶν δικτύων τὴν στάσιν, ἣ καλεῖται ἀρκυστασία. καθίστανται δ' αἱ σχαλίδες πλάγιαι, μᾶλλον εἰς ἀλλήλας προσνεύουσαι.

ἡ δὲ ποδάγρα ἵσταται μὲν ἐλάφοις καὶ συσὶν ἔστιν ὅτε, καλοῖτο δ' ἂν καὶ ποδοστράβη. κύκλος δ' ἐστὶ σμιλακίνου ξύλου, καὶ ὁ κύκλος στεφάνη καλεῖται. (33) κατείληπται δ' ἥλοις σιδηροῖς καὶ ξυλίνοις παραλλὰξ ἑκατέροις, καὶ πλόκανον ἐν μέσῳ πέπλεκται, ὡς πατῆσαν τὸ θηρίον φερόμενόν θ' ὥσπερ† ἀναστρέψαι τε τὴν ποδοστράβην καὶ ἐνσχεθῆναι στερεῷ βρόχῳ κατὰ τέχνην ἐπ'

da die Fäden im Kreis an den Endmaschen befestigt sind. (30) In den Stellnetzen sind Ringe von der gleichen Form wie die Zitzen; in sie sind Eisenösen eingefügt, weil die Stellnetze größer sind. Aus diesem Grund bringt auch Xenophon (*Kynegetikos* 2,4) ein weiteres Glied, das er »Faden« nennt, an den Weg- wie auch an Fallnetzen an und sagt, dass man einen Faden mehr an den Stellnetzen als an den Wegnetzen befestigen müsse, wobei man die Wegnetze 12-fädig, die Stellnetze 16-fädig und die Fallnetze 9-fädig machen muss. Er vermehrt also die Größe proportional um den Zusatz. (31) Ränder, also die Oberkanten des Netzes, werden an diesen Fäden befestigt und halten das Netz in der Mitte der letzten Masche, über der den Umläufer oder Aufläufer in der Gabel auf den Stellstangen liegen. Der hohle Teil des Fallnetzes ist der Bausch, die Stirn die Enge des Netzes, die manche auch »Tasche« genannt haben.

Ein »Hundsbeutel« ist eine Kalbslederhaut, die wie eine genähte Handtasche in Form gebracht wurde und in der die langen Netze transportiert werden. Stellstangen, gerade und gabelförmige Stangen sind gerade Holzstücke, die in die Erde gesteckt werden und die mit gabelförmigen Enden die Maschen der Netze und auch die umlaufenden Leinen halten. (32) Diese Stangen müssen unterschiedlich lang sein, damit der Netzwächter, wenn er die Position dieser Netze an die hohen und niedrigen Punkte des Bodens anpasst, den Unebenheiten entsprechend angleichen kann. Die Stangen werden schräg aufgestellt und neigen stark aufeinander zu.

Die Fußfalle wird manchmal für Hirsche und Wildschweine aufgestellt und sollte auch »Fußschlinge« genannt werden. Es ist ein Ring aus Eibenholz; der Ring selbst wird »Krone« genannt. (33) Er wird abwechselnd mit Eisen- und Holznägeln bestückt, das geflochtene Seil ist in der Mitte eingefügt. So tritt das Tier etwa im Lauf darauf, stolpert (*Text verderbt*) und wird in dem festen Netz gefangen, das kunstvoll genau dafür gemacht ist. Die Fuß-

αὐτὸ τοῦτο πεποιημένῳ. ἐντίθεται δ' ἡ ποδοστράβη ὀρύγματι, καὶ ἀπὸ τοῦ περὶ τῇ στεφάνῃ βρόχου σειρά τις ἐκτέταται, ἣν καὶ σειρίδα καὶ ἁρπεδόνην καλοῦσιν. πλέγμα δ' ἐστὶν ἐκ σπάρτου στερεὸν ἡ σειρίς, καὶ ταύτης ἀπήρτηται ξύλον ἐν ἄλλῳ πλησίον ὄντι ὀρύγματι κατακείμενον, ὅπως, ἐὰν τὸ θηρίον ἐπιβὰν ἀναστρέψῃ τε τὴν ποδοστράβην ἐφ' ἑαυτὸ καὶ ἐνσχεθῇ τῷ βρόχῳ, τὴν ἁρπεδόνην καὶ τὸ ξύλον ἐφελκόμενον ἐμποδίζηται πρὸς τὸν δρόμον, μάλιστα εἰ τῶν προσθίων τις αὐτοῦ ποδῶν ἐνσχεθείη. (34) καὶ τῷ μὲν κυνηγέτῃ μεταθεῖν ὑπάρξει κατὰ τὸν ὁλκὸν τὸν τοῦ ξύλου, ῥᾷον μὲν εἰ κατὰ γῆς μαλακῆς ἐπισύροιτο· ἡ δὲ τραχυτέρα καὶ αὐτὴ τὸ σημεῖον ἐνδίδωσι τῷ θηρίῳ, μετιέναι κατὰ τὰ ἀποσύρματα τοῦ ξύλου. ἔσθ' ὅτε δὲ καὶ αὐτὸ τὸ ξύλον ἐνσχεθὲν ὕλης δασύτητι ἢ πέτρας ἀνισότητι ἔστησε τὸ θηρίον. τῷ δ' ὀρύγματι χρὴ τῆς στερεᾶς γῆς καί τινος πόας ἢ φύλλων ἐπιφέρειν, τὴν δὲ νεαρὰν γῆν ἐκ τοῦ ὀρύγματος ἀποφέρειν ὅτι πορρωτάτω, τοῦ μὴ τῆς νέον κεκινημένης γῆς τὸ θηρίον ὀσφραινόμενον δυσωπεῖσθαι.

(35) καὶ ἥδε μὲν ἡ παρασκευὴ μεθ' ἧς τὸν κυνηγέτην δεῖ παρεῖναι· ἱστάτω δὲ τὰ δίκτυα ἐν πᾶσι τόποις, ὁδοῖς τριμμοῖς δρυμῶσι ἕλεσι πεδίοις ὄρεσιν ὕδασιν ὕλαις νάπαις, ἵνα ὑποπτεύει δύνασθαι τὸ θηρίον εὑρεθῆναι διαστήματα καταλιπὼν πρὸς τὰς διαδρομάς, ἃ καλεῖται παράδρομα. ἐχέτω δὲ καὶ ἄλλα μικρὰ δίκτυα, εἰ καὶ τὰ διαστήματα προσαποφράξαι δέοι· ταῦτα δὲ τὰ δίκτυα τῶν κυνηγετικῶν τινὲς ἐμβόλια κεκλήκασιν ὥσπερ ἐμβαλλόμενα τῇ τῶν προτέρων στάσει. …

(37) γενναῖαι κύνες Λάκαιναι, Ἀρκάδες, Ἀργολίδες, Λοκρίδες, Κελτικαί, Ἰβηρικαί, Καρῖναι, Κρῆσσαι, Μολοττικαί, Ἐρετρικαί, Ὑρκαναί, Ἰνδικαί. οἱ δὲ κύνες οἱ Ψυλλικοὶ καλούμενοι ἀπὸ

falle wird in einen Graben gelegt; aus dem Netz um die Krone erstreckt sich eine Leine, die man auch »Schnur« oder »Strick« nennt. Diese Leine ist ein fester Strick aus Pfriemengras; an ihr hängt ein Holzklotz, der in eine andere Grube in der Nähe gelegt wird. Wenn das Tier herankommt und in die Fußfalle tritt, wird es in ihr von der Schlinge festgehalten; die Leine und der Holzklotz, der nun mitgeschleppt werden muss, hindern es am Laufen, insbesondere wenn einer der Vorderfüße gefangen wurde. (34) So wird möglich sein, dass der Jäger ihm nachgeht, und zwar entlang der Furche, die durch den Holzklotz im Boden gezogen wird, und dies um so leichter, wenn der auf weicher Erde mitgeschleppt wird. Die aufgeraute Erde selbst weist den Jäger darauf hin, wo er das Tier entlang der Abschürfungen durch den Klotz verfolgen sollte. Manchmal verfängt sich auch der Klotz selbst im Dickicht des Gebüschs oder in Felsen und hält das Tier fest. Es ist im Übrigen notwendig, feste Erde in den Graben und etwas Gras oder Blätter darauf zu legen und die frische Erde so weit wie möglich von dem Graben wegzubringen, damit das Tier, das die neu bewegte Erde riecht, nicht misstrauisch wird.

(35) Folgendes ist die Vorbereitung, die der Jäger durchführen muss: Er soll an allen Orten die Netze aufstellen – an Wegen, Pfaden, Wäldchen, Sumpfwiesen, Ebenen, Bergen, Gewässern, Wäldern und Tälern –, von denen er vermutet, dass das Tier gefunden werden kann; dabei soll er Abstände für Durchgänge lassen, die »Lücken« genannt werden. Er soll auch kleine Netze haben, wenn es notwendig sein sollte, auch die Lücken zu blockieren. Diese Netze haben einige Jäger als »Einsätze« bezeichnet, da sie in die Reihe der zuvor aufgestellten eingesetzt werden. …

(37) Edle Hündinnen sind lakonische, arkadische, argivische, lokrische, keltische, iberische, karische, kretische, molossische, eretrische, hyrkanische und indische. Die Hunde, die »Psyllikoi«

πόλεως Ἀχαϊκῆς ἀρχαίας κέκληνται, ὥσπερ οἱ Ἐλυμαῖοι ἀπὸ ἔθνους μεταξὺ Βάκτρων καὶ Ὑρκανίας κειμένου. Καστόριαι δὲ καὶ Μενελαΐδες καὶ Ἁρμόδιοι ἀπὸ τῶν θρεψάντων ὠνομάσθησαν.

(38) λέγουσι δὲ τὰς μὲν Λακαίνας ἐξ ἀλωπέκων τὸ ἀρχαῖον καὶ κυνῶν γενομένας κληθῆναι ἀλωπεκίδας, τὰς δ' Ὑρκανὰς ἐκ κυνῶν καὶ λεόντων, καὶ κληθῆναι λεοντομιγεῖς. Ἀριστοτέλης δὲ τὰς Ἰνδικὰς κυνὸς καὶ τίγριδος λέγει τρίτην γενεάν· τὰς γὰρ προτέρας δύο ζῷα γίνεσθαι θηριώδη. Νίκανδρος δ' ὁ Κολοφώνιος τοὺς Ἰνδικοὺς κύνας ἀπογόνους εἶναί φησι τῶν Ἀκταίονος κυνῶν, αἳ μετὰ τὴν λύτταν σωφρονήσασαι, διαβᾶσαι τὸν Εὐφράτην ἐπλανήθησαν εἰς Ἰνδούς· (39) ὥσπερ καὶ τὰς Χαονίδας καὶ Μολοττίδας ἀπογόνους εἶναί φησι κυνός, ὃν Ἥφαιστος ἐκ χαλκοῦ Δημονησίου χαλκευσάμενος, ψυχὴν ἐνθείς, δῶρον ἔδωκε Διὶ κἀκεῖνος Εὐρώπῃ, αὕτη δὲ Μίνῳ καὶ Μίνως Πρόκριδι καὶ Πρόκρις Κεφάλῳ. φύσιν δ' εἶχεν ἄφυκτος εἶναι, ὥσπερ ἡ Τευμησσία ἀλώπηξ ἄληπτος· καὶ διὰ τοῦτο ἀπελιθώθησαν ἄμφω, ὁ μὲν ἵνα μὴ λάβῃ τὴν ἄληπτον ἀλώπεκα, ἡ δ' ἵνα μὴ φύγῃ τὸν ἄφυκτον κύνα. αἱ δὲ Καστορίδες Κάστορος θρέμματα, Ἀπόλλωνος τὸ δῶρον· (40) ταύτας δ' ὁ αὐτὸς οὗτος ποιητὴς εἶναι τὰς ἀλωπεκίδας λέγει, μιξαμένου τὸ γένος ἀλώπεκι Κάστορος. αἱ δ' Ἐρετρικαί, καὶ ταύτας Ἀπόλλων ἔδωκεν· τοὺς δὲ λαβόντας καὶ θρέψαντας τοὺς Εὐρυτίδας φησὶν εἶναι. καὶ μὴν τάς γε Μενελαΐδας τὰς αὐτὰς εἶναί φησι ταῖς Ψυλλικαῖς, δύ' ἀδελφῶν κυνῶν ἐκεῖθεν ὑπὸ Μενέλεω περὶ τὴν Ἀργολικὴν τραφεισῶν. περὶ

genannt werden, heißen nach einer *Polis* im alten Achaia, ebenso wie die »Elymaioi« nach einem Stamm genannt werden, dessen Gebiet zwischen dem der Baktrier und Hyrkanier liegt. Kastorische, Menelaïden und Harmodier sind nach denen benannt, die sie erzogen haben.

(38) Man sagt, dass die lakonischen Hunde ursprünglich von Füchsen und Hunden hervorgebracht worden sind und daher »Fuchshunde« genannt wurden, die hyrkanischen hingegen von Hunden und Löwen und daher »Löwenmischlinge« genannt wurden. Aristoteles (*Tierkunde* 8 p. 607.3) sagt, dass die indischen Hunde die dritte Generation aus einem Hund und einem Tiger waren; die ersten beiden seien noch wilde Tiere gewesen. Nikandros von Kolophon (*Frg.* 97 Schneider) sagt, dass die indischen Hunde Nachkommen der Hunde des Aktaion waren, die nach ihrem Wahnsinn gesund wurden, den Euphrat überquerten und zu den Indern wanderten; (39) ebenso sagt man, dass die chaonischen und die molossischen Hunde von dem Hund abstammen, den Hephaistos aus der demonesischen Bronze schmiedete, ihm eine Seele einsetzte und dem Zeus gab; letzterer gab ihn Europa, sie dem Minos, Minos der Prokris und Prokris dem Kephalos. Er hatte eine Natur, der nichts entgehen konnte, so wie die teumessische Füchsin nicht zu fassen war; deshalb seien beide zu Stein geworden, der eine, da er die uneinholbare Füchsin nicht fangen konnte, die andere, da sie dem unentrinnbaren Hund nicht entkommen konnte. Die kastorischen Hunde sind die Zöglinge des Kastor, das Geschenk des Apollon. (40) Und eben dieser Dichter sagt auch, dass dies die Fuchshunde seien, denn Kastor habe sie mit einem Fuchs gekreuzt. Dann gibt es die eretrischen, die ebenfalls Apollon gab; er aber sagt, dass diejenigen, die sie genommen und aufgezogen haben, die Eurytiden waren. Und weiter sagt er, dass die Menelaïden die gleichen seien wie die Psyllikai, denn zwei Hundeschwestern von dort wurden von Menelaos in der Nähe des argivischen Lan-

δὲ Κυρήνην ἐκ λύκων καὶ κυνῶν γίνεσθαί τι γένος Ἀριστοτέλης (41) τῶν δέ γε Κρητικῶν κυνῶν οἱ μὲν διάπονοι οἱ δὲ πάριπποι καλοῦνται, διάπονοι μὲν οὕς φασι καὶ τὰς νύκτας ταῖς ἡμέραις ἐν ταῖς πρὸς τὰ θηρία μάχαις ἐπιλαμβάνειν, καὶ πολλάκις παρευνασθέντας τοῖς θηρίοις μεθ' ἡμέραν ἄρχεσθαι τῆς μάχης· οἱ δὲ πάριπποι τοῖς ἵπποις συνθέουσιν, οὔτε προθέοντες οὔτε μὴν ἀπολειπόμενοι. οἱ δὲ κυναμολγοὶ κύνες εἰσὶ περὶ τὰ ἕλη τὰ μεσημβρινά, γάλα δὲ βοῶν ποιοῦνται τὴν τροφήν, καὶ τοὺς ἐπιόντας τοῦ θέρους τῷ ἔθνει βοῦς Ἰνδικοὺς καταγωνίζονται, ὡς ἱστορεῖ Κτησίας.

(42) κύνες δ' ἔνδοξοι ὁ Πύρρου τοῦ Ἠπειρώτου, ὃς ἐκβοήσαντος μὲν ἐκ τῶν ὕπνων αὐτοῦ περιβὰς ἐφύλαττε τὸν Πύρρον, ἀποθανόντος δὲ καιομένου τοῦ νεκροῦ ἐνήλατο εἰς τὴν πυράν. οἱ δ' Ἡσιόδου παραμείναντες αὐτῷ ἀναιρεθέντι κατήλεγξαν ὑλακῇ τοὺς φονεύσαντας. ὁ δ' Ἰκαρίου κύων καὶ ἔδειξε τῇ θυγατρὶ τὸν Ἰκαρίου νεκρόν· καὶ εἰ χρή τι πιστεύειν τοῖς ποιηταῖς, οὗτός ἐστιν ὁ Σείριος. ἔνδοξος δὲ καὶ ὁ Ἠπειρωτικὸς Κέρβερος, καὶ ὁ Ἀλεξάνδρου Περίτας, τὸ θρέμμα τὸ Ἰνδικόν· ἐκράτει δ' οὗτος λέοντος, ἑκατὸν μνῶν ἐωνημένος, καὶ ἀποθανόντι αὐτῷ πόλιν φησὶ Θεόπομπος Ἀλέξανδρον ἐποικίσαι. (43) λέγουσι δὲ τοὺς γενναιοτέρους τῶν Ἰνδικῶν ἄλλο μὲν θηρίον ἀπαξιοῦν μεταθεῖν, λέοντι δ' ὡς ἀξιομάχῳ προσαγωνίζεσθαι μόνῳ, ἔχεσθαί τ' ὀδὰξ ἐμφύντας, ὥστε κἂν ἁλῷ τὸ θηρίον, πολλὰ πράγματα τοὺς κυνηγοὺς ἔχειν ὡς ἀποσπάσαι τοῦ θηρίου τοὺς κύνας. τὸν δ' Ἀλέξανδρον ἐπὶ πείρᾳ λαβόντα παρὰ Σωπείθους τοιούτους κύνας ἐν Ἰνδοῖς, πολλὰ θηρίων εἴδη παραβαλεῖν τινὶ τῶν κυνῶν· τὸν δ'

des aufgezogen. In der Nähe von Kyrene wurde eine Hunderasse von Wölfen und Hunden gezüchtet, sagt Aristoteles (*Tierkunde* 8 p. 607.2) (41) Einige der kretischen Hunde werden »Arbeiter« und einige »Pferdebegleiter« genannt. Die Arbeiter sind diejenigen, die, wie sie sagen, auch die Nächte zusätzlich zu den Tagen im Kampf gegen die Tiere verbringen und oft, nachdem sie neben den Tieren geschlafen haben, den Kampf am nächsten Tag wieder aufnehmen. Die Pferdebegleiter laufen neben den Pferden her und rennen weder voraus noch bleiben sie zurück. Die Hundemelker-Hunde sind während der Mittagszeit im Bereich der Sümpfe, machen die Milch von Kühen zu ihrem Futter und kämpfen mit den indischen Rindern, die sich ihnen im Sommer in einer Herde nähern, wie Ktesias (*FGrHist* 688 F 46b) berichtet.

(42) Berühmte Hunde: der des Pyrrhos von Epeiros, der, als Pyrrhos im Schlaf schrie, herumging und ihn bewachte, und als jener starb und sein Körper verbrannt wurde, ins Feuer lief. Die Hunde des Hesiodos blieben bei ihm, als er getötet wurde, und verrieten seine Mörder mit einem Bellen. Der Hund des Ikarios zeigte den Leichnam des Ikarios seiner Tochter; und wenn man den Dichtern glauben darf, ist Seirios dieser Hund. Bemerkenswert sind auch der epirotische Kerberos und der Peritas des Alexandros, ein indisches Tier; dieser Hund nämlich, der einen Löwen besiegt hat, wurde für 100 Minen (100 000 Drachmen Silber; s. o. S. 19) gekauft, und Theopompos (*FGrHist* 115 F 340) sagt, dass Alexandros eine Stadt für ihn gründete, als er starb. (43) Man sagt, dass die edleren indischen Hunde es für unwürdig halten, ein anderes Tier zu jagen, sondern allein mit Löwen zu kämpfen für würdig halten, und dass, indem sie ihn beißen und mit den Zähne festhalten, auch wenn das Tier besiegt ist, die Jäger viele Schwierigkeiten haben, die Hunde vom Tier wegzuziehen. Und Alexandros nahm als Probe bei den Sopeithen diese Art von Hündinnen in Indien und setzte viele Arten von Tieren gegen einen von ihnen; der aber habe bewegungs-

ἐκταθέντα κατὰ γῆς ἀτρεμεῖν ὡς οὐδὲν πρὸς αὐτὸν οὖσαν τὴν θήραν τὴν ἄτιμον. (44) λέοντος δὲ προοφθέντος ἐξαναστῆναι, γνωρίσαντα τὸν ὄντα ἄξιον ἀνταγωνιστήν. κἀπειδὴ συμπλακεὶς κατήθλησε τὸ θηρίον, ὁ μὲν ἐνδακὼν εἴχετο, μαχαίρᾳ δέ τις ἀπέκοψε τὸν πόδα τοῦ κυνός, καὶ ὃς οὐδ' ὑπὸ τὴν ἀλγηδόνα τῆς τομῆς ἠνέσχετο λῦσαι τὸ δῆγμα, ἀλλὰ θυμῷ τὸ δρώμενον ἠγνόει. παρὰ δὲ Πώρου τῷ βασιλεῖ δοθεὶς δῶρον κύων δύο λεόντων λέγεται κρατῆσαι. ἡ δ' ἐπὶ Ἄργῳ τῷ Ὀδυσσείῳ κυνὶ παρ' Ὁμήρῳ θαυματοποιία γνώριμος. (45) ἦν δὲ καὶ Ἀλκιβιάδῃ κύων ἔνδοξος, ἑβδομήκοντα μνῶν ὤνιος, τὸ κάλλος θαυμαστός· οὗ τὴν οὐρὰν ἀφελών, πρὸς τὸν μεμφόμενον ὅτι τῷ κάλλει τοῦ κυνὸς ἐλυμήνατο, ἐξεπίτηδες ἔφη τὸ ζῷον ἀκρωτηριάσαι, ἵνα τοῦτο καὶ μηδὲν ἄλλο Ἀθηναῖοι ὑπὲρ αὐτοῦ λέγωσιν. ἔνδοξος δὲ καὶ ἡ Ἀταλάντης κύων, Αὔρα τοὔνομα, ἣν ὁ Καλυδώνιος σῦς ἀπέκτεινεν· ἀφ' ἧς τὸ Κυνὸς σῆμα ἐν Καλυδῶνι. καὶ ἕτερον δ' οὕτω σῆμα ἐν Ἑλλησπόντῳ κεκλήκασιν ἀπὸ ἐνδόξου κυνός, εἰ μὴ πιστεύομεν ὅτι ἀπὸ Ἑκάβης εἰς κυνὸς μορφὴν μεταβαλούσης οὕτως ὠνομάσθη. (46) ὁ δὲ Γηρυόνου κύων ὁ τὰς βοῦς φυλάττων ἀδελφὸς μὲν ἦν τοῦ Ἠπειρωτικοῦ Κερβέρου, ἀνῃρέθη δ' ὑφ' Ἡρακλέους· τὸ δ' ὄνομα αὐτοῦ Γαργήττιος, καὶ ἔχει μνῆμα ἐν Ἰβηρίᾳ. γνώριμος δὲ καὶ Τριακὰς ἡ Παιονικὴ κύων· Δαπάνις δ' αὐτὴν ὁ Παιονίας σατράπης δῶρον ἔδωκεν Ἀλεξάνδρῳ τῷ βασιλεῖ. οὐ μὴν οὐδ' ὁ Μάγνης κύων, τὸ Ἱππαίμονος κτῆμα, ὁ Λήθαργος ἀνώνυμος, ὃς τῷ δεσπότῃ συντέθαπται, καθάπερ μηνύει τοὐπίγραμμα·

(47) ἀνδρὶ μὲν Ἱππαίμων ὄνομ' ἦν, ἵππῳ δὲ Πόδαργος
καὶ κυνὶ Λήθαργος καὶ θεράποντι Βάβης.

los ausgestreckt auf dem Boden gelegen, als ob die Beute nichts wert gewesen sei. (44) Als aber ein Löwe gestellt wurde, wachte er auf, da er wusste, nun einen ehrenhaften Gegner zu haben. Und als das Tier in den Kampf eintrat und mit ihm stritt, biss es der Hund und hielt es fest; da schnitt jemand den Fuß des Hundes mit einem Messer ab. Der Hund, der sich trotz des Schmerzes durch den Schnitt festhielt, ließ seinen Biss nicht los, sondern ignorierte mutig, was ihm angetan worden war! Ein Hund des Poros wurde dem König geschenkt und soll zwei Löwen besiegt haben. Die wunderbare Leistung von Argos, dem Hund des Odysseus bei Homer (*Odyssee* 17,291), ist bekannt. (45) Auch Alkibiades hatte einen bemerkenswerten Hund, der 70 Minen (70 000 Drachmen Silber; s. o. S. 19) gekostet hatte; seine Schönheit war wunderbar; er aber entfernte seinen Schwanz (Rute) und sagte zu jemandem, der ihn tadelte, weil er die Schönheit des Hundes ruiniert hatte, dass er das Tier absichtlich verstümmelt hatte, damit die Athener das und nichts anderes über ihn sagen würden. Bemerkenswert war auch die Hündin der Atalante, deren Name Aura war, die den kalydonischen Eber erlegte; dafür gibt es ein Grabmal des Hundes in Kalydon. Auch ein weiteres Grab am Hellespont für einen berühmten Hund wird genannt, es sei denn, wir glaubten, dass es nach Hekabes Verwandlung in die Gestalt eines Hundes benannt worden sei. (46) Der Hund des Geryon, der seine Ochsen bewachte, war ein Bruder des epirotischen Kerberos, wurde aber von Herakles getötet; sein Name war Gargettios, und er hat ein Denkmal in Iberia. Berühmt ist auch Triakas, die paionische Hündin: Dapanis, der Satrap von Paionia, gab sie dem Alexandros als Geschenk. Außerdem gibt es den magnesischen Hund, das Eigentum des Hippaimon, den unrühmlichen Lethargos, der mit seinem Meister begraben wurde, genau wie das Epigramm (*Anthologia Palatina* 7,304) erklärt:

(47) Ein Mann hieß Hippaimon, ein Pferd Podagros,
Lethargos ein Hund und Babes ein Diener.

τὰ μὲν δὴ τῶν Ἀκταίονος κυνῶν ὀνόματα, κατὰ τὴν Αἰσχύλου δόξαν, Κόραξ Ἅρπυια Χάρων Λυκόττας· οἱ δὲ καὶ Ξενοφῶντι τῷ Γρύλλου γεγενῆσθαί φασιν ἔνδοξον κύνα, Ἱπποκένταυρον τὴν προσηγορίαν. καὶ μὴν Μάγνητας μὲν τοὺς ἐπὶ Μαιάνδρῳ τρέφειν φασὶ κύνας πολέμων ὑπασπιστάς· τοιοῦτοι δ᾽ ἦσαν καὶ Παίοσιν οἱ σύνθηροι κύνες. ἔνδοξον δὲ καὶ Λυκάδα τὴν Θετταλὴν Σιμωνίδης ἐποίησε, γράψας τουτὶ τοὐπίγραμμα ἐπὶ τῷ τάφῳ τῆς κυνός·

(48) ἦ σεῦ καὶ φθιμένας λεύκ᾽ ὀστέα τῷδ᾽ ἐνὶ τύμβῳ
ἴσκω ἔτι τρομέειν θῆρας, ἄγρωσσα Λυκάς.
τὰν δ᾽ ἀρετὰν οἶδεν μέγα Πήλιον ἅ τ᾽ ἀρίδηλος
Ὄσσα Κιθαιρῶνός τ᾽ οἰονόμοι σκοπιαί.

καὶ γὰρ ἡ Τεγεᾶτις Ἀνύτη Λοκρίδα δόξης ἐμπέπληκεν, ἐφ᾽ ἧς τῷ τάφῳ φέρουσα ἐπέγραψεν·

ὤλεο δή ποτε καὶ σὺ πολύρριζον παρὰ θάμνον,
Λόκρι, φιλοφθόγγων ὠκυτάτη σκυλάκων·
τοῖον ἐλαφρίζοντι τεῷ ἐγκάτθετο κώλῳ
ἰὸν ἀμείλικτον ποικιλόδειρος ἔχις.

(49) θηρατέον μὲν τοίνυν ἐν παντὶ καιρῷ, πειρατέον δὲ τῆς κυνῶν ἀρετῆς ἐν κρύει μὲν εἰ μὴ μαλακιοῦσι τὰς ῥῖνας, ἐν θέρει δ᾽ εἰ φέρουσι τὸν ἥλιον καὶ συνιᾶσι τῶν ἰχνῶν, τοῦ ἡλίου τὸ πνεῦμα τὸ ἀπ᾽ αὐτῶν ἀμαυροῦντος, ἦρος δ᾽ εἰ ἐν πλήθει τῆς ἀπὸ τῶν ἀνθέων ἀπορροῆς διακρίνουσι τὰς ὀσμάς. τῆς μὲν οὖν χειμερινῆς τε καὶ θερινῆς ὥρας ὁ ἠρινὸς καιρὸς εἰς θήραν ἐπιτηδειότερος ὡς τοῦ ἀέρος ἄμεινον κεκραμένου, πλήν γε παρ᾽ ὅσον ταῖς κρίσεσι τῶν ἰχνῶν ἐνοχλεῖ τὰ ἄνθη· (50) τὸ δὲ μετόπωρον ἐγγυτάτω μέν

Die Namen von Aktaions Hündinnen waren nach Meinung des Aischylos (*Frg.* 245 *TGF*) Rabe, Räuberin, Charon und Wolfsgeheul; manche sagen, dass Xenophon, Sohn des Gryllos, einen bemerkenswerten Hund hatte, Hippokentauros mit Namen. Sie sagen auch, dass die Bewohner von Magnesia am Maiandros Hunde zu Schildträgern im Krieg ausbilden; die Paionier hatten auch eine solche Art von Hunden, die mit ihnen jagten. Simonides (*Frg.* 69 Campbell) machte Lykas, die thessalische Hündin, berühmt und schrieb dieses Epigramm, das auf dem Grab der Hündin steht:

(48) Wahrlich, ich weiß, deine weißen Knochen in diesem Grab
lassen sogar tote Tiere noch zittern, Jägerin Lykas.
Der große Pelion kennt ihre Tugend, wie weithin bekannt,
Ossa und Kithairons einsame Aussichtspunkte.

Und auch Anyte, die Frau aus Tegea, hat eine mit Ruhm bedeckt, als sie auf ihr Grab schrieb (*Anthologiae Graecae Appendix* 154):

Umgekommen bist auch du einst beim vielwurzligen Busch,
Lokris, schnellste von lauthalsen Welpen;
eine Viper mit einem gepunkteten Hals
legte solch grausames Gift in deine flinken Glieder.

(49) Jagen soll man freilich zu jeder Jahreszeit, und man soll die Fähigkeit der Hündinnen prüfen, ob sie in der Kälte schwach in den Nasen werden, im Sommer aber, ob sie die Sonne ertragen und sich der Spuren bewusst sind, denn die Sonne schwächt den Geruchssinn, und im Frühjahr, ob sie die Düfte in der großen Menge der Ausdünstungen von Blumen unterscheiden können. Auf jeden Fall ist das Frühjahr für die Jagd besser geeignet als die Winter- oder Sommerzeit, da die Luft gemäßigter ist, es sei denn, die Blumen bereiten ihnen Schwierigkeiten, die Düfte zu unterscheiden. (50) Der

ἐστι τῇ κράσει πρὸς τὸ ἔαρ, οὔτε δ' αἱ ἀπὸ τῶν ἀνθέων ἀπόρροιαι οὔθ' αἱ ἀπὸ τῶν ἤδη συγκεκομισμένων καρπῶν ἐφ' ἑαυτὰς ἕλκουσι τὰς ῥῖνας τῶν κυνῶν. διὰ μέντοι χιόνος ἐπιφανέστερα τὰ ἴχνη καὶ οὐ δυσζήτητος, ἀλλ' εὐεύρετος ὁ λαγώς, καθότι καὶ τῇ δασύτητι τῶν ὑπὸ τοὺς πόδας αὐτοῦ τριχῶν ὄγκοι προσιζάνοντες τοῦ δρόμου τὴν ῥᾳστώνην ἐμποδίζουσιν.

τροφαὶ μὲν δὴ τοῖς σκύλαξι μετὰ τὸ ἐκ τῶν μητέρων γάλα – τοῦτο γάρ φησιν αὔξιμον εἶναι ὁ Ξενοφῶν αὐτό τε καὶ τὸ μητρῷον πνεῦμα –, (51) ἀλλὰ μετὰ τοῦτό γε αἵματα ζῴων ἁλισκομένων, ἵνα προσεθίζωνται τῇ κυνηγετικῇ τροφῇ. σκυλακεία δ' ἡ μέν τις νοείσθω σκυλάκων ἀνατροφή, ἡ δὲ σκυλάκων γένεσις. †καὶ τὸ σκυλακεύειν τὰς κύνας χρῆναι τοῦ χειμῶνος ἐστὶν ἐμπιπλάναι σκυλάκων καὶ ὀχεύειν†· προδιαπονηθεῖσαι δέ, εἶτα ἀναπαυσάμεναι κατὰ καιρὸν ἂν συνδυάζοιντο, τῷ μὲν πόνῳ γεγενημένων αὐταῖς τῶν σωμάτων εὐπαγῶν, τῇ δ' ἀναπαύσει πρὸς ἰσχὺν τραφέντων. ἐσθίειν δ' αὐτὰς τότε δεῖ πρὸς κόρον, ἐπεὶ ὁπότε θηρῷεν τὸ ἐμπίπλασθαι οὐ πάνυ χρήσιμον. ἡ δὲ τῶν σκυλακευομένων τροφὴ σιτία οἴνῳ διάβροχα.

(52) κύουσι δὲ δύο μῆνας, καὶ οὐκ ἄν τις ἐξαγάγοι κύνα ἐπὶ θήραν, ὁπότ' ἐπίτεξ εἴη καὶ ἐπίφορος. τῷ δ' Ἀριστοτέλους λόγῳ ἡ μέν τις κύει δύο μῆνας μάλιστα, καὶ τὰ τικτόμενα πρὸ δωδεκάτης ἡμέρας οὐ βλέπει, ἡ δ' ἡμέρας δύο καὶ ἑβδομήκοντα, καὶ ἡ τῶν σκυλακίων ὄψις προθεσμίαν ἔχει τετάρτην καὶ δεκάτην ἡμέραν· τῆς δ' ἡ μὲν κύησις τρίμηνος, τὸ δὲ τῶν σκυλάκων ἀνάβλεμμα εἰς ἑβδόμην προχωρήσει καὶ δεκάτην ἡμέραν. ὥρα δ' ἀρίστη κυνῶν πρὸς πλήρωσίν τε καὶ γένεσιν τῷ μὲν ἄρρενι τετάρτου ἔτους ἀρξαμένου, τελευταῖον τὸ ὄγδοον· ἡ δὲ θήλεια τριετὶς ἄχρις ἑξαετίδος συνδυαζέσθω.

Herbst ist am nächsten in seiner Temperatur, und weder die Ausdünstungen der Blumen noch die bereits eingebrachten Ernten ziehen die Nasen der Hunde an. Trotzdem sind die Spuren durch Schnee sehr auffällig, und der Hase ist nicht schwer zu verfolgen und leicht zu finden, weil die Masse, die an den dicken Haaren unter ihren Füßen haftet, die Leichtigkeit des Laufens behindert.

Das Futter für die Welpen nach der Milch ihrer Mütter – dieses fördert das Wachstum, sagt Xenophon (*Kynegetikos* 7,3), wie auch der mütterliche Atem selbst – (51) also danach sollten sie Blut von Tieren erhalten, die gefangen wurden; so können sie sich an die Lebensweise der Jagd gewöhnen. Hundevermehrung, so sei bemerkt, ist einerseits die Aufzucht von Welpen, andererseits die Geburt von Welpen. Und Hunde zu vermehren – das muss man im Winter tun – heißt, sie mit Welpen zu füllen und zu decken (*Text verderbt*). Sie sollen vorher abgearbeitet und, nachdem sie sich ausgeruht haben, verbunden werden, wenn ihre Körper von der Arbeit fest geworden und zur Stärke herangewachsen sind. Sie sollen dann bis zur Sättigung essen, denn wenn sie jagen, nützt es nichts mehr, sich satt zu essen. Die Nahrung derer, die noch Welpen sind, ist in Wein getränktes Brot.

(52) Sie sind zwei Monate trächtig; und man sollte eine Hündin nicht auf die Jagd nehmen, wenn sie der Niederkunft nahe und schwanger (trächtig) ist. Nach dem Werk des Aristoteles (*Tierkunde* 6 p. 574.22) ist eine Hündin ungefähr zwei Monate trächtig, und die Welpen sehen nicht vor zwölf Tagen; aber eine andere ist 72 Tage lang trächtig und das Sehen der Welpen ist am 14. Tag vorherbestimmt. Das Trächtigsein einer anderen beträgt drei Monate, und die Augenöffnung der Welpen geht bis zum 17. Tag. Die beste Zeit für die Hundevermehrung und für die Geburt (das Werfen) beginnt im vierten Jahr für die Rüden und endet im achten; die Hündinnen sollten von drei bis sechs Jahren trächtig werden.

(53) νοσήματα μέντοι τρία κυνῶν, λύσσα ποδάγρα κυνάγχη. ἀλλ᾽ ἡ μὲν ποδάγρα οὐ πάντῃ ἀνίατος, ἡ δὲ λύσσα δυσίατος· ἡ δὲ κυνάγχη εἰς θάνατον φέρει. πᾶν δὲ τὸ ὑπὸ λύττῃ ἐχομένου κυνὸς δηχθὲν ἀναιρεῖται, ἄνθρωπος δὲ μόνος οὐκ ἄνευ κινδύνων περιγίνεται.

(54) τοὺς δὲ σκύλακας ἑξαμήνους μὲν τὰς θηλείας οὔσας, ὀκταμήνους δὲ τοὺς ἄρρενας ἐπὶ θήραν ἀκτέον, ἱμάντι μακρῷ ἐνηγκυλημένῳ ἐξημμένους. εἶθ᾽ ὅταν ἐν καταλήψει γένηται τὸ θηρίον, ἐφιέναι καὶ τούτοις ἑλεῖν, ἵνα χαίρωσι τῇ θήρᾳ, τὸ μὲν πρῶτον ἀπὸ τοῦ ἱμάντος ὑλακτεῖν ἐῶντας, μικρὸν δ᾽ ὕστερον καὶ τὴν ἀγκύλην ἀπολύσαντας, ὡς μὴ τεινόμενοι ῥηγνύωνται.

(55) κόσμος δὲ κυνῶν δέραια μέν, ἱμὰς πλατὺς περὶ τῷ τραχήλῳ, στερεός, ὃς καὶ περιδέραιον καὶ περιδερὶς ὀνομάζεται· ἔνδοθεν δ᾽ αὐτῷ ὑπερράφθω ἀρνακίς, ὡς μὴ τρίβοιτο ὑπὸ τοῦ λώρου ἡ δειρὴ τοῦ κυνός. τελμονία δὲ καὶ αὐτὴ πλατὺς ἱμάς, ἑκατέρωθεν ἀπὸ τοῦ δεραίου περὶ τὰς πλευρὰς παρήκων ἐναλλάξ, ὡς τῶν τε νώτων τὰ μετὰ τὰς ὠμοπλάτας ἄκρας καὶ τὰς λαγόνας στέγειν. (56) ἧλοι δ᾽ ἢ ἐγκεντρίδες ἔπεισι ταῖς τελμονίαις· αἱ δὲ καὶ περὶ τὸ ἐπίσιον ἐκτέτανται, ὡς μὴ ὀχεύοιτο ἡ κύων, τῶν ἐγκεντρίδων τὴν τόλμαν τῶν ἐπιβησομένων ἀνειργουσῶν, τοῦ μὴ ὑποπλησθῆναι αὐτὰς ἐξ ἀγεννῶν χάριν. τὸ δὲ περιδέραιον ἐξῆπται στενοῦ ἱμάντος, ὃς κατὰ τὸν κύναγχον ἐξηγκύλωται· καὶ ἀπὸ τούτου ἄγεται ἡ κύων. ἔνιοι δὲ καὶ τὰ νῶτα τῶν κυνῶν βύρσαις τισὶ στερεαῖς καταλαμβάνουσι, περὶ τὰς ὑποδερίδας τοῦ ζῴου τὰς βύρσας ἀνάψαντες, ὥσθ᾽ ἥκιστα τρωτοὺς εἶναι τῇ τοιαύτῃ σκέπῃ, ὁπότε συμπίπτοιέν τινι τῶν μαχίμων θηρίων.

(53) Es gibt drei Krankheiten von Hunden: Tollwut, Gicht und Staupe. Gicht ist nicht völlig unheilbar, Tollwut ist schwer zu heilen, aber Staupe führt zum Tod. Alles, was ein tollwütiger Hund gebissen hat, vergeht: nur ein Mensch überlebt, doch nicht ohne Gefahren.

(54) Man muss die Welpen auf die Jagd nehmen, wenn die Hündinnen sechs Monate alt sind und die Rüden acht Monate alt, an eine lange Leine gebunden, die mit einem Riemen versehen ist. Wenn das Wildtier in Reichweite ist, lässt man sie sofort los, damit sie die Jagd genießen können, indem man ihnen zunächst erlaubt, von der Leine aus Laut zu geben, etwas später auch die Leine löst, damit sie diese beim Anspannen nicht zerreißen können.

(55) Ausrüstung der Hunde sind ein breiter Riemen um den Hals, steif, der auch »Halsung« und »Halsstück« genannt wird; man soll Schaffell darin einnähen lassen, damit der Hals des Hundes nicht durch den Riemen gescheuert werden kann. Der Riemen selbst ist auch ein breiter Riemen auf jeder Seite, der quer vom Kragen um die Seiten verläuft, damit er die Teile des Rückens hinter den Spitzen der Schulterblätter und der Flanken bedeckt. (56) Es gibt auch Nägel oder Spitzen an den Gürteln; die Gürtel sind auch um den Schambereich herum ausgestreckt, so dass die Hündin nicht geschwängert werden kann und sich nicht mit unedlen Hunden verbindet, da die Stacheln die Kühnheit derjenigen einschränken, die sie zu besteigen versuchen. Das Halsband ist mit einem kleinen Band befestigt, das wie ein Würgehalsband in einer Schleife gebunden ist; damit wird die Hündin geführt. Einige bedecken auch die Rücken der Hunde mit einigen starken Lederhäuten und befestigen die Lederhäute um den Halsansatz der Tiere, damit sie mit dieser Art von Schutz weniger verletzlich sind, wenn sie mit einem der kämpfenden Tiere zusammenstoßen.

(57) ἀρεταὶ δὲ κυνῶν ἀπὸ μὲν σώματος, μεγάλαι μηδ' ἀσύμμετροι μηδ' ἀνάρμοστοι, σιμαί, ἀρθρώδεις. ἰνώδη τὰ κάτωθεν τοῦ μετώπου. μέτωπον πλατύ, τὰς διακρίσεις ἀκριβεῖς ἔχον. κεφαλαὶ κοῦφαί τε καὶ εὔφοροι. ὄμματα μετέωρα μέλανα στίλβοντα· λάμπουσαι αἱ κόραι, πυρῶδες τὸ βλέμμα. ὦτα λεπτὰ καὶ μικρὰ καὶ ψιλὰ ὄπισθεν. (58) τράχηλος μακρὸς ὑγρὸς περιφερής. στήθη εὔσαρκα εὐρύτερα. αἱ δ' ὠμοπλάται τῶν ὤμων μικρὸν ἀφεστηκέτωσαν. σκέλη ἑκάτερα μὲν ὑψηλά, μείζω δὲ τὰ ἐξόπισθεν· ἀλλὰ ταῦτα μὲν ἐπίρρικνα, τὰ δὲ πρόσθεν ὀρθὰ στιφρὰ στρογγύλα, μὴ προύχοντα κατὰ τοὺς ἀγκῶνας. καὶ πλευραὶ δ' ἔστωσαν προσεσταλμέναι καὶ μὴ πρὸς τὴν γῆν βαθυνόμεναι. τῆς δ' ὀσφύος οὐκ οὔσης ἀσάρκου τό τ' ὑγρὸν πάντῃ καὶ τὸ παντελῶς σκληρὸν ὁμοίως ἀπέστω. λαγόνων δ' ἄριστον τὸ μέτριον, ὡς ἀπεῖναι μέγεθός τε καὶ σμικρότητα. (59) τῶν δ' ἰσχίων στρογγύλων ὄντων τὰ μὲν κατόπιν ἔστω σαρκώδη, τὰ δ' ἄνωθεν ἀσύνδετα, ἔνδοθεν προσεσταλμένα. κενεῶνες δ' αὐτοί τε λαγαροὶ καὶ τὰ κάτωθεν αὐτῶν, οὐραὶ προμήκεις εὐθεῖαι ὀξεῖαι λιγυραί, μηριαῖαι σκληραί. τὰ δ' ὑποκώλια περιφερῆ καὶ προμήκη τε καὶ εὐπαγῆ. περιφερεῖς δὲ καὶ οἱ πόδες. εὔτριχες δ' ἔστων, καὶ τὰ τριχώματα αὐτοῖς δασυνέσθω λεπτῇ καὶ πυκνῇ καὶ μαλακῇ τῇ τριχί. τοιαῦται δ' οὖσαι φανοῦνται ποδώκεις ἐλαφραὶ δρομικαὶ εὔστομοι.

(60) καὶ ἥκει κατὰ μικρὸν ὁ λόγος ἐπὶ τὰς τῆς ψυχῆς ἀρετάς, ἀποφαίνων τὰς κύνας θυμοειδεῖς, θυμοσόφους, σοφάς, εὔρινας, εὐαισθήτους, εὔποδας, ὀξείας, φιλοπόνους, ἐθελουργούς, εὐψύχους, ἀπλανεῖς, ἐγκρατεῖς, οἵας ἁρπάζειν μὲν τὰ πνεύματα, κρίνειν δὲ τὰς ὀσμάς, ἐπευθύνειν δὲ τὰ ἴχνη, καταφωρᾶν δὲ τὸ θηρίον, μετιέναι, μεταθεῖν, μεταδιώκειν, μεθέπειν, κατὰ

(57) Tugenden der Hündinnen hinsichtlich ihrer Körper: Sie sind groß, nicht unsymmetrisch oder unverhältnismäßig, stumpfnasig, kräftig. Die unteren Teile der Stirn sind faserig. Die Stirn ist flach, mit deutlichen Abständen. Die Köpfe sind leicht und gut getragen, die Augen erhoben, schwarz und hell, die Pupillen leuchten, der Blick ist feurig, die Ohren (Behang) sind fein, klein und dahinter unbehaart. Der Hals ist lang, geschmeidig und abgerundet, die Brust gut bemuskelt und recht breit. (58) Die Schulterblätter sollen an den Schultern ein wenig auseinander stehen. Jeder der Läufe soll lang sein, aber die Hinterläufe länger; letztere sollen jedoch krumm sein, die Vorderbeine gerade, fest und kompakt und nicht an den Ellenbogen herausragen. Die Rippen seien hoch und nicht zur Erde hin gedrückt. Auch wenn die Lenden nicht mager sein dürfen, sollen sie geschmeidig sein und in keiner Hinsicht soll es Dürrheit geben. Bei den Flanken ist die mittlere Größe am besten, da auch Größe und Kleinheit vermieden werden sollen. (59) Wenn die Hüften abgerundet sind, sollen die Teile dahinter fleischig sein; aber die Teile oben unverbunden und von innen aufgezogen. Die Weichen selbst seien hohl, auch die Teile unter ihnen; das Hinterteil langgestreckt, gerade, spitz und biegsam, die Oberschenkel seien hart, die Unterschenkel abgerundet, langgestreckt und fest. Abgerundet seien auch die Füße. Sie sollen gut behaart sein, und ihr Haarkleid soll zart, dicht und aus weichem Haar sein. Hündinnen dieser Art sind schnellfüßig flink, gute Läuferinnen und mit guten Mündern (Fängen).

(60) Nun folgt im Detail das Wort über ihre gute Veranlagungen. Sie erweisen die Hündinnen als mutig, von Natur aus klug, geschickt, mit guten Nasen, scharfen Sinnen, guten Füßen, scharf, fleißig, arbeitswillig, großherzig, fest, stark, fähig, die Witterung aufzunehmen, die Gerüche zu unterscheiden, zu den Spuren zu führen, das Wild zu finden, zu jagen, hinterherzulaufen, hinterherzujagen, zu folgen, zu Fuß zu gehen, Verborgenes

πόδας χωρεῖν, ὑποκρυφθὲν ἐξευρίσκειν, (61) προοφθὲν διώκειν, καταληφθὲν αἱρεῖν, φροντίζειν μὲν κατὰ τὴν ζήτησιν τῶν ὀσμῶν, ἡσυχάζειν δὲ κατὰ τὴν εὕρεσιν τῶν ἰχνῶν, προηγεῖσθαι δὲ τῷ θηρευτῇ, κἂν ἐγγὺς ᾖ τῆς ἀνευρέσεως ὑποσημαίνειν, κατανεύειν, ὑποδηλοῦν, διαδηλοῦν τῇ χαρᾷ τῆς ψυχῆς, τῷ πηδήματι τοῦ σώματος, τῇ φαιδρότητι τοῦ προσώπου, τῇ λαμπρότητι τῶν ὀφθαλμῶν, τῇ μεταλλάξει τῶν ὀμμάτων, τοῖς ἀναβλέμμασι τῆς ὄψεως, τοῖς πηδήμασι τῆς ἐλπίδος, τῇ στάσει τῶν ὤτων, τῷ σεισμῷ τῆς οὐρᾶς, τῷ τὸ σῶμα πᾶν ἐπικραδαίνειν.

(62) κακίαι δὲ κυνῶν ἀπὸ μὲν σώματος μικραὶ ἢ ὑψηλαὶ καὶ ἀσύμμετροι, χαροποί, μυωποί, γρυπαί, ἄρρωστοι, ψιλαί, αἰσχραί, ἄμορφοι, ἀσύντακτοι τὰ σώματα, διάστροφοι τοὺς πόδας, ἄστομοι, νωθροί, ἄθυμοι, βραδεῖαι, κατηφεῖς, ἄποδες· βαρεῖαι τὴν κεφαλήν, σαρκώδεις τῷ μετώπῳ, ὑπέρμετροι καὶ δασεῖαι τὰ ὦτα, σκληραὶ τοὺς αὐχένας· στήθη στενά, ὠμοπλάται τοῖς ὤμοις συνάπτουσαι, πλευραὶ βαθεῖαι, ὀσφῦς σαρκώδεις, λαγόνες ἀσύμμετροι πρὸς τὸ σῶμα, (63) ἰσχία προμήκη τε καὶ γυμνὰ σαρκῶν, μηριαῖαι ὑγραί, τὰ ὑποκώλια οὐ στρογγύλα, ἐπιμήκεις οἱ πόδες. ἀνάγκη γὰρ τοιούτῳ σώματι καὶ τὴν ψυχῆς κακίαν συνεῖναι, καὶ εἶναι τὰς κύνας ἀνοήτους, ἀναισθήτους, ἀμαντεύτους τῶν ἰχνῶν, ἄρρινας, ἀργάς, ἀπόνους, ῥᾳθύμους, πλανήτιδας, εὐεξαπατήτους, ἐξαπατητικάς, ἀπειθεῖς πρὸς μὲν τὴν ζήτησιν ἀναπεπτωκυίας πρὸς δὲ τὴν εὕρεσιν ἀθύμους μισοθήρους, φιλανθρώπους, ἐπαναχωρούσας ἐκ τῆς διώξεως, προλειπούσας τὸ θηρίον, προδιδούσας τὰς συνθήρους, (64) ὑποθεούσας προθεούσας, προϊεμένας τὰ διώγματα, κεκλαγγυίας, οὐ καίρια ὑπολαμβανούσας, προχαιρούσας, μάτην ἐπαναστρεφούσας, προπετῶς πηδώσας, εἰκῇ ταῖς σοφωτέραις τῶν κυνῶν ἐμποδὼν

herauszufinden, (61) von vorne Gesehenes zu verfolgen und zu ergreifen, was zurückgelassen wurde, sich um die Suche nach der Witterung zu kümmern, die Suche nach den Spuren zu erleichtern, den Weg für den Jäger zu bereiten, und wenn er nahe bei der Beute sein sollte, dies anzuzeigen, ein Zeichen zu machen, es anzuzeigen, es durch die Freude ihres Geistes zu offenbaren, durch die Begrenzung ihres Körpers, durch die Helligkeit ihres Gesichtes, durch den Glanz ihrer Augen, durch die Veränderung ihres Ausdrucks, durch die Art ihres Blickes, durch ihre hoffnungsvollen Sprünge, durch die Position ihrer Ohren (Behang), durch das Wackeln ihres Schwanzes (Rute) und durch die völlige Erregung ihres Körpers.

(62) Schlechte Eigenschaften der Hündinnen hinsichtlich ihrer Körper: Sie sind klein oder hoch und unsymmetrisch, glasig, kurzsichtig, ramsnasig, schwach, kahl, hässlich, formlos, schlecht proportioniert, an den Füßen verdreht, mundlos, träge, schwachherzig, langsam, stumm, lahm, schwer im Kopf, vorne fleischig, am Hinterteil übermäßig zottig, im Nacken steif, an der Brust eng; die Schulterblätter berühren sich an den Schultern, die Rippen sind tief, die Lenden fleischig, die Flanken stehen in keinem guten Verhältnis zum Körper. (63) Die Hüften sind lang und fleischig, die Oberschenkel weich, die Unterschenkel nicht rund, die Füße länglich. Bei einem solchen Körper wäre ja notwendigerweise eine schlechte Qualität des Geistes vorhanden, und die Hunde wären notwendigerweise dumm, unverständig, unfähig, die Witterung aufzunehmen, nasenlos, langsam, faul, träge, unstet, leicht betrogen, trügerisch und ungehorsam auf der Suche. Sie sind bei der Suche mutlos, geistlos, hassen die Jagd, lieben nur Menschen, ziehen sich von der Jagd zurück, geben die Beute auf, verraten die Mitjäger, (64) rennen nach vorne und hinten, überholen die Beute, plappern, ergreifen keine Gelegenheiten, freuen sich zu früh, weichen vergeblich zurück, hüpfen, stehen planlos

καθισταμένας, ἐνδιδούσας ὑπὸ τὸν ἥλιον, ὑποφευγούσας ὑπὸ τὰς σκιάς, μαλακιούσας ὑπὸ τὸ κρύος, ἐξανισταμένας ὑπὸ τὸν ὄμβρον, οὐκ ἀπαλλαττομένας τῶν τριμμῶν, προκαμνούσας, ἀπαγορευούσας, ὑποτρεμούσας ὅταν ἐγγὺς ᾖ τὸ θήραμα, ὑποτρόμους γινομένας, οὐκ ἀνευρεῖν συνετάς, οὐ διώκειν ἱκανάς, ἄφρονας ὀλιγόφρονας, ἀκρατεῖς, κνυζούσας.

(65) … χρῶμα δὲ κυνῶν οὔτε τὸ πάντῃ λευκὸν ἀποδεκτέον οὔτε τὸ βαθέως μέλαν οὔτε τὸ παντελῶς πυρρόν, ἀλλ᾽ ἑκάστῳ παραμεμίχθω τι καὶ ἑτέρας χρόας, ἤτοι κατὰ τὸ μέτωπον ἢ ὑπὲρ τὰς ῥῖνας ἄκρας ἢ καὶ κατ᾽ ἄλλο τι τοῦ σώματος.

(66) λαγὼ μὲν εὐναὶ θάμνοι συνηρεφεῖς καὶ ἶδαι ἀμφιλαφεῖς καὶ ῥωχμοὶ βαθεῖς, χειμῶνος μὲν τὰ προσήλια, θέρους δὲ τὰ ἐπίσκια, ἐν δὲ χιόνι τὰ μελάγχιμα· ἔστι δὲ ταῦτα τὰ κοῖλα ἐν οἷς ἡ χιὼν διατέτηκεν, κέκληται δ᾽ ὅτι παρὰ τὴν ἄλλην τῆς γῆς ὄψιν, λευκὴν οὖσαν ὑπὸ τῇ χιόνι, ταῦτα μόνα μελαίνεται.

εὔκριτα μὲν τὰ ἴχνη τὰ εὐθέα, δύσκριτα δὲ τὰ συμπεπλεγμένα· γίνεται δὲ μάλιστα τοιαῦτα, ἢν προδιεξέλθωσιν ἀλώπεκες. (67) τὰ δ᾽ ὀρθὰ ἴχνη, ὁπόταν ἤτοι κτύπου κατακούσαντες ὀρθοὶ κατὰ τοὺς πόδας τοὺς ἐξόπισθεν ἐπανιστάμενοι βούλωνται τὸ σαφὲς τοῦ προσπεσόντος ἤχου μαθεῖν, ἢ καὶ τῷ τῆς σελήνης φωτὶ χαίροντες, ὁπόταν ᾖ πανσέληνος, ἀντιπαίζοντες πρὸς ἀλλήλους καὶ πηδῶντες μακρὰν καὶ διαλλόμενοι καὶ διαπορριπτοῦντες ἀποφήνωσι ταραχώδη τὰ ἴχνη.

ἰδέα δὲ λαγὼ καὶ φύσις, τὸ μὲν χρῶμα ἐπίπερκνος – ἔστι δὲ τοῦτο περκνῆς ἐλαίας τὸ εἶδος, οὔτ᾽ ὄμφακος ἔτι οὔτ᾽ ἤδη μελαινομένης – (68) μέγεθος οὐ μέγας, κοῦφος τὴν φύσιν, δασὺς τὴν τρίχωσιν, καὶ τὰ ὕπτια τῶν ποδῶν ἀλλ᾽ οὐ μόνα τὰ πρανῆ

den weiseren Hunden im Weg, stehen in der Sonne auf, schleichen aber im Schatten, zeigen in der Kälte Feigheit, stellen sich in den Regen, gehen nicht von den ausgetretenen Pfaden ab, werden müde, geben auf, zittern in der Nähe der Beute, werden zaghaft, sind nicht schlau im Finden, nicht fähig zu jagen, ohne Sinn, mit wenig Sinn, maßlos und winselnd.

(65) … Die Farbe der Hunde: Sie darf weder ganz weiß noch übermäßig schwarz noch ganz braun sein, sondern mit jeder Farbe soll eine andere vermischt sein, entweder entlang der Stirn oder über der Nasenspitze oder entlang eines anderen Körperteils.

(66) Die Lager (Sassen) eines Hasen sind dick bedeckte Büsche und riesige Wälder und tiefe Spalten, im Winter sonnige Orte, im Sommer schattige Plätze, im Schnee dunkle Orte – das sind die hohlen Stellen, in denen der Schnee weggeschmolzen ist; sie werden »schwarz« genannt, weil neben der anderen Erde, die vom Schnee weiß ist, diese allein schwarz sind.

Gut zu unterscheiden sind gerade Spuren; verwobene sind schwer zu unterscheiden. Sie werden dies besonders dann, wenn Füchse durch sie laufen. (67) Was die geraden Spuren betrifft, ist es jetzt eine Tatsache, dass, wenn die Hasen ein Geräusch hören, sie aufrecht auf ihren Hinterbeinen stehen (einen Kegel machen) und Klarheit über den Lärm erhalten wollen, der sie angreift. Sonst freuen sie sich im Licht des Mondes, wenn er voll ist, spielen miteinander und springen weit, hüpfen hin und her und werfen sich in alle Richtungen; so lassen sie die Spuren verwirrt erscheinen.

Das Erscheinungsbild und die Natur eines Hasen ist bezüglich der Farbe etwas dunkel – er hat das Aussehen einer dunklen Olive, nicht einer noch grünen, sondern einer bereits geschwärzten –; (68) die Größe nicht groß, flink die Natur, zottelig und haarig

δασυνόμενος, ὅπερ οὔ φησιν Ἀριστοτέλης ἑτέρῳ ζώῳ προσεῖναι. διὰ τοῦτο γάρ μοι δοκεῖ δασύποδα τὸν λαγὼν ἄλλοι τε καὶ Κρατῖνος καλεῖν, ὄνομα ποιούμενος τῷ ζῴῳ τὴν φύσιν. ὁ μὲν οὖν μείζων καὶ τὸ λευκὸν ἔχει τὸ ἐν τῷ μετώπῳ μεῖζον, ὁ δὲ μικρὸς τό τε λευκὸν ἔλαττον καὶ τὸ χρῶμά ἐστιν ἐπίπυρρος. (69) γλαυκὸς δ' ἐστὶν ὁ λαγὼς ἢ χαροπός, ἐξόμματος· καὶ τὰ ὄμματα οὐκ ἔχει βλεφαρίδας, ὅθεν καὶ ἀμβλυώττει. τὰ πολλὰ δ' ἐστὶν ἐν ὕπνῳ· καὶ τοῦτο δὲ οὐ σμικρὸν ὀφθαλμοῖς τὸ βλάβος. κεφαλὴν ἔχει μικρὰν ἐλαφρὰν καταφερῆ, εἰς στενὸν καταλήγουσαν, ὦτα ὑψηλά, τράχηλον στενὸν στρογγύλον ὑγρὸν ἐπιμήκη, ὠμοπλάτας ὀρθάς, ἄνωθεν ἀσυνδέτους, σκέλη τὰ πρόσθεν ἐλαφρὰ σύγκωλα, στῆθος οὐ σαρκῶδες, πλευρὰς οὐ βαρείας οὐδὲ ἀσυμμέτρους, κωλῆνα σαρκώδη, λαγόνας ὑγράς, (70) ἰσχία μεγάλα στρογγύλα εὔσαρκα, οὐ συνεστηκότα, μηροὺς βραχεῖς εὐπαγεῖς μυώδεις, οὐκ ὀγκώδεις τὰ ἔνδον, ὑποκώλια μακρὰ καὶ στιφρά, πόδας τοὺς πρόσθεν στενοὺς καὶ μακρούς, τοὺς ὄπισθεν στερεοὺς καὶ πλατεῖς, σκέλη πολὺ ἐλάττω τῷ μήκει τὰ πρόσθεν παρὰ τὰ ὄπισθεν. βλαισά τ' ἐστὶ τὰ ὄπισθεν, ὡς ἐγκεκλίσθαι παρὰ τὰ πρόσθια καὶ κατὰ τοὺς δρόμους προβάλλειν αὐτὰ πρὸ ἐκείνων, καὶ πηδᾶν ἀντερειδόμενον τοῖς ὄπισθεν ποσίν, οὐδαμῇ τοὺς προσθίους ἐμποδίζοντα διὰ τὴν ἐκείνων εἰς τὸ εἴσω παράλλαξιν. (71) ἁλτικὸν δ' ἐστὶ καὶ πηδητικὸν τὸ ζῷον μᾶλλον ἢ δρομικόν, ἄλλως δὲ κοῦφόν τε καὶ ὑπερέλαφρον. κἀπειδὴ τὴν οὐρὰν οὐχ ἱκανὴν ἔχει τὸ σῶμα ἐπευθύνειν, τοῖς ὠσὶ χρῆται πρὸς τὴν ἡγεμονίαν, παρακαταβάλλων αὐτὰ καὶ ὥσπερ κώπαις τισὶ παρερέττων τὸ σῶμα. ἐν δὲ τοῖς καταφερέσι μᾶλλον ἁλίσκεται διὰ τὸ ὕψος τὸ τῶν ὄπισθεν ποδῶν κατὰ κεφαλὴν προωθούμενος. ἐν δὲ τοῖς ἀνάντεσιν ἡ τῶν ποδῶν ἀνισότης κατὰ τὴν ἀνωμαλότητα τὴν τῶν τόπων ἀπισοῖ τὸ σῶμα πρὸς

ist er nicht nur an den Füßen, sondern auch am Hinterteil, was Aristoteles (*Tierkunde* 3 p. 519.22) für jedes andere Tier bestreitet. Mir scheint, Kratinos (*Frg.* 434 *PCG IV*) und andere nennen den Hasen deshalb »Zottelfuß« und machen aus seiner Natur einen Namen für das Tier. Der größere Hase hat mehr Weiß auf seinem Gesicht, der kleine weniger Weiß; seine Farbe ist rötlich. (69) Der Hase ist blau- oder grauäugig und hat große Augen (Seher); seine Augen haben keine Wimpern, daher ist er auch schwachsichtig. Oft schläft er; das ist kein kleiner Schaden für seine Augen. Er hat einen Kopf, der klein ist, leicht, abfallend und eng zusammenlaufend; die Ohren (Löffel) sind hoch erhoben, der Hals schmal, rund, geschmeidig und länglich; die Schulterblätter sind gerade, oben nicht zusammengebunden; die Vorderbeine sind leicht und dicht beieinander; die Brust ist nicht fleischig; die Rippen sind nicht schwer oder unsymmetrisch; der Kniebug ist fleischig, die Flanken sind geschmeidig; (70) die Hüften sind groß, rund, gut bemuskelt, nicht zusammengefügt, die Oberschenkel kurz, kompakt und muskulös, die Innenseiten nicht abgerundet; die Unterschenkel sind lang und fest, die Vorderfüße schmal und lang, die Hinterpfoten fest und breit, die Vorderläufe viel geringer in der Länge als die Hinterläufe (Sprünge). Die Hinterläufe sind gekrümmt, so dass sie sich neben den Vorderbeinen biegen; auf der Flucht setzen sie diese vor jene und springen, fest auf den Hinterfüßen stehend, in keiner Weise die Vorderfüße behindernd, indem letztere auf der Innenseite bleiben. (71) Das Tier ist eher ein Springer und Hüpfer als ein Läufer, aber sonst sowohl flink als auch außerordentlich leicht. Und da es einen Schwanz (Blume) hat, der nicht ausreicht, um den Körper zu führen, benutzt es seine Ohren (Löffel), um ihn zu lenken, wirft sie hin und her und lenkt den Körper wie mit einer Art Rudern. Es wird mehr auf den Abhängen gefangen, da es durch die Länge seiner Hinterbeine auf den Kopf gedrängt wird. An Steigungen sorgt die ungleiche Länge der Läufe dafür, dass der Körper entsprechend der Unebenheit der

τὸν δρόμον· ὅσον γὰρ ἐν τοῖς ἀνάντεσι τὰ κατόπιν κοιλαίνεται, τοσοῦτον τὸ τῶν ποδῶν μῆκος εἰς ἰσοπέδου δόξαν ἀναλαμβάνει.

(72) δειλίᾳ δ' ὑπερβάλλει τοῦτο τὸ ζῷον, ἔκπληκτον ῥᾷστα γινόμενον καὶ ἀναπτοούμενον, ὅθεν καὶ πτὼξ ὀνομάζεται, τὸν δ' ὕπνον ποιεῖται καὶ τὴν ἀνάπαυλαν ὑποθεὶς μὲν εἰς τὰς λαγόνας τὰ ὄπισθεν σκέλη, τὰ δὲ πρόσω κῶλα προτείνας τε καὶ συνθείς, καὶ τὴν κεφαλὴν καταθεὶς κατ' αὐτῶν. ἀλλ' ἢν καταμύῃ τε καὶ τὰς ῥῖνας ἀκινήτους ἔχῃ, καθεύδει μὲν οὔ, καμὼν δ' ἴσως ἀναπαύεται· ἢν δὲ τοῖς ὀφθαλμοῖς ἀναπεπταμένοις ἀτρεμίζῃ καὶ τὰς ῥῖνας ὑποκινῶν ἐκπνέῃ θαμινά, ὕπνος αὐτὸν ἀκριβὴς ἔχει. (73) καὶ μὴν πολύγονόν ἐστιν ἐς τὰ μάλιστα τουτὶ τὸ θηρίον ἐπικυϊσκόμενον ἀεὶ καὶ διὰ πάσης ὥρας, ὥστε τὸ μὲν ἤδη τέτεκται, τὸ δὲ μέλλει, τὸ δὲ κύεται, τὸ δ' ἔτι πλάττεται· καὶ εἴποις ἂν αὐτὸ πολύγονον πολυτόκον πολύτεκνον, ἐπικυϊσκόμενον, γόνου ἀεὶ ἐπιπληρούμενον. τίκτει δὲ καθ' ἕκαστον μῆνα. καὶ τετρίχωται πᾶν, ὥστε καὶ τῶν γνάθων ἐντὸς ἔχειν τρίχας. ὅσων δ' ἂν ἐτῶν ᾖ, τοσαύτας ἔχει τῶν ἀπὸ τοῦ σώματος ἐγχωρούντων ὑπὸ τὴν οὐρὰν τὰς ὀπάς. (74) μόνον δὲ τῶν ζῴων γάλα καὶ πρὶν τεκεῖν ἔχει, καὶ μόνον τῶν πολυσχιδῶν ἔχει πυτίαν. καὶ οἱ μὲν Ἐλυμαῖοι τῶν παρ' ἡμῖν ἀλωπέκων οὐ μείους εἰσὶ τὰ σώματα, μελαίνονται δὲ τὰ χρώματα καὶ προμήκεις πεφύκασι, καὶ τὸ περὶ τὴν οὐρὰν ἄκραν λευκὸν αὐτοῖς καὶ ἐπίμηκές ἐστιν. οἱ δὲ μοσχίαι καλούμενοι τῶν λαγῶν ὀξύτερον καὶ εὐαισθητότερον ἔχουσι τὸ πνεῦμα τὸ τῶν ἰχνῶν, ὥστε γίνεσθαι πρὸς αὐτὸ τὰς κύνας ἐκμανεῖς. (75) Ἰθάκη δὲ μόνη τῶν νήσων ἄγονός ἐστι λαγῶν. Καρπάθιοι δὲ πρότερον οὐκ ὄντων ἐν τῇ νήσῳ λαγῶν ζεῦγος εἰσαγαγόμενοι, τὸ μὲν εἰς πλῆθος ἐκ τῆς πολυγονίας

Stellen für den Lauf waagerecht ausgerichtet ist, denn die Länge seiner Beine stellt die Vorstellung eines ebenen Platzes wieder her, so sehr der Hang auch ansteigt.

(72) Durch Feigheit zeichnet sich dieses Tier aus, es ist angstvoll und sehr ängstlich, weshalb es auch »Angsthase« genannt wird. Es schläft ein und legt während seiner Ruhe seine Hinterbeine unter seine Flanken, streckt seine Vorderbeine hinaus und hält sie zusammen und legt den Kopf auf sie. Aber auch wenn es seine Augen (Seher) schließt und seine Nasenlöcher bewegungslos hält, schläft es nicht, sondern ruht sich wohl nach der Anstrengung aus. Wenn es hingegen mit offenen Augen (Sehern) still bleibt und beim Ausatmen mit den Nasenflügeln zuckt, hält tiefer Schlaf es fest. (73) Und größtenteils ist dieses Tier fruchtbar und zu allen Jahreszeiten immer doppelt trächtig: So hat es gerade geboren, ist im Begriff, einen anderen hervorzubringen, trägt einen weiteren aus und empfängt einen anderen. Man kann also sagen, es ist fruchtbar, kinderreich, hat viele Nachkommen, ist ständig trächtig und immer mit Nachwuchs gefüllt. Es gebiert (setzt) jeden Monat. Und es ist alles mit Haaren (Wolle) bedeckt, so dass es sogar in seinem Kiefer Haare hat. Unter seinem Schwanz (Blume) hat es so viele Öffnungen, wie sein Körper es erlaubt und wie es Jahre hat. (74) Es ist das einzige der Tiere, das schon vor der Geburt (dem Setzen) Milch hat und das einzige Tier mit Zehen, das Lab hat. Und einige der elymaischen Hasen sind nicht kleiner im Körper als die Füchse bei uns, aber ihre Farben werden dunkel und sie werden länglich, und das Weiß um die Spitze des Schwanzes (der Blume) ist auch länglich. Der Geruch der Spur der sogenannten »Kälber« (Jungen) der Hasen ist sehr scharf und leicht wahrnehmbar, so dass die Hunde ganz verrückt danach werden. (75) Allein von allen Inseln ist Ithaka ein Ort, an dem keine Hasen geboren (gesetzt) werden. Die Leute von Karpathos, wo es früher keine Hasen auf der Insel gab, führten ein Paar ein; wegen ihrer Fruchtbarkeit vermehrten sich die Tiere

ἐπιδιδοῦν ἔφθειρε τοὺς καρπούς, οἱ δὲ παροιμίαν ἐποίησαν ἐπὶ τῶν ἐπισπαστὸν κακὸν ἐφ' ἑαυτοὺς ἐπαγαγόντων »ὁ Καρπάθιος τὸν λαγών.« καὶ μὴν Ἀναξίλας ὁ Ῥηγῖνος οὔσης, ὡς Ἀριστοτέλης φησίν, τῆς Σικελίας τέως ἀγόνου λαγῶν, ὁ δ' εἰσαγαγών τε καὶ θρέψας, ὁμοῦ δὲ καὶ Ὀλύμπια νικήσας ἀπήνῃ, τῷ νομίσματι τῶν Ῥηγίνων ἐνετύπωσεν ἀπήνην καὶ λαγών.

(76) τῶν δ' ἐλάφων ἄκερως μὲν ἡ θήλεια, ὁ δ' ἄρρην κερωφόρος ἢ κερασφόρος ἢ κεράστης ἢ εὔκερως ἢ πλατύκερως ἢ ὑπέρκερως, καὶ χρυσόκερως ὁ ὑπὸ Ἡρακλέους ἁλούς· καὶ Ἀνακρέων (frg 51 B) μὲν σφάλλεται κερόεσσαν ἔλαφον προσειπών, καὶ Σοφοκλῆς κεροῦσσαν τὴν Τηλέφου τροφόν, Ὅμηρος δ' ὀρθῶς λέγει »ἀμφ' ἔλαφον κεραόν.« ἔστι δὲ τοῖς ἐλάφοις τὸ χρῶμα ἐπίξανθον, κατάστικτον λευκοῖς γράμμασιν· πλείω δ' αἱ θήλειαι τὰ στίγματα ἔχουσι, καὶ μάλιστα τῶν ἐλάφων οἱ νεβροί. (77) ἁλίσκονται δὲ δικτύοις μέν, εἴ τις ὀγμεύσας αὐτὰς συνελάσειεν, ποδοστράβαις δ' εἴ τις ἐνεδρεύσας αὐτὰς ἐμποδίσειεν. καὶ γεννᾷ μὲν ὡς ἐπὶ τὸ πλεῖστον ἓν ἔλαφος, κύει δὲ μῆνας εἰς ὀκτώ, τίκτει δὲ πληρωθεῖσα ὑπὸ τὸ μετόπωρον ἱστάμενον. τὸν δὲ νεβρὸν οἱ γονεῖς ἀγαγόντες ἐπὶ τὴν εὐνήν, ἵνα πέτρας ἀπορρῶγος περίδρομος παρέχει τὴν ἐκ θατέρου μέρους ἀσφάλειαν, ἡ μὲν μήτηρ ἑαυτὴν καταβαλοῦσα θηλάζει τὸ βρέφος, (78) ὁ δὲ πατὴρ ἄποθεν φυλάττει καὶ πρὸς τὸν προσελθόντα ὑπερμαχεῖ. καὶ τὸν μὲν νεβρὸν εἰ δυνηθείης ἀπελάσας ἀπὸ τῶν γονέων κυνοδρομῆσαι, τὸν μὲν πρῶτον δρόμον ἀπολείψῃ σύ τε καὶ αἱ κύνες, ἐν δὲ τοῖς ἐφεξῆς ἀπαγορεύουσιν ἄρα οἱ νεβροί. πολλαὶ δὲ καὶ τῶν τελείων ἐλάφων ἐν ταῖς συνεχεστέραις διώξεσιν ὑπὸ δυσπνοίας ἁλίσκονται. χρεία δὲ πρὸς αὐτὰς τόξων τε καὶ ἀκοντίων. …

zu einer großen Zahl und zerstörten das Getreide. So entstand das Sprichwort für ein selbstverschuldetes Übel, das man sich selbst zugeführt hatten: »Der Karpathier hat den Hasen.« Auch Anaxilas von Rhegion führte, als Sizilien laut Aristoteles (*Frg.* 568 Rose[3]) noch frei von Hasen war, welche ein und ernährte sie; zugleich war er auch ein Sieger im Wagenrennen bei den Olympischen Spielen, und so prägte er die Münzen der Leute von Rhegion mit einem Wagen und einem Hasen.

(76) Die Hirschkuh (Alttier) ist geweihlos, aber der Hirsch trägt ein Geweih oder Hörner oder ist gehörnt und ist ein Hirsch mit gutem, breitem oder hohem Geweih; einer, der von Herakles gefangen wurde, hatte ein goldenes Geweih. Anakreon (*Frg.* 63 Page) irrt, wenn er eine Hirschkuh »gehörnt« nennt, ebenso Sophokles (*Frg.* 89 *TGF*), wenn er die Amme des Telephos als »gehörnt« bezeichnet, aber Homer (*Ilias* 3,24 u. ö.) sagt richtig »wie ein Hirsch mit Geweih.« Hirsche haben eine gelbliche Farbe mit weißen Linien. Die weiblichen Tiere haben mehr Zeichen (als die männlichen), die meisten aber haben die Kälber der Hirschkühe. (77) Sie werden mit Netzen gefangen, wenn jemand ihnen folgt und sie zusammentreibt, aber mit Fußfallen, wenn jemand einen Hinterhalt legt und sie am Fuß fängt. Es gebiert (setzt) eine Hirschkuh meistens nur ein Kalb; sie ist acht Monate trächtig und gebiert (setzt) zu Herbstbeginn. Die Eltern bringen das Kalb zu ihrem Lager, so dass die umgebenden Felsen für Sicherheit auf beiden Seiten sorgen können; die Mutter (das Alttier) legt sich hin und pflegt das Kalb, der Vater aber hält Wache und verteidigt es vor allem, was ihm entgegentritt. Selbst wenn man das Kalb von seinen Eltern wegtreiben könnte, um diese mit Hunden zu jagen, würde man überholt, ebenso die Hunde, aber die Kälber geben eines nach dem anderen auf. Auch viele erwachsene Hirsche werden in andauernder Hetzjagd gefangen, weil sie außer Atem sind. Sowohl Bögen als auch Speere werden für sie benötigt. …

ANHANG

Literaturhinweise

Ausgaben, Übersetzungen und Kommentare

Xenophon

Editionen

Henricus Stephanus: Xenophontis ... quae extant opera, Paris 1581

Johann Gottlob Schneider: Xenophontis quae extant, Bd. VI, Leipzig 1838

Christian Heinrich Dörner: Xenophon's Werke, Bd. 12: Xenophon's Kynegetikus oder Büchlein von der Jagd; als Anhang Arrian's Kynegetikus oder Büchlein von der Jagd, Stuttgart 1871

Ludwig Dindorf: Xenophontis scripta minora, Leipzig ^{2}1883

Gino Pierleoni: Xenophon, Cynegeticus, Berlin 1902

Gino Pierleoni: Xenophontis opuscula politica equestria et venatica, Rom 1906

Fritz Ruehl: Xenophontis scripta minora, Leipzig 1912

Edgar C. Marchant: Xenophontis opera omnia, Bd. V: Opuscula, Oxford 1920

Edgar C. Marchant: Xenophon VII: Scripta minora (Loeb Classical Library 183), London 1925

Gino Pierleoni: Xenophontis opuscula, Rom 1937

Éduard Delebecque: Xénophon. L'art de la chasse, Paris 1970

Andrea Tessier und Oddone Longo: Senofonte, La caccia (Cinegetico), Venedig 1989

Robin Waterfield und Paul Cartledge: Xenophon, Hiero the Tyrant and other Treatises, Harmondsworth 1997 (nur Übersetzung)

Günther Holluschek: Xenophon, Kynegetikos, Diss. Inssbruck 1998 (unpubliziert)

Arthur A. Phillips und Malcolm M. Willcock: Xenophon & Arrian on Hunting, Warminster 1999 (maßgebliche Edition)

Guillem Gracià Mur: Jenofonte, Cinegètic (Fundació Bernat Metge, Escriptors grecs 334), Barcelona 2002

Papyrus

Paul Collart: Les papyrus Théodore Reinach, Bd. II, Kairo 1940

Anton H. R. E. Paap: The Xenophon Papyri (Papyrologica Lugduno-Batava 18), Leiden 1970

Konkordanz

Carlos Schrader u. a.: Xenophontis operum Concordantiae, Bd. V: Opuscula 2, Hildesheim 2008

Arrianos

Karl (Charles) Müller: Reliqua Arriani, in: Friedrich Dübner: Arriani Anabasis et Indica, Paris 1846, 265–286

Rudolf Hercher: Arriani Nicomediensis scripta minora, Leipzig 1854

Alfred Eberhard und Rudolf Hercher: Arriani Nicomediensis scripta minora, Leipzig 1885

Antoon G. Roos: Flavius Arrianus, Scripta, Bd. II, Leipzig 1928, 2. Aufl. mit Nachträgen v. Gerhard Wirth, Leipzig 1968 (maßgebliche Edition)

Polydeukes (Pollux)

Erich Bethe: Pollucis Onomasticon (Lexicographi Graeci IX 1–3), 3 Bde., Leipzig 1900–1937 (maßgebliche Edition)

Antonio Sestili: Polluce, Onomasticon, Libro V, estratti, Rom 2014

Weitere genannte antike Quellen

Ailianos – Kai Brodersen: Ailianos, Vermischte Forschung (Tusculum), Berlin 2018

Aischylos – Stefan Radt: Aeschylus (Tragicorum Graecorum Fragmenta 3), Göttingen [2]2009

Anakreon – Denys L. Page: Poetae melici Graeci, Oxford 1962

Anthologia Palatina – Dietrich Ebener: Die Griechische Anthologie (Bibliothek der Antike), 3 Bde., Berlin 1991

Anyte – Edme Cougny: Epigrammatum anthologia Palatina cum Planudeis et appendice nova, Bd. 3, Paris 1890

Aristoteles – Paul Gohlke: Aristoteles, Tierkunde (Aristoteles, Lehrschriften Bd. 8,1), Paderborn ²1957

– Valentin Rose: Aristotelis qui ferebantur librorum fragmenta, Leipzig ³1886

Athenaios – Claus Friedrich und Thomas Nothers: Athenaios, Gelehrtenmahl, 3 Bde. in 5 Teilen, Stuttgart 1998–2001

Diogenes Laërtios – Fritz Jürß: Diogenes Laërtios, Leben und Lehre der Philosophen, Stuttgart 1998

Homer – Johann Heinrich Voß: Homer, Ilias (1793) und Odyssee (1781), hg. v. Ernst Heitsch und Günter Häntzschel, Stuttgart 2010

Kratinos – Rudolf Kassel und Colin Austin: Poetae Comici Graeci *(PCG)*, Bd. IV, Berlin 1983

Ktesias – Felix Jacoby: Die Fragmente der griechischen Historiker *(FGrHist)*, Bd. III C, Leiden 1958, Nr. 668 – Friedrich Wilhelm König (Hrsg.): Die Persika des Ktesias von Knidos (Archiv für Orientforschung, Beiheft 18), Graz 1972

Nikandros – Otto Schneider: Nicandrea, Leipzig 1856 – Andrew S. F. Gow und Alwyn F. Scholfield: Nicander. The poems and poetical fragments, Cambridge 1953

Pausanias – Ernst Meyer und Felix Eckstein: Pausanias, Reisen in Griechenland, 3 Bde., Zürich und München ³1986–1989

Pherekrates – Rudolf Kassel und Colin Austin: Poetae Comici Graeci *(PCG)*, Bd. VII, Berlin 1989

Philostratos – Kai Brodersen: Philostratos, Leben der Sophisten, Wiesbaden 2014

Simonides – David A. Campbell: Greek Lyric, Bd. 3 (Loeb Classical Library 476), Cambridge Mass. und London 1991

Sophokles – Stefan Radt: Sophocles (Tragicorum Graecorum Fragmenta 4), Göttingen ²1999

Suda – Ada Adler: Suidae Lexicon, 5 Bde., Leipzig 1928–1938; engl. Übersetzungen auf www.stoa.org/sol

Theopompos – Felix Jacoby: Die Fragmente der griechischen Historiker *(FGrHist)*, Bd. II B, Berlin 1929, Nr. 115. – Jörg-Dieter und Barbara Gauger: Theopomp von Chios, Stuttgart 2010

Thukydides – Michael Weißenberger: Thukydides, Der Peloponnesische Krieg (Tusculum), Berlin 2017

Xenophon – *Anabasis.* Walter Müri und Bernhard Zimmermann: Xenophon, Der Zug der Zehntausend (Tusculum), München 1990

– *Hellenika.* Wolfgang Will: Xenophon, Hellenika, Wiesbaden 2017

– *Hipparchikos* und *Peri Hippikes.* Kai Brodersen: Xenophon, Ross und Reiter (Tusculum), Berlin 2018

– *Kyropädie.* Rainer Nickel: Xenophon, Die Erziehung des Kyros (Tusculum), München 1992

– *Memorabilien.* Peter Jaerisch: Xenophon, Erinnerungen an Sokrates (Tusculum), München [4]1987

– *Oikonomikos* und *Poroi.* Gert Audring und Kai Brodersen: Oikonomika. Quellen zur Wirtschaftstheorie der griechischen Antike (Texte zur Forschung 92), Darmstadt 2008

– *Staat der Spartaner.* Stefan Rebenich: Xenophon, Die Verfassung der Spartaner (Texte zur Forschung 70), Darmstadt 1998

Studien

Xenophon

John K. Anderson: Xenophon (Classical Life and Letters), London 1974

Wilhelm A. Baehrens: De Kynegetico Xenophonteo, in: Mnemosyne 54, 1926, 130–145

Hans Rudolf Breitenbach: Xenophon. In: Realencyclopädie der Classischen Altertumswissenschaft, Bd. IX A 2, Stuttgart 1967, 1569–2052 (auch als Sonderdruck Stuttgart 1966)

Anna Busetto: War as Training, War as Spectacle. The hippika gymnasia from Xenophon to Arrian, in: Geoff Lee, Helene Whittaker und Graham Wrightson (Hgg.): Ancient Warfare. Introducing Current Research, Bd. I, Newcastle upon Tyne 2015, 147–171

Édouard Delebecque: Essai sur la vie de Xénophon, Paris 1957

Vincenzo Di Benedetto: Il proemio del Cinegetico di Senofonte, in: Maia 19, 1967, 22–40 und 230–254

John Dillery: Xenophon and the History of his Times, London und New York 1995

Michael A. Flower (Hg.): The Cambridge Companion to Xenophon, Cambridge 2016

Vivienne J. Gray: Xenophon's Cynegeticus, in: Hermes 113, 1985, 156–172

Rudolf Hercher: Symbolae criticae ad Arriani libellum de venatione, in: Philologus 7, 1852, 278–296 und 448–465

Donald F. Jackson: The Mysterious Manuscript A of the Cynegeticus, in: Hermes 117, 1989, 157–166

Steven Johnstone: Virtuous Toil, Vicious Work. Xenophon on Aristocratic Style, in: Classical Philology 89, 1994, 219–240

Stephen Kidd: Xenophon's Cynegeticus and its defense of liberal education, in: Philologus 158, 2014, 76–96

Louis L'Allier: Why Did Xenophon Write the Last Chapter of the Cynegeticus?, in: Christopher Tuplin und Fiona Hobden (Hgg.): Xenophon. Ethical Principles and Historical Enquiry (Mnemosyne Suppl. 348), Leiden 2012, 477–497

Mikel Labiano: The Problem of Authorship of Xenophon's Cynegeticus, in: Javier Martínez (Hg.): Mundus Vult Decipi. Estudios interdisciplinares sobre falsificación textual y literaria, Madrid 2012, 171–183

Johannes Mewaldt: Die Composition des Xenophontischen Kynegetikos, in: Hermes 46, 1911, 70–92

Christian Mueller-Goldingen: Xenophon. Philosophie und Geschichte, Darmstadt 2007

Rainer Nickel: Xenophon (Erträge der Forschung 111), Darmstadt 1979, Neuausgabe Marburg 2016

Otto Pförtner, De Xenophontis qui fertur Cynegetico quaestiones grammaticae, Diss. Greifswald 1925

Gino Pierleoni: De Xenophontis libello venatorio, in: Studi Italiani di Filologia Classica 5, 1897, 26–32

– De fontibus quibus utimur in Cynegetico recensendo, in: Studi Italiani di Filología Classica 6, 1898, 65–96

– Il proemio del Cinegetico di Senofonte, in: Studi Italiani di Filología Classica 10, 1932, 53–65

Ludwig Radermacher: Über den Cynegeticus des Xenophon, in: Rheinisches Museum 51, 1896, 596–629 und 52, 1897, 13–41

Louis Rawlings: A Dog called Hybris, in: Stephen D. Lambert (Hg.): Sociable Man. Essays on Ancient Greek Social Behaviour, Swansea 2011, 145–159

Carlo Scardino: Xenophon von Athen, in: B. Zimmermann und A. Rengakos (Hgg.): Handbuch der griechischen Literatur der Antike, Bd. II, München 2014, 623–631

Edward A. Schmoll: The Fragmentary Manuscripts of Xenophon's Cynegeticus, in: Syllecta Classica 1, 1989, 21–25

Christopher Tuplin (Hg.): Xenophon and his World (Historia Einzelschriften 172), Stuttgart 2004

Marianus Wesoły: Tendencje wychowawcze i moralizatorskie w Ksenofontowym Podręczniku łowiectwa (De educandi ratione a Xenophonte in Cynegetico proposita), in: Symbolae Philologorum Posnaniensium 2, 1975, 9–31

Arrianos

Brian Bosworth: Arrian and Rome. The Minor Works, in: Aufstieg und Niedergang der römischen Welt, Bd. II 34.1: Sprache und Literatur (einzelne Autoren seit der hadrianischen Zeit und Allgemeines zur Literatur des 2. und 3. Jh.s), Berlin und New York 1993, 226–275

William Dansey: Arrian on coursing. The Cynegeticus of the younger Xenophon, translated from the Greek, with classical and practical annotations, London 1831

Thorsten Fögen: Lives in Interaction: Animal 'Biographies' in Graeco-Roman Literature?, in: Ders. und Edmund Thomas (Hgg.): Interactions between Animals and Humans in Graeco-Roman Antiquity, Berlin 2017, 89–138 (99–107 zu Arrians Hündin Horme)

Eduard Schwartz: Arrianus 9, in: Realencyclopädie der Classischen Altertumswissenschaft, Bd. II 1, Stuttgart 1895, 1230–1247 (wieder in: Ders.: Griechische Geschichtsschreiber, Leipzig [2]1959, 130–155)

Philip A. Stadter: Arrianus. The New Xenophon, in: Greek, Roman and Byzantine Studies 17, 1976, 157–167

– Xenophon in Arrian's Cynegeticus, in: Greek, Roman and Byzantine Studies 8, 1967, 155–161

– Arrian of Nicomedia, Chapel Hill 1980

Henri Tonnet: Recherches sur Arrien. Sa personnalité et ses écrits atticistes, 2 Bde. Amsterdam 1988

Gerhard Wirth: Anmerkungen zur Arrianbiographie, in: Historia 13, 1964, 209–245

Polydeukes (Pollux)

Cinzia Bearzot (Hg.): L'Onomasticon di Giulio Polluce. Tra lessicografia e antiquaria (Contributi di storia antica 5), Mailand 2007

Christine Mauduit (Hg.): L'Onomasticon de Pollux. Aspects culturels, rhétoriques et lexicographiques (Collection études et recherches sur l'occident romain 43), Paris 2013

Jagd

John K. Anderson: Hunting in the Ancient World, Berkeley und Los Angeles 1985

Jacques Aymard: Essai sur les chasses romaines, Paris 1951

Judith M. Barringer: The Hunt in Ancient Greece, Baltimore 2002

Douglas J. Brewer: Dogs in Antiquity, Warminster 2011

Édouard Delebecque: Sur la technique de la chasse grecque, in: Études classiques 3, 1968, 217–235

Johnson Donald Hughes: Hunting in the Ancient Mediterranean World, in: Linda Kalof (Hg.): A Cultural History of Animals in Antiquity, Oxford 2007, 47–70

Denison B. Hull: Hounds and Hunting in Ancient Greece, Chicago 1964

Richard Johannes: De studio venandi apud Graecos et Romanos, Diss. Göttingen 1907

Robin Lane Fox: Ancient Hunting from Homer to Polybios, in: Graham Shipley und John Salmon (Hgg.): Human Landscapes in Classical Antiquity (Leicester-Nottingham Studies in Ancient Society 6), London 1996, 119–153

Oddone Longo: Le regole della caccia nel mondo greco-romano, in: Aufidus 1, 1987, 71–80

Otto Manns: Über die Jagd bei den Griechen (Jahresberichte, Wilhelms-Gymnasium Cassel), 3 Bde., Kassel 1888–1890

Max Miller: Das Jagdwesen der alten Griechen und Römer, München 1883

Ferdinand Orth: Der Hund im Altertum (Jahresberichte, Königlich-Preußisches Hennebergisches Gymnasium), Schleusingen 1910

Gerd Sachs: Die Jagd im antiken Griechenland. Mythos und Wirklichkeit (Antiquitates 56), Hamburg 2012

Alain Schnapp: Le chasseur et la citè, Paris 1997

Register